赋予生命

残疾人运动领袖的燃情岁月

原 著 [美] Brian T. McMahon [美] Linda R. Shaw
主 审 王 勇 赵明珠
主 译 胡 燕 王 晶 李小艳

ENABLING LIVES
Biographies of Six Prominent Americans
with Disabilities

中国原子能出版社
·北京·

科学普及出版社
·北京·

图书在版编目（CIP）数据

赋予生命：残疾人运动领袖的燃情岁月 /（美）布莱恩·T.迈克玛洪 (Brian T. McMahon),（美）琳达·R. 肖 (Linda R. Shaw) 原著；胡燕，王晶，李小艳主译 . —北京：中国原子能出版社：科学普及出版社, 2023.5

书名原文：ENABLING LIVES: Biographies of Six Prominent Americans with Disabilities

ISBN 978-7-5221-2592-3

Ⅰ.①赋… Ⅱ.①布… ②琳… ③胡… ④王… ⑤李… Ⅲ.①残疾人—优秀运动员—生平事迹—美国 Ⅳ.① K837.125.47

中国版本图书馆 CIP 数据核字（2023）第 002454 号

著作权合同登记号：01-2022-5728

策划编辑	宗俊琳　王　微
特邀编辑	延　锦
责任编辑	张　磊
文字编辑	史慧勤　张　龙
装帧设计	佳木水轩
责任印制	赵　明　李晓霖
责任校对	冯莲凤

出　　版	中国原子能出版社　科学普及出版社
发　　行	中国原子能出版社　中国科学技术出版社有限公司发行部
地　　址	北京市海淀区中关村南大街 16 号
邮　　编	100081
发行电话	010-62173865
传　　真	010-62179148
网　　址	http://www.cspbooks.com.cn

开　　本	880mm×1230mm　1/32
字　　数	222 千字
印　　张	12.5
版　　次	2023 年 5 月第 1 版
印　　次	2023 年 5 月第 1 次印刷
印　　刷	北京盛通印刷股份有限公司
书　　号	ISBN 978-7-5221-2592-3
定　　价	98.00 元

（凡购买本社图书，如有缺页、倒页、脱页者，本社发行部负责调换）

版权声明

ENABLING LIVES: Biographies of Six Prominent Americans with Disabilities / ISBN:978-0-8493-0351-7

Copyright © 2000 by Taylor & Francis Group, LLC

CRC Press is an imprint of Taylor & Francis Group, an informa business

Authorized translation from English language edition published by CRC Press, part of Taylor & Francis Group, LLC; All rights reserved. 本书原版由 Taylor & Francis 出版集团旗下，CRC 出版公司出版，并经其授权翻译出版。版权所有，侵权必究。

Popular Science Press(Chinese Science and Technology Press) is authorized to publish and distribute exclusively the Chinese (Simplified Characters) language edition. This edition is authorized for sale throughout Mainland of China. No part of the publication may be reproduced or distributed by any means, or stored in a database or retrieval system, without the prior written permission of the publisher. 本书中文简体翻译版授权由科学普及出版社（暨中国科学技术出版社）独家出版并仅限在中国大陆地区销售，未经出版者书面许可，不得以任何方式复制或发行本书的任何部分。

Copies of this book sold without a Taylor & Francis sticker on the cover are unauthorized and illegal. 本书封面贴有 Taylor & Francis 公司防伪标签，无标签者不得销售。

医学推动者译丛委员会

荣誉主任委员 （以姓氏汉语拼音为序）

董家鸿 院士　高　福 院士

关玉莲 院士　韩济生 院士

郎景和 院士　李兆申 院士

陆　林 院士　詹启敏 院士

赵家良 院士

主 任 委 员　郎景和 院士

副主任委员 （以姓氏汉语拼音为序）

陈　亮　管仲军　梁德生　毛　颖

王　岳　谢　文　赵明珠　甄　橙

委　　　员 （以姓氏汉语拼音为序）

陈嘉伟　陈　健　陈峻叡　程陶朱

方益昉　桂宝恒　胡　燕　黄羽舒

李乃适　刘　健　马金平　秦海峰

石丽英　王　德　王　宁　王　姝

王一方　王　勇　王智彪　邬玲仟

邢若曦　杨晓霖　岳　琪

内容提要

本书引进自 CRC 出版社，讲述了美国残疾人运动的六位杰出领袖之生平故事。他们身残志坚，不向命运低头，凭借不懈的努力在各自的工作岗位上取得了非凡成就，赢得了社会的尊重。他们"立己达人，兼善天下"，为残疾人群体争取平等权利，从接受教育的权利、乘坐公共交通工具的权利、工作的权利，直到参与政治的权利，最终还促成了《美国残疾人法案》的通过。他们积极投身社会事务，推动社会变革，不仅让残疾人真正实现了"独立生活"，而且改变了人们对待残疾人的漠视态度。

主审及主译简介

主审简介

王　勇　北京协和医学院人文和社会科学学院副教授

赵明珠　中央民族大学外国语学院教师

主译简介

胡　燕　北京协和医学院人文和社会科学学院副教授

王　晶　北京科技大学外国语学院讲师

李小艳　华北理工大学外国语学院副教授

参编者简介

布莱恩·T. 迈克玛洪博士，临床研究协调员

布莱恩·T. 迈克玛洪（Brian T. McMahon）是美国弗吉尼亚联邦大学教授，担任康复咨询系主任，出版著作 70 余部，其中有 4 部与他人合著的有关就业及残疾的著作。他是一位知名的教育家，积极推动《美国残疾人法案》的实施。迈克玛洪博士是持照心理专家、认证康复咨询师、国家认证咨询师、认证个案经理。他是美国咨询协会会员，目前是美国心理协会理事会成员。他在 4 个国家级专业协会的委员会工作过，其间曾担任一届美国康复咨询协会的主席。迈克玛洪博士在业界得到了广泛认可。美国国家康复专家私立协会曾授予他"年度杰出康复教育家奖"，威斯康星密尔沃基大学校友协会曾授予他"优秀教学奖"，美国康复咨询协会曾授予他"詹姆斯·F. 盖瑞特职业研究奖"。

艾尔·康德路西博士

艾尔·康德路西（Al Condeluci）博士一直生活在匹兹堡地区，在匹兹堡大学获得硕士和博士学位。近25年来，康德路西博士一直在匹兹堡联合脑瘫公司工作，目前担任该公司CEO。同时，他还在匹兹堡大学健康与康复科学院和社会工作学院兼任教授。康德路西博士在全美各地讲学，并经常引用他的两本著作，即《独立》（1991年，1995年）和《超越差异》（1996年）中的内容。他和妻子丽兹，以及三个孩子丹特、吉安娜、桑迪诺住在宾夕法尼亚州麦基斯洛克斯的"家族小山"上，那里还住着康德路西家族的15户人家。

克里斯汀·瑞德博士

克里斯汀·瑞德（Christine Reid）博士是美国弗吉尼亚联邦大学康复咨询系副教授，教育家，研究员。她还提供咨询服务，在工作中致力于研发和完善有效的残疾人咨询和评价服务体系。瑞德博士发表论文众多，在全美各地乃至国际舞台上都做过有关康复的主题演讲。她是《康复教育》《咨询与发展杂志》编辑部成员，咨询及教育类项目认证委员会理事，美国康复咨询协会代表。瑞德教授是认证康复咨询师、国家认证咨询师、认证职业评估师、认证康复规划师、注册应用心理医师（弗吉尼亚州）、注册临床专业咨询师（伊利诺伊州）、注册专业职业康复咨询师（路易斯安那州）。

琳达·R. 肖博士，临床研究协调员

琳达·R. 肖（Linda R. Shaw）博士是美国佛罗里达大学康复咨询系副教授，发表过 40 余篇文章、两部著作，主要研究领域包括神经康复学、康复咨询和残疾。她是认证咨询师、国家认证咨询师、注册心理健康顾问。肖博士曾担任多家康复咨询专业协会主席，还担任过美国康复咨询协会主席。目前她是美国国家康复咨询协会新任命的康复咨询师认证官，还曾在许多倡议组织中的志愿者委员会工作过，如多家独立生活训练中心、州立脑损伤协会等。

罗伯特·T. 弗雷泽博士，临床研究协调员

罗伯特·T. 弗雷泽（Robert T. Fraser）博士是华盛顿大学医疗中心教授，其研究横跨神经学、神经外科学、康复医学等学科，是认证康复咨询师和康复心理师，发表论文超过 60 篇，主持并出色完成了多项研究项目，还开发了广为人知的创伤性脑损伤康复系列视频。弗雷泽博士曾获得世界康复基金的资助，到以色列督查脑损伤项目。他曾两次获得美国康复咨询协会特别研究奖，担任美国心理协会康复心理学分部研究员，还曾担任过此协会的主席。最近，他被选为美国癫痫基金会主席，任期 4 年。此前，他是该协会的委员会成员。

贾斯汀·达特，辩护律师

贾斯汀·达特（Justin Dart）成立了两家小公司，并担任公司的 CEO，其中一家公司由最开始创立时 4 人，后来发展成为拥有 2600 名员工的大公司。他为美国、墨西哥、日本、越南、加拿大、荷兰、德国的人权问题呼吁奔走 40 余载。达特曾 5 次被州长提名、2 次被国会提名、5 次被总统提名，负责残疾人政策的相关工作。过去 10 年间，他为了呼吁《美国残疾人法案》的通过和实施，为健全人和残疾人争取更多的权力，访问了 50 个州，每个州至少去过 5 次。1993 年，为了全身心地推动全社会每个人都能各尽其用、各展其才，他辞去了残疾人就业总统委员会主席一职。1998 年，他被授予最高公民奖"总统自由勋章"。

中文版序

美国残障立法进程与残障模式❶的发展

在美国首都华盛顿哥伦比亚特区的市中心，有一条河叫作波托马克河，河的东面有一座风景优美的大公园，叫作波托马克公园。在波托马克公园内的一个狭长地带上，坐落着风景优美而又独具一格的罗斯福纪念园。第32任美国总统富兰克林·罗斯福的雕像位于纪念园第三区。这是一座比真人大一倍的坐像。罗斯福身披斗篷，面容坚毅，宽大的斗篷遮盖住他的脚和椅子扶手，他背后的轮椅轮子小得只有一个鸡蛋那么大。如果对历史一无所知或者不仔细观察的话，游客很难看出罗斯福所坐的是一辆轮椅。

---

❶ "残障模式，是人们理解残障、看待残障者，并采取某种行动策略的思想和价值体系"。参见庞文：《残障模式的代际演替与整合——兼论迈向人类发展模型的残障观》，《残疾人研究》，2021年第三期，第4页。

12年的任期里，每当罗斯福在公共场合露面时，他或者站在讲台后面，或者坐在普通的椅子上，又或者偶尔倚靠着身边人的手臂。当时很少有新闻媒体捕捉到总统坐在轮椅上或者被抬进车里的照片。这位20世纪的伟大政治家从事着要求最高的工作，而这一切几乎都是在轮椅上完成的。有些人不知道这个事实，有些人拒绝了解这个事实，有些人拒绝告诉别人这个事实，而更多人选择相信一个神话：总统的残障已经痊愈。权力形象（总统职位）与残障形象（轮椅）的刻意分离、残障真相的深度隐瞒（包括无意识的隐瞒），都反映了社会对残障群体的认知。驻足今日，回望历史，美国残障模式的发展与变化经历了诸多阶段。期间，残障权利运动从无到有，蓬勃开展，不断推动着美国残障权利的制度化进程。

美国建国之前，残障者被禁止在英属13个殖民地的城镇或乡村定居，除非他们能够证明自己有独立生活的能力。建国早期的移民政策有效阻止了那些在肢体、精神和情感方面存在障碍的人进入美国。社会生活中，大众将残障等同于"无能"，残障个体无权参与社会生活；家庭生活中，残障者被隐藏、抛弃，甚至被剥夺基本生活保障，任其自生自灭。而残障者对待自我的态度，不可避免地反映了当时这种普遍的社会认知。他们丧失了自力更生的愿望和动力。许多人生活在"阁楼或地下室"，极度依赖于家庭,缺乏与其他残障者的联系与交往,信息不畅,对时事一无所知❶。不难想象,在当时那般恶劣的内外环境下,任何残障个体都很难改变自己的权利状况。美国南北战争(1861—1865年)造成了40多万军人伤残,但是这些伤残军人在战后的艰难生活状况并未引起政府和整个社会的关注。直至今日,美国历史学界对美国南北战争历史的研究,仍不乏批判与反省之声,其中就指出学界对美国南北战争导致的残障问题研究极度缺位,而大众对那段历史中的残障边缘群体更是知之甚少。至1909年左右,美国约有50万残障人士被雇用于各种工作场所。从事这些工作的残障者几乎没有权利保障。他们的工资比其他雇工低,而且经常在极端恶劣的工作环境中长时间劳动。虽然当时存有一些支持在工厂从事劳动的残障者组织,且他们试图团结起来与雇主谈判,以提高工资、改善工作条件,但是这种努力大多

---

❶ 参见 Frank Bowe, "An Overview Paper on Civil Rights Issues of Handicapped Americans: Public Policy Implications," in *Civil Rights Issues of Handicapped Americans: Public Policy Implications* (Washington, D.C.: A Consultation Sponsored by the United States Commission on Civil Rights, May 13-14, 1980), pp.8-9. 转引自 Doris Z. Fleischer & Frieda Zames, *The Disability Rights Movement: From Charity to Confrontation*. Philadelphia: Temple University Press, 2001, p.11.

没有成功❶。

20世纪初,经济大萧条和罗斯福新政时期,美国人对世界与自身的认识发生了深刻变化,对人权意识的强调尤其突出,这使残障者的权利问题逐步浮出水面。而真正引起国家与社会对残障权利问题关注的是两次世界大战的爆发。战后伤残军人的康复、安置成为美国政府的重中之重。伤残军人是残障群体的一部分,政府与公众对伤残军人权利的讨论,不可避免地推动了社会对整个残障人群的关注❷。美国的残障立法工作在一战以后拉开帷幕,而残障权利运动也在两次世界大战之间,尤其是二战之后蓬勃开展起来。

美国最早的残障立法始于1918年,美国国会颁布《史密斯-西尔斯法案》(也称为《退伍军人康复法案》),用以保证美国联邦资金用于伤残军人的职业培训与就业指导。1920年由伍德罗·威尔逊总统签署的《史密斯-菲斯法案》(又称《平民职业康复法案》)确立了美国残障职业康复计划。政府依据此项法律建立了为残障者提供职业发展扶助的联邦项目。美国以这两部法案开启了

---

❶ 参见 Juliet Rothman, *Social Work Practice across Disability*. New York: Routledge, 2018, pp.42–43.
❷ 参见高嵩:《20世纪美国残疾人就业权利的缘起、制度化与困境》,《史学集刊》,2022年第2期,第119-120页。

残障立法的先河。

20世纪30年代，美国残障权利意识开始觉醒。至50年代，系统性的残障政策开始逐步制定与实施。1935年，六位残障人士在纽约成立了名为"身体残障联盟"的首个残障权利倡言组织。同年，美国国会通过了富兰克林·罗斯福总统签署的《社会保障法》。该保障法将美国联邦用于老年人的福利和救济金拨给各州，用于支持盲人及残障儿童。这是人类历史第一次对社会保障进行系统立法，也由此创建了一个针对残障权益的永久性社会保障制度。1943年，《职业康复修正案》对联邦/州康复计划进行了重大修改，扩大了该计划的财务规定，提供了职业康复的全面定义，进一步扩大了针对残障的服务范围，涵盖了一定程度上有精神残障和精神病的人群，同时为盲人的康复建立了单独机构。1956年，美国社会保障残障保险建立，为50岁及以上残障者提供了残障保险。1960年，社会保障残障计划被进一步修订，允许50岁以下残障者有资格加入保险计划。

从20世纪初至20世纪50年代，美国核心的残障模式被学界称为"医疗模式"或"康复模式"。这种模式认为残障源于个人缺陷，个人需要借助医疗手段治疗疾病或者阻止状况恶化。残障者的不幸仅被视为是其个人或家庭的不幸，而非社会的责任，故而社会仅需要对残障者进行补救而已。受这种模式及其理论的影响，立法的重点在于为残障者建立康复计划，提供残障保险，同时保证联邦资金用于职业培训和就业辅导。

20世纪60—70年代，受黑人民权运动与女权运动影响，残障权利运动开始萌发并进入迅猛发展时期。运动开始之初，对于残障者而言，公共的行动特别困难，因为许多场所对残障者而言并不是无障碍的，他们没有什么机会以群体的形式策划和组织活动。但是即便有困难与障碍，残障社群仍旧热情高涨，以不懈的努力来推动权利运动。

20世纪60年代，加州大学伯克利分校的残障学生爱德华·罗伯特联合其他几名残障学生创立了美国第一家"独立生活中心"，从此开启了残障人权历史上的重要篇章，即"独立生活运动"。这一运动推动了美国无障碍通行的立法及无障碍设施的普及。更重要的是，独立生活中心强调残障者有权利、有能力进行自我管理和自我决策，它改变了人们认为残障者不得不依赖他人的传统理念。与独立生活运动相辅相成的是"自助与伙伴支持运动"。这一运动认为，能够深刻理解与帮助个体残障者的是那些有着相似残障经验的人。残障者之间的互通、互助、共享能够给其他残障者树立榜样。

这一时期还有另外两种社会运动对残障权利产生重

要且深远的影响：一是去机构化运动；二是消费者运动。"去机构化运动"的目的在于，将对残障者的机构安置（如特殊学校、社会福利院、精神病院等）转换为社区安置。这些机构形同隔离照看的模式，在很大程度上阻碍了残障者参与正常的社会生活及获得最大限度发展的可能。相反，如果残障者能够走出"隔离区"，而且其所在社区能够提供相应服务的话，他们就能以正面的社会角色融入社区，进而提升自我认同，赢得社会的认可与尊重。"消费者运动"则强调消费者对于产品与服务的权利与选择。原先认为不能被消费者选择的行业，比如医疗服务、康复服务与教育等领域也开始改变行业理念，将接受服务的人群看成是具有自主选择权的消费者。残障者从被医治的对象转化成具有选择权的消费者，这很大程度上提升了残障者的话语权与决策权。

在以上各种社会运动的共同作用下，《民权法案》（1964年）与《社会保障法修订案》（1965年）先后出台，它们的制定对随后的残障权利立法产生了深远影响。1968年，《建筑物障碍法》要求所有使用联邦资金的建筑物的设计、建造、改建和出租都必须便于残障者通行，旨在解决残障就业中面临的最大障碍：建筑物和设施的实体设计问题。1973年颁布的《康复法》禁止任何获得联邦财政支持的项目以残障为由采取歧视态度对待相关人群。该法案特别强调向重度残障者提供服务，扩大联邦政府对残障的特殊责任及相关研究和培训计划。尤其需要指出的是，该法案第504条规定："在美国，任何符合条件的残障者，不得仅因其残障而被排除在接受联邦财政援助的任何项目或活动之外，或被剥夺福利，或在任何项目及活动中受到歧视。"虽然此条仅有一小段话，但它却是当时全体残障者共同奋斗的结晶，是残障权利运动的重要成果之一。

不难看出，20世纪60—70年代以来，残障权利运动开始倡导一种"去医疗化"的残障模式，学界将其称为"社会政治模式"。这一模式的意义在于，把残障者的缺陷从内部转向外部，从自身转向社会。换言之，残障在社会生活中所受到的限制或者遭遇的麻烦，不是因其个人存在缺陷或不足，而是社会本身存在障碍，是社会对残障者施加的约束。因此，社会有责任为了最大限度地实现个体能力，提供必需的"容纳"。例如，在日常出行方式的选择上，有些人愿意步行，有些人坐公交车，有些人选择踩滑板车，但是有人就是要用到轮椅。那么社会需要做的是为轮椅的出行"清除障碍"，以保障所有人的出行权利，而不是去改变出行者。"社会政治模式的使命就是消除残障者参与社会的障碍，重建更具包容性的社会，包括物理环境的无障碍、教育系统的零拒绝、社会非歧视性态度等"❶。这一模式对全世界产生了巨大影响，也被认为是联合国《残疾人权利公约》的理念基础。

美国残障者全面获得制度化保障的标志是1990年《美国残疾人法案》的颁布。该法案是世界上首个关于残障平等的全面宣言，也是有史以来最全面地保护残障者权利的立法。该法案确立了残障者的平等就业权利，包括保证为残障者提供平等进入教育与公共设施的机会等重要条款。在一定意义上，它相当于残障者的人权法，其颁布与实施是美国残障民权运动史的里程碑，意义重大且深远。2008年，《美国残疾人法修订案》就如何定义美国残疾人法中"disability"（残障）一词做出了重大改变，采用了广泛和包容性的解释，以便残障者根据法律确定获得权益的资格。

由此可见，美国残障者权利的立法进程，体现了社会残障观念由医学模式向社会政治模式和少数特殊群体权利模式❷的转变。社会政治模式在消除歧视与解决无

---

❶ 参见庞文：《残障模式的代际演替与整合——兼论迈向人类发展模型的残障观》，《残疾人研究》，2021年第三期，第7页。
❷ 少数特殊群体权利模式，又被称为少数人模式。它是把残障者权利与种族、性别等平等权利相结合，关注残障歧视与种族歧视、性别歧视等其他压迫状态的交织与累积效应，并将残障者权利引向特殊保护的模式。有学者将其作为美国残障模式发展的第三阶段，而本文认为它仍属于社会政治模式范畴。

障碍融入社会方面影响深远，但自20世纪90年代开始，它也面临着广泛的批评。最集中的批评是认为，这一模式在本体论上忽视了残障者个体及其相互间的差异。确切地说，社会政治模式更关注社会过程，更关注残障群体在社会上受到压迫与限制的经历，但是忽视或否认了残障者个体的基本生理条件及创伤经历❶。残障问题研究学者在吸收与整合现有残障模式合理成分的基础上，提出了第三种更为理想的模式：人类发展模式。

与医学模式强调损伤和病理、社会模式侧重压迫和障碍不同，人类发展模式将残障定义为：健康剥夺人群在能力或功能方面的被剥夺状态。这意味着，如果只是单纯的损伤而不存在能力或功能剥夺，就不是残障。人类发展模式聚焦残障者的健康剥夺与能力扩展，即通过扩展有健康剥夺的人的能力或功能，或通过预防健康剥夺来扩展人的能力或功能。人类发展模式的宗旨是通过包容性、预防性干预措施促进残障者的福祉和发展。其最终目的是促进人作为主体的全面发展、个体的幸福和人类的繁荣❷。

---

❶ 参见庞文：《残障模式的代际演替与整合——兼论迈向人类发展模型的残障观》，《残疾人研究》，2021年第三期，第7页。

❷ 参见庞文：《残障模式的代际演替与整合——兼论迈向人类发展模型的残障观》，《残疾人研究》，2021年第三期，第8-10页。

然而，不论是美国残障权利的制度化，还是残障模式的代际演替与融合，核心的推动力都是残障权利运动，它是众多残障者共同参与形成的合力。我们在以上讨论中主要关注了社会运动历程"宏观历史"的一面。那么，残障个体的微观历史和真实的生命历程到底是什么样子？作为残障权利运动的关键人物，他们身上具备什么样的品质与能力，经历了怎样独特的境遇，使他们不但克服了残障带来的诸多困境，而且为成千上万的人带来了改变命运的机会与追求幸福的权利？他们如何组织与实施残障权利运动，期间经历了怎样的曲折过程？本书将全面且生动地解答这些问题。

本书的独特之处就在于它以传记体裁和个人化的视角，记录了残障者权利运动的一些关键历史时刻；它让我们了解权利运动领袖的动机、抱负与愿景；它呈现了这些运动领袖们对社会政治环境不为人知的后台操作，以及对社会变革奠定基础的人际关系的深刻见解；它让读者通过那些创造历史的人的眼睛来观察正在形成的历史。这本书会增强我们对美国倡权组织的运作及美国立法过程的了解，激发我们对社会参与度与个人价值关系的思索，唤起我们对人所蕴含的巨大生命能量的赞叹。本书能够让我们更深切地认识到，在人类社会中，"残障"与"非残障"之间并不存在阵营分明的界限。残障是社会群体中自然而然的属性，它可能通过创伤、疾病、战争、衰老等方式出现在我们大多数人的生活中。残障是一种象征，是人的有限性象征。总有一些事情是我们力所不能及的，所以每个人在某种意义上都是残障者。如果我们将健康定义为人的一种良好的生命状态的话，那么翻开此书吧，您会走入六种健康而丰盈的人生！

赵明珠

原书序

很荣幸为 ENABLING LIVES: Biographies of Six Prominent Americans with Disabilities 一书作序，我认识书中所介绍的六人中的每一位，他们是我的同事、朋友和导师。对鲍、达特和科埃略来说，我还是他们的雇员。我对他们的成就充满了崇高敬意，对他们给予我的影响满怀感激之情。

书中六人领导了一场对世界影响极为深远的社会与人权运动，而这本重要的著作为我们了解这六位领导者的日常生活和巨大贡献提供了令人信服的见解。作者向我们展示了哈罗德·拉塞尔、埃文·坎普、贾斯汀·达特、朱迪·休曼、弗兰克·鲍和托尼·科埃略如何一同创建了一种人类经验的新范式：在这个范式中，残疾，不论它是什么，都是人类境遇中的普遍现象，与人类本身无关。通过传记作者的叙述，我们对这六位勇士如何克服残疾取得成功的过程知之不多，但却可以详细地了解到他们是如何利用自己的独特处境为我们所有人创造出一种新的现实与愿景。

此书让我们看到这些人是如何拒绝让残疾定义自己

的生活，了解他们如何重新定义美国和世界对所谓"残疾"这一概念的反应方式。我们会读到，他们在个人生活和职业生涯中是如何殚精竭虑，尽其所能最大限度地发挥与生俱来的能力和潜力。

这些精彩的传记告诉我们，这六人如何在残疾人权利运动中发挥突出作用，他们每个人如何深刻认识到民主原则的重要性，以及他们如何认识到让每个人都参与到民主与经济进程中的重要性。他们率先认识到，我们国家和社会的实力及存续取决于我们的意志，取决于我们优化个人参与的能力。

传记作者展示了拉塞尔、坎普、达特、休曼、鲍和科埃略如何理解并运用有效沟通的力量，为我们理解残疾这一概念创造了一种新范式。通过不断分享他们为残疾人制订的可实现的愿景，他们为全世界数亿人创造了新的可能性。我们了解到他们坚持不懈的及时沟通是如何产生重大影响的，他们都意识到深思熟虑之后有效地表达自我既是他们的个人职责，也是带来变革的机会。

这六位人士幸福快乐、有安全感。虽然他们都经历过令人振奋的巅峰和令人沮丧的低谷，经历过个人悲剧和歧视，经历过失败和成功，但他们的幸福来自于对变幻莫测生活的接受能力。从他们每一个人身上我们可以看到，正是接受能力和幸福感才让他们能够从愿景中不断地创造新的现实。他们拥有一种基本的自由,能够摆脱过去和现在的困境,而我们很多人却会深陷其中不能自拔。

我们社会上很多人可能会把这些领导者视为与严重健康问题做斗争的成功人士。与之相反,如果用他们卓越的社会参与度和取得的成效来衡量的话,传记作者向我们展示了六位非常健康的人。残疾显然没有支配他们的人生。也许正因为如此,对所谓的残疾读者来说,本书将极具价值。健康最终是通过社会参与来衡量的,而不是通过诊断和预后或者其他人对健康的看法来衡量的。

最后,读者会发现拉塞尔、坎普、达特、休曼、鲍和科埃略都很有爱心。当我们了解了他们如何坚持不懈地沟通交流,为我们每个人提供新机会,为所有人拓展生活可能性的时候,这一点就显而易见了。我很荣幸能与他们共事,他们胸怀博爱。从这本有趣的书中,我知道了一些闻所未闻的故事。

如果您正在寻找一部令人愉悦、鼓舞人心的读物,讲述人们如何克服重重困难,那么本书未必适合您。如果您正在寻找一部对残疾问题有真知灼见的书,如果您正在思索怎样才能真正有所成就,那么本书就是为您准备的。

约翰·兰开斯特
于华盛顿特区

译者前言

本书采用传记汇编的形式，讲述了美国残疾人权利运动史上六位卓越领袖的生平故事，他们分别是哈罗德·拉塞尔、埃文·坎普、贾斯汀·达特、朱迪·休曼、弗兰克·鲍和托尼·科埃略。这六位杰出人士虽然身患不同残疾，来自不同的家庭背景，有着不同的成长经历，但是他们却有着惊人的相似之处。

首先，他们身残志坚，书写奋斗人生。这六位人士身患不同残疾，有的是肢体残疾，有的是精神障碍，有的是天生残疾，有的是后天意外所致。但不管怎样，他们都没有屈从命运的安排。他们刻苦努力、顽强拼搏，职业生涯璀璨夺目，赢得人们的赞誉和社会的尊重。

其次，他们胸怀博爱，造福天下。他们曾因自身的残疾遭遇各种各样的歧视，但他们并没有变得意志消沉，而是奋起反抗，极力争取自己的权益。不仅如此，他们或参与或创建残疾人权益组织，联合多方力量，为残疾人群体争取平等权利，最终促成《美国残疾人法案》通过。从此，残疾人与健全人享有同等的教育、工作、医疗保健等权利。此外，他们还关注世界各地残疾人的生活状况，与各国的残疾人组织交流合作，推动全球残疾人事业发展。

最后，他们改写了历史，赋予健康以新的内涵。他们积极面对自身残疾，没有让残疾定义自己的人生。他们与社会偏见和歧视做斗争，为自己、为残疾人群体争取各种权益。他们领导了一场具有划时代意义的民权运动，改善了残疾人的生存状况，改变了社会对待残疾人的态度。如果从他们积极参与社会、改变社会这个角度来看，毋庸置疑，这六位领袖是健康人士。健康的定义不应该局限于生物医学角度，而应包含更丰富的内涵，不仅包含身体和精神领域，还应包含社会领域。在全民健康、全面小康的今天，对健康的新认知具有重要意义。

这六位成功人士的奋斗故事是一笔宝贵的精神财富，激励着人们勇往直前，追求自己的梦想。他们既能独善其身，又能兼济天下，造福美国乃至全世界的残疾人。他们用自己的行动创造了历史，改变了社会对待残疾人的漠视态度，改变了人们对健康的定义。

衷心感谢中国科学技术出版社在本书引进和翻译过程中给予的大力支持。感谢参与本书的译者王晶和李小艳，感谢审稿专家赵明珠和王勇，正是大家认真负责的态度确保了翻译工作的顺利进行，保证了翻译的质量。我们在翻译过程中仔细查找资料和核对文献，反复推敲和修改译文，力求尽善尽美，但限于中外语言表达习惯有所差异，中文翻译版可能存在疏漏或欠妥之处，亟盼读者不吝指正。

原书前言

四月的一天，我和合著者布莱恩·迈克玛洪（Brian McMahon）正在谈论残疾人民权运动，突然萌发了写这本书的念头。我俩都是大学教授和康复顾问，都担心我们是否让学生对于保障残疾人人权运动的起因具备正确的认识。毕竟，残疾人是他们毕业后开始工作时要服务的人群。因为残疾人公民权利的意识还没有进入大多数人的主流意识，所以我们担心学生也没有这样的意识。

一个月前，我们庆祝了马丁·路德·金（Martin Luther King）纪念日，但纪念残疾人民权运动领袖的节日在哪里呢？我们的运动不那么引人注目吗？不那么激动人心吗？不值得被认可吗？在我们这个残疾人士的小圈子之外，还有人知道我们民权运动英雄的名字吗？凭一时冲动，我拿起话筒给妈妈打了电话。近40年前，妈妈确诊患有多发性硬化症。此后，她一直患有进行性残疾。社会的变化让她的生活变得更加轻松——为轮椅通行而设置的坡道口、有声读物及其他一些小变化。她很高兴看到这一切。"妈妈，"我说，"谁领导了残疾人民权运动？"妈妈停顿了几秒钟，缓缓说道："什么？"你要知道，我的母亲不是一个没有受过教育或无知的人。她博览群书，是我认识的非常聪明的女人之一。可是，她想不起一个名字——一个也想不起来。

我和合著者当场决定，我们需要一本书来简短记载残疾人民权运动部分领袖的生平事迹。在为自己的绝妙想法拍手叫好之后，我们开始了更为艰难的过程，包括确定要记载哪些领袖及如何完成这本书。我们集思广益，列出了一长串名单。但我们立刻意识到，这个项目很可能要花费数年时间才能完成，这不能不令人感到失望。名单上的人物众多，而且都很重要，所以不能遗漏。最后，我们采取了一个策略，就是从名单中挑选六个人，邀请他们参加这个项目。如果有人拒绝参与，就用名单上的其他人替补。如果第一卷完成时还有人没有受邀，就计划出版第二卷。我们开始打电话，亲自拜访每个人，跟他们解释这个项目。令我们惊讶不已的是，每个被选中的人都表示愿意参与。我们非常高兴，毫不犹豫地计划出版第二卷。

我们首先找到哈罗德·拉塞尔。与哈罗德一起工作非常愉快，我们都成了好朋友，但我们很快意识到，每一章都需要投入大量时间，因此很难及时完成整本书。因而我们首次考虑把这本书做成作品汇编，选择不同的作者来完成每一章节的写作。虽然我们不忍割舍那份与每一位传主结识的喜悦，但是当每章作品陆续送达时，我们很庆幸有先见之明，与其他作家合作。虽然每一章的写作风格彰显了每位作者的独特视角，但他们都以自己的方式描绘了每位传主的个人生活，所有美国人都应该将其视为残疾人民权运动的英雄。

尽管各章风格迥异，但他们在至关重要的方面有着共同之处。每一章都聚焦一位杰出的美国残疾人士。对认识和喜爱传主的人们来说，每一位传主都对他们的生活产生了重大影响。他们每个人都代表残疾人参与维权行动，进而改变了我们的社会结构。他们每个人都应该在历史上、在珍视自己人权的美国人心目中占有特殊地位。

我们在此向您介绍他们：哈罗德·拉塞尔、贾斯汀·达特、埃文·坎普、朱迪·休曼、弗兰克·鲍和托尼·科埃略。我们希望此书能向广大读者介绍这六位美国英雄，他们的名字同他们的英雄事迹一样值得永远铭记。

琳达·R. 肖

献 词

谨以此书献给我的母亲珍妮·奈特·肖，我所做过的一切美好、有价值、有爱的事情，都缘于她的引导。同样将此书献给我的父亲约翰·罗伯特·肖，他永恒的关爱和默默奉献给予我无穷力量。

——琳达·R.肖

谨以此书献给我两个亲爱的孩子梅根·凯瑟琳·迈克玛洪（"梅梅"）和丹尼尔·约瑟夫·迈克玛洪（"好小子丹"）。你们是我们的一切，也是我的唯一。

——布莱恩·T.迈克玛洪

衷心感谢书中的六位主人公，感谢他们付出宝贵时间和耐心配合，才使得本书顺利完成。感谢朱迪、哈罗德、托尼、埃文、弗兰克、贾斯汀，能与你们共同完成此书，我感到非常开心，也很荣幸。

——琳达·R.肖 & 布莱恩·T.迈克玛洪

目 录

第 1 章　哈罗德·拉塞尔 / 001

- 有得有失 / 001
- 参军，伟大的冒险 / 008
- 大爆炸 / 015
- 撤离 / 018
- 哈罗德的诺曼底登陆日 / 021
- 逐梦好莱坞，重新找到自我 / 028
- 白宫内外 / 036
- 倡权事业 / 040
- 丽塔和孩子们 / 043
- 交叉的钩子和枪上的刺刀 / 049
- 贝蒂和最美好岁月 / 056
- 接二连三遭遇严重残疾 / 059
- 有什么大惊小怪的 / 063
- 人生经验 / 065
- 关于倡权 / 066
- 关于康复 / 067

- 重要的价值 / 070
- 七张牌扑克 / 071

第2章　埃文·坎普 / 073
- 概述 / 073
- 成长岁月 / 076
- 求学岁月 / 081
- 职业生涯 / 088
- 倡权岁月 / 098

第3章　小贾斯汀·达特 / 125

第4章　朱迪·休曼 / 167
- 开端 / 169
- 从家到学校 / 173
- 校园时光 / 178
- 大学时代，开阔视野 / 183
- 表明立场 / 186
- 伯克利的岁月 / 192
- 特殊教育和康复服务办公室 / 198

第5章　弗兰克·鲍 / 203
- 惊人发现 / 203
- 父亲的选择，艰难的道路 / 206

- 加劳德特大学时代 / 213
- 向孩子、学者和导师学习 / 214
- 空前活跃 / 218
- 全球事务和笔的力量 / 226
- 倡权是一种生活方式 / 230
- 当前重要议题 / 235
- 圆梦学术 / 239
- 国会兼职 / 242
- 浮生一日 / 244
- 后记 / 248
- 弗兰克·鲍的主要出版物 / 250

第6章 托尼·科埃略 / 253

- 前国会议员托尼·科埃略："癫痫造就了我的命运" / 253
- 早年岁月 / 254
- 癫痫的巨大影响 / 258
- 鲍勃·霍普助力职业和生活的转变 / 261
- 国会议员和政治大亨的成长经历 / 266
- 《美国残疾人法案》：托尼国会生涯的巅峰之作 / 271
- 祸福相依 / 274
- 前国会议员名震华尔街 / 276
- 总统委员会的新挑战 / 279

- ◆ 托尼将何去何从？关于平衡的问题 ／ 280
- ◆ 结语 ／ 282

附录 A 革命的召唤 ／ 285

附录 B 国家残疾政策：进度报告 ／ 297

Harold Russell
第1章　哈罗德·拉塞尔

布莱恩·T.迈克玛洪　著

有得有失

布兰琪·拉塞尔（Blanche Russell）需要打起精神面对现实，而且越快越好。她别无选择，因为她深爱的丈夫在患病5年后去世了，年仅33岁。现在，新斯科舍省北悉尼市不得不为西联金融服务处物色一名新的经理。这并不是说，布兰琪从未遇到过困难——对拉塞尔一家来说，即使在富足的岁月里，也没有一件事是轻而易举的。

截至 1919 年，加拿大政府的政策给这个国家带来了 50 年的工业繁荣。尤其是在战争岁月里，对煤炭需求的增加意味着更多的就业机会，人口也随之激增。工作艰辛，人也就变得粗犷了。北悉尼海岸线上岩石峭壁随处可见，大小港湾星罗棋布，幢幢木屋点缀其间。铁路、水路和土路将这个地区各个部分连接起来。这里的生活塑造了布兰琪锲而不舍、坚韧不拔的品质。

仔细思量了各种选择之后，布兰琪决定去美国寻找机会，她希望去一个经济更多样、规模更大的城市。于是，她加入了意愿相通的新斯科舍移民流，搬到了马萨诸塞州坎布里奇市。布兰琪带着大狗布朗克（Bronco）和三个儿子哈里（Harry）、雷（Les）和鲍勃（Bob）在安特里姆街定居下来。安特里姆街早就是加拿大人聚居区，布兰琪不少邻居和亲戚都住在那儿。布兰琪他们初来乍到，得到了穆恩家族的资助。这个家族是法裔加拿大人，曾帮助过许多家庭在美国重整家业。

幸好布兰琪接受过护士培训，拥有一技之长。因此，她很快就找到一份工作，每天工作 10～11 小时，每周工资 25 美元，这无疑是份苦差事。但新生活也有些许乐趣，布兰琪喜欢步行 4 英里（约 6.44 千米）去圣保罗教堂，她经常在那里做礼拜。孩子们为了陪自己的母亲，也会跟着一起去。虽然对他们来说很无聊，但对他们善良可敬、

第1章 哈罗德·拉塞尔

温柔坚强的母亲来说，却十分重要。

哈罗德·拉塞尔（Harold Russell）一直都想照顾母亲，现在终于如愿以偿了。年仅5岁的他，就成为这个家庭的男子汉了。一年又一年，哈罗德渐渐长大。哈佛大学是他成长道路上挥之不去的阴影。哈佛大学就坐落在这条街上，虽然近在咫尺，但对哈罗德来说，却像火星一样遥不可及。他和邻居小伙伴们把时间都花在了打棒球、打旱冰曲棍球和踢罐子游戏上了，并且技艺日臻完美。他们是情同结义的好友，整天聚在一起玩耍。其中一个名叫里奥·戴尔（Leo Deihl）的邻家男孩，身体有不明原因的畸形。但不知为何，他们总能在所有活动中为他找到一个合适的角色——棒球裁判、右外野手或记分员什么的。没有人过多关注他的残疾。里奥是他们中的一员，他怎么会不是呢？有趣的是，里奥后来成为美国众议院议长蒂普·奥尼尔（Tip O'Neill）的得力助手。

在那个年代，听收音机是一大乐趣。但即使是听收音机，也无法与中央广场剧院6美分的电影相提并论。哈罗德不经常去看电影，但只要去了就会非常开心。尤其是周六下午，那里会上映三场故事片，还有一位钢琴家现场表演。演出结束后，引座员会用竹竿把孩子们赶走。哈里已经长大了，他的注意力不总是在演出上。在狼大叔（Uncle Wolf），即威尔弗雷德·克劳切（Wilfred

Croucher）的指导下，哈罗德正在学习如何追求女孩子，尽管这个过程有点尴尬。这个女孩是他的好朋友查理·拉塞尔（Charley Russell）的妹妹，名叫丽塔（Rita），也是他的初恋情人。

然而，哈罗德总是要去打工赚钱。他的母亲收入微薄，因此，凡是能补贴家用的事情，他都得去做。5—10岁，他多次在圣经背诵比赛中获胜（奖金1美元），他捡过不计其数的牛奶瓶和汽水瓶（一个瓶子能换1美分）。几年后，哈罗德成为一名俱乐部拳击手。他每个月有两次被打败，作为输家能够得到1美元小费，而年轻的雷德·普里斯特（Red Priest）作为赢家会得到3美元奖金。在一场比赛中，哈罗德完全是意外获胜，他用一记回旋右勾拳将对手击倒在地，几乎致其失明。

10岁那年，小哈罗德找到一份收入稳定的工作，他的家庭急需这份收入。他在林兹百货店送货，报酬可观——送一次货25美分，外加小费（通常是5美分，有时更多），因而他赚到了一大笔钱。每天晚上，他把挣到的每1美元中的90美分交给母亲，自己只留下10美分，母亲感动不已。就这样，年复一年，无论是在美林学校、哈佛文法学校，还是在林奇职业高中，哈罗德始终一边求学一边送货。学校没课时，哈罗德就在店里做着各种杂活。下班后，他整理库存、打扫地板，做所有需要他

第1章 哈罗德·拉塞尔

做的事情。周末，他从早上七点钟开始工作，到第二天深夜两点钟才下班。

哈罗德的前程看起来似乎无忧。然而，在1932年，哈罗德即将高中毕业时，两家大型百货公司——金特公司（哈罗德所在的百货店隶属该公司）和阿瑟·司道尔公司合并，第一国民百货公司由此诞生。有传言说，合并后部分员工将会失业。如果失业了，哈罗德想去麻省理工学院读书，他希望考大学继续深造。无论是林德伯格的跨大西洋飞行，还是17岁时所经历的5分钟飞行体验，无不激励着哈罗德。他梦想着从事航空工程工作，尽管他不太确定航空工程师具体做什么。然而，他梦想的道路上有几个绊脚石。首先，他精细动作的技能较差；其次，他身无分文，并且平庸的数学和科学成绩让他不可能获得奖学金，所以他上麻省理工的梦想从此破灭了。

然而，哈罗德在零售行业的辛勤工作和远大抱负给他带来了红利，哈罗德没有被解雇。没过多久，他就从送货员晋升为肉类门市部柜台服务员。屠夫杰夫·巴特勒（Jeff Butler）脾气乖戾，却喜欢哈罗德，并主动教他切肉的技艺。哈罗德表现出良好的沟通能力，这是进阶高级训练的必要条件。也就是说，他将要学习怎样切肉才能"捞油水"；只有达到规定的利润，他才能保住这份工作。杰夫一边与顾客闲谈，一边教授哈罗德缺斤短两的门道。哈罗德不太在意这些门道的对与错，肉店要赚取足够利润就得这样搞。尽管如此，哈罗德的脑海里会时不时闪现出这样的想法：如此卑鄙的做法，有朝一日会遭报应吗？

哈罗德全心全意为公司创造最大利润，很快晋升为替班经理，并最终成为一名特派经理。他负责为连锁店加盟新店，指导新上任的经理。肩负重任、手握大权令哈罗德感到欣喜万分。25岁时，哈罗德每周就能赚到40美元，并且还有"外快"。这是他从来都不敢想象的。哈罗德替北美切肉工联盟招收会员，能够赚到几美元，另外的一两美元则是通过暗中销售非法威士忌得来的。他把这些钱全部交给了母亲布兰琪用来养家。

在那个年代，切肉工联盟的劳资关系非常紧张。屠夫工人联合会和北美切肉工联盟是两家特别活跃的工会，他们都渴望在马萨诸塞州不断增长的连锁店业务中获得一席之地。把第一国民百货的肉品店员工组织起来，便成了当务之急。哈罗德邀请同事们参加集会，并负责开车接送即将成为会员的同事。

一个星期三的早晨，两位高级经理威廉·林德（William Lynds）和约瑟夫·麦卡锡（Joseph McCarthy）邀请哈罗德去办公室——实际上是百货连锁店的冷库，一个私密且又阴冷恐怖的地方。哈罗德忧心忡忡，全身

第1章　哈罗德·拉塞尔

瑟瑟发抖,当约瑟夫逼问道:"你昨晚在哪儿?"哈罗德撒谎说,"在看电影。"此时,他觉得自己的工作、生活和家庭的未来都命悬一线。"不,你在参加工会会议!"约瑟夫指责道,并下达了最后通牒:两周内辞去公司职务或者放弃工会。6天后,正当哈罗德为此事苦恼时,一项联邦法律通过了——禁止管理层对参与公认合法工会的员工采取不利的人事行动。哈罗德又一次得救了。

拥有一辆"座驾"是年轻的哈罗德一直梦寐以求的。哈罗德一边对汽车市场进行全面调查,一边慎重而又满怀希望地把钱存进不同的银行账户。最终,他找到了一辆二手A型福特车。车辆价值250美元,首付50美元,月供50美元。他不知道自己是怎么付的款,但是车买到手了,平生的梦想实现了。哈罗德成了他同事中的"大人物"。

现在,他身边总有朋友围绕着。哈罗德开着新车带着四个朋友一起去波士顿兜风,真可谓是风光无限。在百老汇的尽头,查尔斯河大桥前,是波士顿事故多发的交通环岛,由于哈罗德的疏忽,汽车打滑翻倒了,乘客们都吓坏了。所幸,没有一个人受伤。但是,那些可怕的时刻让他们终生难忘。这段经历练就了哈罗德刀枪不入的强大内心,影响到他日后的行事风格:自愿承担别人不敢承担的责任。

哈罗德早年的工作经历塑造了他的未来。现在，他不仅拥有专门的职业技能，如切肉，还有作为柜台服务员和工会组织者练就的人际交往和说服能力。同时，他还具备在不同管理岗位锻炼出来的组织和领导能力，以及作为产品开发经理训练出来的项目开发能力。责任担当和勤奋工作是哈罗德珍视的人生信条。在每一个转折点，哈罗德都力争创造更多的利润、主动承担更多的责任、积极追求更大的权力，这些经历对他后来的军事、电影制作和政治生涯都十分有帮助。

如果你细心观察哈罗德的成长过程，你会注意到他越来越喜欢冒险。为了赚更多的钱，他不择手段，例如称重时短斤少两，偷牛排，贩卖私酒，以及利用管理岗位之便拉帮结伙，这些行为时常危及他稳定的职位。有时为了赚钱、寻求刺激或坚持原则，哈罗德还会孤注一掷。哈罗德是个不安分的年轻人。

参军，伟大的冒险

虽然年纪轻轻，哈罗德在职场上却越来越倦怠。他在零售业已经从业18年了，提升空间越来越小，只有组织工会和偶尔走私才让他感到兴奋。成为航空工程师的梦想破灭了，他很沮丧。在哈罗德看来，他在学业、体育运动和长远的职业追求上都失败了。难道25岁就达到

第1章 哈罗德·拉塞尔

人生的顶峰了吗？难道一生就这样了吗？

不仅如此，哈罗德还遭遇情场失意，丽塔嫁给了理查德·尼克松（Richard Nixon）。理查德既是哈罗德的老同学又是他的情敌。查理告诉哈罗德，丽塔结婚了，这个消息令他非常震惊。1942年2月，丽塔的婚礼粉碎了哈罗德的所有希望和梦想。据说，丽塔的婚姻并不美满；但是，这些传言并没有给哈罗德带来多少安慰，他最终选择了逃离。

显而易见，珍珠港成为最佳选择——全世界都在号召人们武装起来反对法西斯。由于要照顾母亲，哈罗德服兵役一再推迟。新的国家号召激励着哈罗德履行爱国义务，他立即参军入伍。他想加入海军、陆军、海军陆战队和加拿大空军，但是他长有一颗阻生智齿，每次尝试都被认为不合格而被拒绝了。与其他情形相同的年轻人一样，这使哈罗德尴尬不已。不久，美国快速卷入战争，军队对新兵健康状况的界定也变得更加灵活。1942年2月，母亲告诉哈罗德，他参军后弟弟鲍勃能够照顾她。于是，哈罗德便奉命到南卡罗莱纳州帕坦堡附近克罗夫特营报到，开始进行基础步兵训练。入伍8周后，陆军一等兵哈罗德的月薪是21美元，与入伍前的每周35美元相差甚远。尽管如此，哈罗德对军营生活很满意。军营让他摆脱了杂货店的平淡生活，摆脱了他所认为的一生失败和平庸。在这里，他可以从头开始，可以展现自己的英勇无畏；在这里，他能够经历冒险、参与战斗，体验兴奋和刺激，得到荣誉甚至创造辉煌。或许，他甚至能让丽塔后悔嫁给了理查德。想到这里，他不由得会心一笑。丽塔经常写信给他，暗示自己的婚姻不幸福，哈罗德因此受到鼓舞，决心要在军队建功立业。

　　人多势众的南方战友骂他"北方佬杂种"，陆军一等兵哈罗德向他们保证领到工资后立即偿还香烟债务。上骰子赌博桌不到30分钟，他的钱就输个精光。哈罗德迷恋上碰运气的游戏，他惊讶地发现有十几个士兵日夜都在赢钱，从没输过。当基本工资涨到每月50美元时，哈罗德的拮据状况才有所好转。

　　哈罗德基础训练的最后一天，一位不明身份的军官向士兵们介绍了一项新计划，即组建美国空降部队，抗衡并最终超越德国军队。陆军一等兵哈罗德曾经梦想从事与飞机相关的工作，这个机会重新点燃了他的旧梦。也许他开不了飞机，但至少能从飞机上跳伞。想到自己多年的梦想可能成真，哈罗德就兴奋不已。当军官逐一列出空降兵训练和服役中的诸多危险时，他早已心不在焉。神采奕奕的招募军官提出对伞兵的要求——智力非凡、勇气过人、坚韧不拔、胆量超群、意志坚定、有勇有谋。他说空降兵是上帝的完美化身——比这支军队或

第 1 章 哈罗德·拉塞尔

其他军队中的任何士兵都要更加坚强豪放、临危不惧、勤奋努力、机谨敏捷、强壮勇敢！哈罗德一瞬间头脑混乱了，他先是想到了丽塔看到那些象征着美国陆军"精英"部队身份的银色翅膀时，脸上呈现的惊喜表情，接着又陷入了片刻的犹豫和不安。招募军官继续高声宣传，他说志愿者每个月将额外获得 50 美元的危险勤务津贴。军官讲话刚一结束，一等兵哈罗德第一个踊跃报名。空降兵中尉向他祝贺，说道："士兵，你这辈子都不会后悔的。"接下来的几天，哈罗德一直在琢磨他这句话的意思。

空降兵训练在佐治亚州的本宁堡进行，在接下来的 30 天里，新晋升的哈罗德下士完成了 4 次开伞拉绳跳和一次自由跳跃。训练异常严苛，淘汰率超过 50%。只要违反纪律、优柔寡断，或者表现懦弱就会被淘汰。尽管面临种种挑战，平民世界还是教会了哈罗德专业工作技能的价值。考虑到这一点，再加上每月 25 美元危险工作加薪的诱惑，哈罗德完成了随后为期两周的军事爆炸物处理训练。最后，他终于买得起量身定做的制服和华达呢丝绸衬衫，并前往他向往已久的亚特兰大休假。在路上，他不停地炫耀着这身衣服。毕竟，他才 28 岁，单身青年、身体健康，他从事的危险职业可能随时危及他的性命。他想最好还是努力过好每一天。哈罗德继续训练，他学会了如何摧毁发电厂、桥梁、火车、卡车、汽车、坦克、吉普车、船只、摩托车、半履带车、运输中心，以及任何对敌人有潜在战略价值的东西。正如哈罗德所说：

> "1942年7月11日，我从德莫学校毕业，被授予一份精美的毕业证书，证明我在毁灭同胞和破坏他们财产的科学和艺术方面拥有一定知识和技能。"

哈罗德现在是精锐部队的一员。当欧洲人开始入侵时，他真心希望空降到敌人后方，"给敌人造成混乱、灾难和死亡"，直到地面部队到达。法国一名高级军官来到本宁军营参观并评估其大肆宣传的伞兵战备情况。

在一次闪电袭击-快速反应演习中，哈罗德这组士兵做了一个危险的300英尺（1英尺≈0.3米）低空跳伞，炸毁了一座桥梁。接下来是一场非同寻常的阅兵，哈罗德和战友们被安排在幕布后面轮番上场，以此夸大受训爆破专家的数量。他们被法国来访的军官检阅了四次。尽管成功地蒙蔽了来访军官，但是，他们显然需要抓紧训练出更多合格的部队。

爆破训练和阅兵式完成后，哈罗德迫不及待地想要参与实战。然而，当务之急是训练出数千名具备空降和爆破技能的新兵。哈罗德接到特别命令，被派到国内某训练营担任爆破教练。尽管哈罗德不满意这项任务，但他现在是一名上士，必须开始带兵生涯。让他意想不到的是，没过多久，他发现这个任务是多么有趣、多么令人兴奋。他曾多次要求调到一个海外战区机构，都被拒绝了。接下来的两年里，哈罗德不停地带兵授课，他教过的班级多达100个，每班都有25名军官。在教学过程中，哈罗德会使用许多教学技巧来吸引学员的注意力，其中包括突然降低他那堪比TNT强力炸药的大嗓门。渐渐地，他形成了自己极具感染力的公共演讲风格。为了使跳伞技能更加高超，哈罗德练习自由跳伞51次。很快，他就成为一名高级教练。现在，他的收入相当可观，每月能挣到153美元。

在他执教的前7个月里，18名教练中有11人受伤。哈罗德首当其冲，眼部受伤。后来，在一次失败的示范跳伞中，哈罗德的降落伞与设备滑槽缠到一起，险些没能安全着陆。不祥的预兆接二连三地出现，再次受伤的担忧如影随形，他们只担心在国内训练中受伤，却不惧怕在海外战斗中负伤。尽管如此，他多次要求调入战斗部队的请求都被拒绝了。

终于，哈罗德的指挥官菲利普（Phillips）上校被分配到一个战斗部队。直到那时，哈罗德参与战斗的请求才获批准。1944年1月12日，哈罗德在北卡罗来纳州费耶特维尔附近的麦考尔营向第13空降师第515空降步兵团报告。尽管灾难接踵而至，训练非但没有停止，反而更加艰苦了。哈罗德的指挥官在飞机失事中丧生，8名士兵在跳伞训练中坠入湖中溺水身亡，一架飞机撞上装备滑槽，机上18名士兵当场遇难。

哈罗德目睹了飞机失事的过程。那是一个周五的晚上，哈罗德用一辆小卡车把他班级的学员从训练场上拉回来。周五夜间跳伞是家常便饭，他赶紧去联系了一架专用飞机。他的室友，也是他最好的哥们担任那架飞机的伞兵指挥官。两位好哥们早就计划好，在训练结束后喝几杯啤酒。去往机场的路上，卡车突然倾斜，司机说轮胎爆了，他们赶紧更换轮胎。当卡车总算开到停机坪时，哈罗德看到他安排的飞机已经起飞了。他有些沮丧，叫司机把学员送回学校，自己坐下来观看跳伞训练。这样，两个好哥们在短暂的训练后，至少可以交换一下意见。

C-47飞机像往常一样进入跳伞区，然后向右转弯。突然，它径直冲向地面，虽然只有短短几秒钟时间，但时间似乎永远定格在那一瞬间，飞机坠毁了，燃起熊熊烈火。哈罗德冲到坠毁地点，爆炸仍在持续，火光冲天，热浪逼人，根本无法靠近。但是，他清楚地听到士兵们

第1章 哈罗德·拉塞尔

凄惨的喊叫声。等到飞机残骸冷却下来,他突然意识到轮胎爆胎救了他一命。想起福特 A 型车事故,哈罗德不禁感慨上帝在冥冥之中保佑着他,他内心更加坚信自己坚不可摧、吉星高照。

大爆炸

1944 年 6 月,新开设的渗透课程要求严苛,涉及翻越崎岖地形、投掷实弹和弹药,以及狙击手射击等科目。这对哈罗德来说没什么问题,不久之后他终于如愿参加战斗。

北卡罗来纳的天气持续湿热,哈罗德感到焦躁不安,这种不适的感觉难以言表。海外部署迫在眉睫。近日,三趟开往海岸进行海外转移的火车,在最后一分钟被取消了。不过,全面动员预计将在数小时内完成。关于即将执行的任务范围和风险,军队里众说纷纭,谣言四起。哈罗德对谣言信以为真,于是,他写了他认为可能是今生的最后一封信——给女友丽塔的"最后一封情书"。前不久,丽塔终于和尼克松离婚了,哈罗德让她寻找新的伴侣。

在国内,哈罗德还有最后一项工作。一门新的更为严格的渗透课程正在筹备——这个课程会让士兵进行更多的爆破训练,哈罗德负责监督筹备工作。在部署之前,每天有1000名士兵在1500码（1码≈0.9米）长的赛道上奔跑，赛道上摆放着射击目标和4盎司（1盎司≈28.3克）塑胶炸药。虽然可塑炸弹被认为是安全的，或者比人们熟悉的TNT更安全，但训练是在麦考尔营外15英里（1英里≈1.6千米）的地方进行的。任务艰巨，再加上天气炎热和背负期望，哈罗德如负重轭。在辛辛苦苦地完成布置后，他计划下周休假，好好休息一下。那一周本应由斯图兹曼（Stutzman）中士指挥爆破团，但女友来访，他只好求助哈罗德。尽管身心俱疲，哈罗德还是同意帮老朋友一把。

哈罗德的家人信奉圣公会教，但他并不是一个虔诚的信徒。然而，这是他一生中体会到精神信仰给他来安慰的一个时期，包括自由落体跳伞和实弹射击在内的训练经历突然让哈罗德意识到上帝的存在。这一天，也就是众所周知的诺曼底登陆日，哈罗德都对宗教表现出强烈的愤慨。

1944年6月6日早晨，起床号一响，就有消息传来，空降部队作为盟军的先锋率先进攻欧洲。所有人都很兴奋，哈罗德的部队开始安装布置早上训练所需的500枚炸药。哈罗德开始了他的日常工作——监督训练，标明每一枚炸弹的安放位置。一切都进展顺利，第一营到中午全部完成行动。正午时分，紧张的准备工作被牧师打

第1章 哈罗德·拉塞尔

断了,他报告了诺曼底登陆的最新情况。牧师不清楚该营队当前的任务,他充满感情绘声绘色地汇报了一个多小时,还不停地祷告祈祷。

虽然这个消息令哈罗德兴奋不已,但他的心思并没有放在海外的行动上。他满脑子想的都是准备潜入路线。原定下午一点钟重新开始,现在时间越来越紧迫了。欧洲战役已经开始了,他们随时都会奔赴战场。全军都已接到通知,时间不等人。为前线输送素质过硬的士兵是他的本职,正如他过去履行职责一样,他要按时、保质保量地完成任务。牧师的布道是多余的,也是意想不到的,军事情报不应该这样传达。

牧师仍滔滔不绝,炸药帽在阳光下暴晒,增加了炸药的敏感度,操作的风险也随之增加。后来的一项军事调查发现,对于这顶特殊的帽子,额外的阳光照射暴露了生产检查员没有发现的缺陷。事情本不应该是这样的。

牧师走了以后,准备工作又开始了。由于延误,哈罗德感到沮丧和愤怒。训练课刚一开始,一处炸药引发了一场山林火灾。火苗很快就被扑灭了,但是哈罗德的准备工作比预期晚了一个小时。

他们匆忙地开始工作,放置炸药时,一个士兵遇到了非同寻常的困难。正常情况下,哈罗德会过去引导士兵检测故障——带领所有士兵一起解决问题、纠正错误,并回顾课堂上学过的内容。但现在已经是下午一点半了，没有时间去指导士兵解决问题了，哈罗德决定亲自动手帮士兵安放炸药。事情本不应该是这样的。

情况万分紧急，哈罗德本能地以最快的速度把炸药准备好——几乎每分钟完成一个。他取下半磅硝酸淀粉，把引信插入盖子拧紧后塞进炸药里，再用胶带固定。

撤离

哈罗德从未失去知觉。爆炸发生后，他清楚地听到的第一句话是："伟大的哈罗德走了。"他察觉到情况万分危急，每一刻都是那么漫长，直到被麻醉准备手术。到处都是血，止血带、磺胺和毛毯都用上了。敷上药后，人们轻轻地把哈罗德快速抬上牧师的吉普车，奔向15英里外的基地医院。奇怪的是，除了手臂和腹部轻微刺痛外，他没感觉到疼痛。他看看手臂，两只手都不见了，取而代之的是模糊的血肉和骨头碎片，胸口和腹部在流血。哈罗德从未失去知觉。事情本不应该是这样的。

哈罗德大难不死，多亏他身上的防爆背心，此外，两位议员也救了哈罗德的命。道路上设置的阻止敌人靠近的铁丝网致使吉普车行驶缓慢，简直像蜗牛爬行。从爆破训练点到基地医院大约10英里的公路上，有训练的士兵、阻拦设备和各种车辆。运输途中突发医疗情况是难以预料的。当然，吉普车速度之缓慢也是始料不及的，吉普车司机和护送人员几乎不抱希望了。

令人意想不到的是，两位国会议员驾驶摩托车突然出现，差点撞到哈罗德的车辆上。议员们立刻评估情况，果断采取行动。一位议员疏通交通，确保车辆能够快速到达基地医院，另一位议员开车前去通知手术小组。不到 20 分钟，急救人员、急救设备已经到位，准备给哈罗德做手术。这种快速响应与现代医护人员和空中救护的技术高度一致。哈罗德永远也不会知道，出于本能帮助他的两位议员是谁。他们碰巧路过，帮助哈罗德快速到达医院。事情本不应该是这样的。

哈罗德的手术需要 2 个小时。双手在手腕上方大约两英寸处被截肢。他眼窝里的黑色粉末被冲洗掉了，但一些残余物会永远留在那里。巨大的爆炸声导致了他左耳部分失聪，这将是永久性的。但外科医生最担心的是腹部的伤势，他的腹部被完全炸开了，即使经过手术，残留粉末感染的风险仍然很高。哈罗德幸免于难。事情本不应该是这样的。

哈罗德醒来时，他的手臂被上方的滑轮牵引着。令他感到极其恐怖的是，他注意到胳膊的末端已经没有双手了。"只要我活着，"他对自己说，"就不会有手了。"他当即就产生了轻生的念头：他不想活了，没有双手还怎么活！医务人员表示，他们更担心他腹部的伤势会危及生命。突然之间，他的双手似乎变得不再不可或缺，生活似乎值得继续下去。在那之后，他再也没想过自杀。

二战这场大冒险还在继续，但是哈罗德永远离开了战场。极具讽刺意味的是，正是这种"天意"让他在战争中幸存下来。哈罗德是不幸的，但他的不幸远远不及他的部队。515空降师被派往欧洲支援诺曼底登陆。1944年9月，市场花园行动开始。这是一场注定失败的战役，由蒙哥马利（Montgomery）将军设计，目的是在圣诞节前提前结束第二次世界大战。该计划需要35 000人飞行300英里，然后降落在敌后基地。哈罗德的1500名空降部队具有爆破能力，全部参与了这场战役，成为有史以来规模最大的空降行动。

现在，哈罗德觉得自己是幸运儿。不过，他最大的遗憾是从未亲身经历过战斗。参与战斗能够施展他的才能，历时三年练就的高度专业化的战斗技能，从未运用到实战中。更糟糕的是，在他的脑海中，自己在战时所受的伤并非战斗所致。鉴于他非凡的公众曝光度，大多数崇拜者认为他的伤势与战争有关。这种看法是不准确的，哈罗德对此感到有些内疚，这种内疚潜意识地让他拒绝了拍电影的机会，他一直避免成为众人瞩目的焦点。用他自己的话来说，"我在大洋彼岸被误炸了。"

第1章 哈罗德·拉塞尔

哈罗德的诺曼底登陆日

在麦考尔营基地医院，哈罗德待了9天，伤势逐渐稳定。之后，他被转移到沃尔特里德医院接受其他手术、修复术和康复服务。哈罗德被安置在32号病房，里面住着42位截肢患者。接下来的几个月里，哈罗德渐渐意识到生活要继续下去，他说，有几件事情对他最终康复至关重要。其中最重要的是病友们的友善和关爱。所有人的境遇十分相似，他们都是年轻士兵，在服役期间致残。共同的经历将他们紧密联系起来，这种同病相怜使得治疗达到了最佳效果。他有机会观察其他成功康复者，并同他们互相交流，特别是那些像他一样"成功"的老兵，让他看到未来的希望，重新定义人生。托尼·法尔博（Tony Falbo）是一位双上肢截肢的病友，他和哈罗德特别亲近。

32号病房以幽默和讲故事而著称，直接拿病友的残疾搞恶作剧十分盛行。哈罗德在这里学会了自嘲，他获益匪浅而且终身受益。医院给患者们提供了最先进的康复技术，假肢、矫形器、理疗和职业治疗服务都是一流的，既考虑到现实因素又注重功能性活动。

但是，心理适应异常困难，夜间尤其如此。

……当夜幕降临,偌大的病房安静下来,我独自一人陷入漫长而沉重的思绪。我开始思考未来,考虑我能做什么,如果部队让我退役我该怎么办?离开部队后我将再次独自一人。退役生活已经开始令我担忧、恐惧……离开部队,我形单影只,没有双手。他们会让我休息一下吗?他们会对我的残疾怀有病态好奇心吗?他们会无动于衷吗?我不知道,我害怕在那个凄惨的日子里,我不得不离开医院这个与世隔绝的庇护所,独自去寻找这些问题的答案。

哈罗德有太多时间去反复思考,思索出院的问题,以及思索应该安装美观的义肢还是实用却不美观的钩子。他反复思考如何谋生;觉得自己再也无法像以前一样,进行娱乐活动;自己在个人护理和卫生方面都要依赖他人的帮助;朋友、家人和丽塔会如何对自己。更糟糕的是,他还在反复思考为什么——为什么这件事会发生在他身上。

我常常睁着眼睛躺在那儿,冥思苦想好几个小时。虽然百思不得其解,但对未来仍抱有希望。脑海里反复考虑那些数不清的"如果",如果我没有接手斯图兹曼的任务;如果艾森豪威尔(Eisenhower)没有因为英吉利海峡的恶劣天气,把诺曼底登陆日

第1章 哈罗德·拉塞尔

从6月5日推迟到6月6日;如果牧师没有来告诉我们;如果没有发生火灾;如果我没有帮助孩子们准备炸药;如果……如果……如果……

沉思和黑夜令哈罗德辗转反侧,难以入眠,这是一场漫长而艰难的战斗。

……当影子拉长,黑暗降临时,我开始动摇和怀疑,对自己产生怀疑。也许其中一个原因是,我还没有适应自己失去双手的状态。我很固执,不愿接受这个事实,也不愿做出必要的心理调整。我仍然抱着一线希望,希望奇迹发生,让我在一夜之间长出一双新的手臂。

困难时期即将到来,医生开始考虑让他出院。这就意味着,他要接待来访客人、在社区进行户外活动、接受医生的家访。这些活动令哈罗德感到害怕和恐慌,他想起了自己第一次跳伞的经历。哈罗德在医院里逗留,试图避开"好心人的好奇问题、酒鬼们目不转睛的神情,以及遇到的所有人不由自主地表现出来的尴尬表情"。哈罗德仍然在这些心理问题中挣扎,他拿曾经的自己跟现在的自己进行对比,以近乎偏执的怀疑态度看待每一次的人际交往。下面的小故事是哈罗德这些经历的典型代表，讲的是一个空姐刚刚提醒哈罗德解开安全带的故事。

我准备从口袋里拿出钩子，但却卡住了。我拽了几秒钟，最后差点扯下裤子才把钩子拿出来。然后，我开始摸索安全带，她主动提出要帮我在飞机起飞前系好安全带，但是我严词拒绝了。她就像老师一样站在旁边，看着我跟安全带做斗争。我好像就是抓不住那个光滑的金属扣，我几乎听到她在说，"看到了吧，我说什么呢？你自己弄不好的！"这只会让我更加紧张。最后，她弯下腰打开金属扣，得意扬扬地走进了驾驶舱。我倒在座位上，这是莫大的耻辱。就在几个月前，我还是一位英勇无畏的伞兵，勇敢地纵身一跳，跃入蔚蓝广阔的天空。

哈罗德曾担心年轻时犯下的罪行会遭报应，这种担忧再次浮现。尽管如此，他还是以一种讽刺的幽默来看待这个问题。

一天早上，我在肉品市场遇到一位老主顾。"你知道，哈罗德，我不太担心你这双手。"她说，"它们从来就不是真正属于你的，每次称重，你都会连带

第1章 哈罗德·拉塞尔

自己手上的肉一起称,然后卖掉。"

哈罗德坚信丽塔离开他会过得更好,他觉得她应该找一个健全人做伴侣。哈罗德试图结束与丽塔之间的感情,他劝说丽塔放弃、故意忽视她的存在、找推托之词,他们的关系开始变得不稳定了。丽塔不同意结束恋情,无论哈罗德怎样发脾气,行为多么荒唐,她都不离不弃,她坚定的态度让哈罗德感到害怕。他渴望待在沃尔特·里德医院,那里没有人打扰他、纠缠他、唠叨他,或者质问他未来的计划。他喜欢在那里得到安宁和理解,即使那不是"真实的世界"。

专业治疗帮助很大。在施拉姆(Schram)小姐的密切监督下,哈罗德每天花4小时学习各种科目,直到通过能力考试。这些科目包括穿衣、吃饭、写作、刮胡子、系鞋带、打电话、刷牙、打字、打乒乓球、开关水龙头、抽烟、喝酒、打台球、擤鼻涕、翻书页、下跳棋、拿硬币。学习并非易事!然而,掌握这些技能有助于他调整心理状态,学习如何通过适当计划和安排活动顺序来节省体力,这让他受益匪浅。

哈罗德不知疲倦地进行康复训练,他很欣赏治疗师的奉献精神。尽管如此,他有时候不喜欢有双手的人来指导他,无论这位老师多么合格。渐渐地,他调整课程以适应自己的个人情况。两个月后,哈罗德看了一部名为《遇见麦戈尼格尔》的老电影。电影讲述的是查理·麦戈尼格尔(Charley McGonegal)的励志故事。在第一次世界大战中,虽然他失去了双手,却能够熟练地使用钩子成功地度过每一天。查理已经结婚,在房地产业发了大财,退休后从事利润可观的养马业。

这部电影只有5分钟长,但它"……鼓舞了我……这是我看过的最令人兴奋的电影……如果他能做到,我也能做到。"对哈罗德而言,再多的治疗,也不如目睹一位处境相似的老兵成功康复更有帮助,他的心理调整问题迎刃而解。

令人意想不到的是,三天后,查理访问了沃尔特·里德医院32号病房。查理连续两周每天都来,很快就和哈罗德成为朋友。查理在解释康复哲学家所说的"剩余资产"时,向哈罗德强调"你失去了什么并不重要,重要的是你拥有什么及如何使用。"查理告诉哈罗德自我认知和情感支持最重要,而哈罗德一旦不再自怨自艾,就会同时拥有两者。他说哈罗德是个幸运儿,可以学会把截肢的劣势变为优势。

查理教会了哈罗德没有双手该如何生活。哈罗德向

第1章 哈罗德·拉塞尔

查理坦承了他在社交场合感到不适,查理告诉他,遇到人时应该"拿起那些钩子,在他们面前摇晃——示意他们跟你的钩子握手。你忘记了自己和一个没有手只有钩子的人是怎样握手的了?"查理让哈罗德自己拿主意。同时,给他展示钩子和义肢的许多优点。两人讨论了现代康复专家所认为的决定成功的重要因素,例如现实因素、个人态度和接受必要的帮助。哈罗德后来回忆说,他与查理的相遇是他康复的真正转折点。上帝再一次拯救了哈罗德,这次他派来一个叫查理的天使。

哈罗德和查理探讨了一些身残志坚的名人故事:爱迪生、纳尔逊勋爵、富兰克林·罗斯福、斯坦梅茨、海伦·凯勒、贝多芬、莎拉·伯恩哈特和弥尔顿。罗斯福的故事特别鼓舞人心、催人奋进。人们要么崇拜他、爱戴他,要么憎恨他,但是没有一个人怜悯他。查理和哈罗德开始计算这些数字,他们讨论了如何在几百位双手截肢者中脱颖而出,如何在1.4亿美国人中变得独一无二。哈罗德开始克服自己的疑虑和恐惧,觉得自己可以出院了。查理是他的榜样,他的话很有道理,这正是哈罗德需要的挑战。哈罗德找到了一条生路,他把查理称为"天使",把他的到访看作是"雪中送炭"。现在已经没有回头路了,正是因为查理,哈罗德的康复治疗和生活都将发生改变。查理后来竞选了加州州长,以800票之差败选。

为了克服恐惧和不自在，哈罗德强迫自己在人们询问他的钩子时，表现得彬彬有礼。当他这样做时，他发现了有趣的现象。昨天，这些人像有病似的过分好奇，而今天他们似乎对他真正感兴趣。昨天，他们想请他喝一杯感觉像是在施舍，而今天他们是在对所有曾经为国效力的人表示敬意。一位陌生人询问钩子的使用情况，只是在为自己受伤的儿子寻求指导，他的儿子正在纠结到底该用钩子还是义肢。哈罗德发现，当他心平气和、态度超然地去谈论他的钩子时，他便成为大家注意的焦点。根据哈罗德的说法，"这彻底改变了我自怨自艾的悲观状态。"

逐梦好莱坞，重新找到自我

哈罗德开始考虑各种很少用到双手的职业，法律、政治、社会服务或者写作都在考虑范围之内。销售似乎对哈罗德更有吸引力，他计划依据《退伍军人权利法案》就读波士顿大学，并在工商管理学院学习广告课程。与此同时，哈罗德使用金属钩子越来越熟练，他甚至还参演了查理的新版电影《军士日记》。哈罗德觉得这个项目很有意义，可以暂时娱乐一下。这部电影由朱利安·布劳斯坦（Julian Blaustein）上尉制作，乔·纽曼（Julian

第1章 哈罗德·拉塞尔

Blaustein)上尉执导,梅雷迪思·尼科尔森(Meredith Nicholson)中士拍摄。这四人不想拍一部枯燥无味的电影来展示哈罗德如何使用钩子,而是决定制作一部微型剧,由哈罗德主演,从意外发生到回到家中、进入大学,直至开始新生活,几乎记录了他每一天的生活。

哈罗德喜欢拍摄《军士日记》,摄制组在沃尔特·里德医院、纽约派拉蒙摄影棚和波士顿大学的校园里拍摄。从1944年11月到1945年新年最后一幕的拍摄,哈罗德完成了一项富有建设意义的工作。正是由于身体缺陷,他才有这样的机会。《军事日记》于3月上映,这部电影的时长要比原计划(24分钟)长3倍,投资也增加了3倍(75 000美元)。电影大获成功,被用在全国各地的集会上宣传、销售战争债券,哈罗德代表活动方频繁露面。1945年1月3日,哈罗德光荣退伍。他回到波士顿开始了他的全日制学习,同时在剑桥基督教青年会工作,为男孩子们组织体育项目。

《黄金时代》是第一部由残疾人主演的大型电影。塞缪尔·高德温(Samuel Goldwyn)和退伍军人威廉·惠勒(William Wyler)导演观看《军士日记》电影后,认为哈罗德很上镜,看起来要比实际年龄小。惠勒当场决定让哈罗德试镜《黄金时代》。就在他们做出决定后不久,有人建议威廉和塞缪尔不要拍摄这部电影,因为国家不希望二战结束后不久，就让大家想起战争造成的悲剧——无数士兵终身残疾。威廉没有理会这个建议，他为哈罗德重写剧本，把残疾状况从肌肉痉挛改为截肢，就像麦金莱·坎托（MacKinlay Kantor）的《我的荣耀》

一书描绘的那样。《黄金时代》这部电影就是根据此书进行改编的。

参演此部电影的演员有弗雷德里克·马奇（Frederic March）、特蕾莎·赖特（Teresa Wright）、默娜·洛伊（Myrna Loy）和戴娜·安德鲁斯（Dana Andrews）。哈

第 1 章　哈罗德·拉塞尔

罗德是剧组中唯一的一名业余演员，他饰演霍默·帕里什（Homer Parrish），一个失去双手的水手，深受双重问题困扰。既要重新适应平民生活，又要与青梅竹马的恋人重逢，哈罗德对此感同身受。尽管是业余演员，哈罗德却凭借这个角色获得了两项奥斯卡奖，这是他迄今为止无与伦比的成就。第一个奖项是奥斯卡特别奖，因为该影片鼓舞、安慰了残疾退伍军人。第二个奖项是最佳男配角奖。他的竞争对手是查尔斯·科本（Charles Cobum）、克劳德·瑞恩斯（Claude Rains）、克利夫顿·韦伯（Clifton Webb）和威廉·德马雷斯特（William Demarest）。杰克·本尼（Jack Benny）为哈罗德颁发奖项，哈罗德代表所有在第二次世界大战中为国家服务的退伍军人，接受了他的第二个奥斯卡奖。加里·格兰特（Cary Grant）是第一个祝贺哈罗德的人，他说："你知道从哪里可以买到炸药吗？"年轻的柯克·道格拉斯（Kirk Douglas）问哈罗德是否喜欢体验派表演方法，哈罗德却反问道："什么是体验派表演方法？"

《黄金时代》横扫 1947 年奥斯卡学院奖，赢得了包括最佳影片在内的 9 项奥斯卡奖，以及欧文·G. 塔尔伯格奖。其他获得最佳影片提名的还有《生活多美好》《亨利五世》《刀锋》和《一岁女孩》。《黄金时代》成为当时票房最高的电影，持续在世界各地定期上映。

哈罗德很快成为勇于面对挫折的国际象征。在接下来的几十年里，每场战争的残疾退伍军人都来拜访哈罗德，他们说这部电影准确地捕捉到了他们经历的复杂情绪和重返家园问题。他们宣称"这就是我的故事"。事实上，这部电影中重返家园和康复治疗部分到现在仍具有现实意义。

哈罗德爱上了电影制作，他的爱情生活也开始有了起色。1946年2月27日，在拍摄《黄金时代》过程中，哈罗德和丽塔结婚了。与人们的传言相反，他发现"电影人"本质上都作风正派、慷慨大方、和善友好。在洛杉矶参加奥斯卡颁奖典礼时，有两个剧本供哈罗德挑选。他很欣赏著名导演威廉在片场固执而又直接的军人风格。在一次私人晚宴上，哈罗德向威廉寻求建议，跟他探讨全职演艺事业的跌宕起伏，两人预测一个身体有缺陷的演员未来可能扮演多少角色、什么样的角色。由于威廉的劝阻，哈罗德没有选择从事全职表演。他依据《退伍军人法案》，回到了波士顿大学开始全日制学习心理学。作为一名普通学生，哈罗德学业上最突出的成绩是公共演讲。1949年，哈罗德大学毕业，同年出版了自传《胜利在我手中》，这本自传被翻译成20种语言。

自狼大叔（威尔弗雷德·克劳切）和查理·麦格尼格尔之后，哈罗德还没有遇到过像威廉·惠勒这样的良

第1章 哈罗德·拉塞尔

师益友。他导演了《呼啸山庄》《孟菲斯美女号》《女继承人》《忠勇之家》《孔雀夫人》和《香笺泪》等经典作品。1946年12月31日,哈罗德收到了威廉发来的电报,电报描绘了他们的关系,并赞扬哈罗德在《黄金时代》中的成就。

> 亲爱的拉斯:之前没有写信给你,因为我永远找不到合适的词汇来表达我对你的感觉。我多么希望,你昨晚能亲临现场,观看《黄金时代》在比弗利山庄的首映式,亲耳聆听人们对这部影片和对你的赞美之词。纽约的首映式令人兴奋,观众的评价有些是我们预料之中的,有些超出预料。昨天晚上的观众是最具天赋和最有见识的电影制作人,他们诚挚的敬意让昨天变得非同寻常,如同那天我在《军士日记》中第一次看到你一样令人难忘。你为大家树立了榜样,帮助那么多人走出困境,你应该感到欣慰。此外,我相信你的表演将鼓舞世界各地的数百万人,让他们受益终身。如果你不是一个了不起的人物,再多的努力也无法让你充分体现霍默的性格特征和光辉品质。我只能对你的工作表示最深切的谢意。你的工作不仅对电影来说如此出色,对我个人而言也是如此。你完全有权利得到内在的回报

和内心的满足，你肯定会得到的。希望你从这些回报中，从你自己的自豪感中，获得最大的快乐！希望当你知道自己成就了意义非凡的伟大壮举时，你会感到无比的快乐！向你和你的妻子致以最诚挚的问候！——威廉·惠勒

接下来几个月里，哈罗德为《黄金时代》做巡回宣传，多次公开露面，接受电台、报纸和杂志的采访。哈罗德利用这些机会，谈论了在一个自由民主的社会，做一个美国公民对他来说意味着什么。在演讲的过程中，哈罗德不断地开阔自己的思路，升华自己的思想。他大胆地谈论在旅行中观察到的种种偏狭行为，以及在民主的美国居然存在"二等公民"这种矛盾现象。他公开反对种族、宗教和社会阶层之间的歧视和偏见，明确阐述了退伍军人和残疾人的现状，以及他们重返社会的困难。哈罗德呼吁要用更好的教育和立法，来保障所有美国人的基本权利和公民的特殊权利。他要求人们要独立思考，拒绝"党派路线"和"主义"；要认真分析、仔细思考；对听到的、读到的、看到的一切事物进行研究调查。他建议人们不要把一切视为理所当然，建议人们在任何事情上都不要轻信别人的看法。

在宣传电影《黄金时代》的过程中，他的才华被反

第1章 哈罗德·拉塞尔

诽谤联盟发现,该联盟赞助哈罗德给学校社团做7次演讲,每周1次。这是哈罗德喜欢的工作,他喜欢给学校社团做演讲。最近一次演讲结束后,一个活泼开朗的小男孩问他:"有什么是你不会的吗?"哈罗德停顿了一下,思考片刻回答道:"为什么没有呢,我不这样认为。"小孩接着问:"你会跳霹雳舞吗?"

然而,他印象最深刻的一次演讲是1947年10月20日,在芝加哥士兵球场,那是为了纪念第一批从太平洋战场归来的阵亡将士而举办的特别仪式。演讲内容节选如下。

> 我想知道,如果他们能像我现在这样,站在你们面前和你们说话,他们会说些什么。我敢肯定,他们会告诉你们,忘掉所有那些重复过无数次的慷慨激昂的口号,那些口号现在已经没有意义,事实上从来就没有过什么意义。我相信,他们会对美国的男男女女们说:"请相信我们,相信我们不会白白死去,相信我们未竟的事业总会完成。"祈祷、工作、奋斗,去建设一个屹立世界、团结一致、强大而美丽的国家,一个永远为和平而努力的国家,一个将会给世界带来它迫切需要的信仰、希望和领导力的国家。美国的战死将士,这是你们赋予我们的职责!

哈罗德在接下来的40年里涉足娱乐业。他与纽约威廉·莫里斯戏剧经纪公司签订合同，在夜总会讲故事和弹钢琴。他是芝加哥的杰基·格里森和布法罗的维克·达蒙的开场演员。1980年，他联合主演了理查德·唐纳（Richard Donner）的电影《真正朋友》，后来还客串了电视剧《捉贼约翰》和《中国海滩》。与大众的看法相反，哈罗德从那时到现在，一直都认为他所有的表演伙伴都是"好人"。

白宫内外

1947年，哈罗德读大学期间，接到哈里·杜鲁门总统的邀请，要他加入新成立的残疾人就业总统委员会。作为一个老兵，他不打算拒绝总司令的邀请。哈罗德凭借自己的能力担任退伍军人事务委员会主席。1962年，约翰·肯尼迪总统任命哈罗德为残疾人就业总统委员会副主席。两年后，又被林登·约翰逊总统任命为主席。他在这个无偿岗位上服务了25年，在每一位继任的总统手下工作，直到1989年退休。作为残疾人就业总统委员会的主席，哈罗德的工作是就所有与残疾人有关的立法和政策问题，向白宫提供建议，每年向总统汇报委员会的活动。这些问题包括教育、就业、交通、消除障碍、保健和宣传。42年来，哈罗德始终在委员会任职，因为

第 1 章 哈罗德·拉塞尔

他始终不关心政治,并且无条件地支持每一位总统。麦克阿瑟将军被解除职务时,他和几位杰出的退伍军人都支持哈里·杜鲁门,杜鲁门十分感激。当总统委员会的职权范围扩大到包括精神病患者和智障人群时,哈罗德无惧抗议风暴,力挺肯尼迪总统,肯尼迪总统对此颇为感激。有些总统给予了他更多的机会,有些总统更坚定地致力于残疾人事务,但哈罗德对他们每个人都赞不绝口。毕竟,每位总统都是他的上司。

其他个人性质的重大事件,让某些总统更受哈罗德的喜爱。第二次世界大战结束后不久,十多个特许退伍军人组织决定收回新泽西的一家德资工厂,并将每年1500万美元的利润用于承担他们的集体费用。完善计划之后,他们直接请求杜鲁门总统给予必要的授权。"先生们!"杜鲁门说,"显而易见,这是典型的退伍军人伎俩。我反对,我不会支持的。谢谢你们来请示!"杜鲁门本可以轻松地掩饰他的反对态度,把这件事推给考察组来拒绝。但是,他的诚实和果断赢得了在场所有人的尊重和赞赏,包括哈罗德。

几年后,哈罗德被指责开车载着参议员乔·麦卡锡(Joe McCarthy)和约翰·F.肯尼迪(John F. Kennedy)从奥黑尔机场到芝加哥市中心参加美国第二次世界大战退伍军人协会的全国大会。两位参议员因住房问题争论起来，随后演变成拳打脚踢，直到哈罗德及时主动地透露会务信息，才调停了两人的争端。

哈罗德遗憾地回忆起总统委员会有几次错失良机，没能达到新的高度，其中一次机会就与他密切相关。1963年11月，肯尼迪总统访问德国归来，这是他总统任期内的一个高光时刻。访问期间，肯尼迪总统注意到德国的修复术和矫正术十分先进，他召见哈罗德，两人就此事进行了讨论。美国没有领先这些技术，肯尼迪对此深感不安。他邀请哈罗德担任特别委员会主席，研究这个问题——等他下次从达拉斯出差回来之后，他们就一起组建这个特别委员会。然而，肯尼迪总统再也没有活着回来。

哈罗德在白宫也有过不愉快的经历。1972年，理查德·尼克松（Richard Nixon）在大选中唯一没有获胜的州是马萨诸塞州，当时他打算换掉哈罗德。他和鲍勃·霍德曼（Bob Haldemann）讨论了让哈罗德下台的计划。幸运的是，尼克松总统被水门事件搞得心烦意乱，无暇顾及此事和其他内政事务。还有一次，哈罗德站在白宫的接待队伍中向芭芭拉·布什（Barbara Bush）伸出右钩子致意。"那我该怎么办呢？"她打趣道。"嗯，大多数人都会跟它握手。"哈罗德回答道。

哈罗德受到罗斯福总统的启发，这一点不足为奇。

第1章 哈罗德·拉塞尔

尽管哈罗德对罗斯福采取极端措施掩盖身体残疾感到遗憾，但他像大多数残疾领袖一样，坚持认为罗斯福的新纪念碑应该塑造他坐轮椅的形象。他认为，罗斯福的成就和声誉因轮椅而得到提升，轮椅会为他的领导形象增光添彩。

作为一名军人和政治家，哈罗德非常钦佩艾森豪威尔总统，他号召全国人民共同努力为残疾人建立无障碍国家。然而，在他所服务的所有总统中，哈罗德最敬佩的是杜鲁门总统，因为他为人正直。其次是约翰·肯尼迪，这在很大程度上是因为他们都来自马萨诸塞州，而且他对残疾人问题很敏感。哈罗德还与罗纳德·里根（Ronald Reagan）有着天然的联系。里根是影视演员协会的前主席，他强烈反对麦卡锡主义。"他不是总统而是国王，尽管我不能肯定南希是否管理国家。"哈罗德笑着说。哈罗德预言比尔·克林顿（Bill Clinton）政治前途一片光明，主要是因为他善于从错误中吸取教训。请注意确切的日期，1995年1月4日，哈罗德满怀信心地预测"杜鲁门式"的比尔·克林顿将会连任。他认为克林顿是一位有着总统气质的睿智领导人。哈罗德对政治演化具有敏锐的观察力。他认为，建立一个可行的第三方政党是不可避免的。

从杜鲁门到布什，哈罗德曾为9位总统效力。他认为这份工作是世界上最难干、最吃力不讨好的，也是最没有胜算的。现代媒体审查严格，加上总统必须掌握海量信息，这些因素让总统之职成为一项几乎不可能完成的任务。哈罗德对每个想当总统的人都持怀疑态度。他觉得，我们可能再也不会有受欢迎的总统了。可迁移性的技能或许对康复有用，但对总统职位却没好处。那些没有政治背景的人，如科林·鲍威尔（Colin Powell）或罗斯·佩罗（Ross Perot），天生就没有资格当总统。根据哈罗德的说法，罗斯是一个"优秀的商人，但人们高估他了。政府如何运作，他是驴唇不对马嘴……他是一个非常奇怪的人，只有在美国才能出现这种人。"

哈罗德认为奥利弗·诺斯（Oliver North）是机会主义者，一个冒牌货，一个不配穿军装的人，还是个犯罪分子。他是一个危险分子，哈罗德多次感受到他极端主义的倾向。哈罗德看到乔·麦卡锡（Joe McCarthy）热衷于通过含沙射影、猜疑揣测和无端指责的方式摧毁他人的事业，伤害身边的人——其中不乏他的好莱坞同事。哈罗德公开蔑视"像我一样思考"的政治哲学。

倡权事业

哈罗德毫不后悔放弃演艺事业到华盛顿特区从事倡权事业。哈罗德自嘲说："华盛顿的演员、导演、演说

第1章　哈罗德·拉塞尔

家和同谋者比世界上任何地方更多、更出色，他们是真正的专业人士。"在哈罗德·拉塞尔协会的赞助下，哈罗德的主要身份是一名励志演说家，这是他收入的主要来源。哈罗德的足迹踏遍了五大洲，他估计自己环游了世界大约7次。他以幽默风趣的方式鼓舞激励大家，告诉每个人如何最大限度发挥自己的潜能，成就更好的自我。他还就如何在不同行业和政府部门安置人员问题提供广泛咨询。哈罗德创立了哈罗德·拉塞尔激励学会，该组织通过建立全国性的同伴顾问网络，来增强残疾人的独立性。

巡回演讲的过程中，哈罗德决定享受旅行的乐趣。除了第二任妻子贝蒂（Betty）和她的弟弟马迪（Matty）之外，还有一个或多个终身好友经常陪伴着哈罗德一家。这些朋友包括出版商斯坦·艾伦（Stan Allen）、开发商哈罗德·济慈（Harold Keats），以及联邦法官休·威尔（Hugh Wiel）。关于他们的狂欢和恶作剧有许多故事广为流传。有一次，哈罗德把冰水泼在斯坦·艾伦身上，当时斯坦正在和女友热恋。作为报复，斯坦把哈罗德锁在门外，他没戴钩子，赤身裸体，只好待在酒店的走廊里。还有一次，在奥黑尔机场的卫生间里，哈罗德被裤子拉链给难住了，那天钩子也不给力，无论怎样努力也拉不上来。他向马迪求助，马迪也搞不定，他有些懊恼，便使尽全身力气去提拉链，不料哈罗德被推倒双膝跪地。机场的乘客看到这一幕感到十分迷惑。

哈罗德的一生一直活跃在退伍军人和残疾人的相关组织中。哈罗德每年从中央情报局获得500万美元的种子资金，邀请58个国家的老兵加入世界退伍军人联合会。在某种程度上，此举旨在加强自由世界领导人之间的关系，并增进他们的沟通；另一个目的是建立一个非正式的机构，以监督共产党军人的动向。奇怪的是，在麦卡锡听证会期间，人们认为该组织具有共产主义倾向。就在1994年，哈罗德在法国参加了退伍军人联合会康复工作大会。

后来，哈罗德曾多年担任世界退伍军人基金会副总裁，并在第二次世界大战美国退伍军人协会连任三届理事长。他是马萨诸塞工业事故康复委员会的主席，也是全国残疾组织、残疾人民间委员会和全国残疾人挑战委员会的董事会成员。担任这些职务可不是纸上谈兵，在哈罗德80岁时，他访问了中美洲的退伍军人医院，在那里遇到了担任顾问的美国士兵。一回到家，他就打电话问候和安慰他们。

重要电视新闻节目和各种报纸杂志都争相报道哈罗德，包括全国广播公司的《今日秀》、美国广播公司的《早安美国》《纽约时报》和《华盛顿邮报》。他获得了许多奖项和表彰,其中包括拉萨尔大学和马萨诸塞大学的荣誉学位。1990年,他荣获了美国退伍军人协会荣誉服务奖。1960年,哈罗德星形奖章被镶嵌在好莱坞星光大道上。

丽塔和孩子们

哈罗德从初中就开始追求丽塔·拉塞尔(Rita Russell),他的竞争对手包括约翰尼·麦克弗森(Johnny Macpherson)、理查德·尼克松和其他男孩。他们都英俊潇洒、诙谐幽默。他没有给自己太多的机会,但他的导师狼大叔教他如何向女孩求爱、跳舞、制造浪漫。哈罗德和丽塔的哥哥查理是亲密无间的好友,再加上狼大叔的教导,哈罗德在众多追求着者中脱颖而出,丽塔答应做他的毕业舞会舞伴。在舞会上,哈罗德仅对狐步舞略知一二,当跳华尔兹、探戈或伦巴时,他表现得很糟糕。哈罗德不知如何是好,就硬着头皮继续跳。他们俩努力跳完每一支舞,直到乐师们解散回家。哈罗德觉得自己像个邻家男孩,是她哥哥的挚友。在他最喜欢的女孩丽塔心目中,他希望自己是一位活力四射、魅力无穷的英雄,但实际上并非如此。

从少年时代到20多岁,丽塔一直在他身边——她对哈罗德始终如一,她是那样迷人可爱,那样受人欢迎。哈罗德要跟理查德、约翰尼及其他追求者竞争。哈罗德觉得，如果他能在百货店或其他行业地位更高，挣更多的钱，生活更富足，如果他能成为一个大人物，那么也许他就能鼓起勇气向丽塔求婚。理查德现在是当地的一名警察，身穿警服，英俊帅气、英勇无畏。他粉碎了哈罗德的美梦，丽塔和理查德于1941年6月步入婚姻殿堂。

这桩婚姻从一开始就动荡不安，他们生育了一个孩子杰拉尔德（Gerald），家庭纷争不断。1942年夏天，两人离婚后，士兵哈罗德和丽塔又开始约会。在他的军旅生涯中，哈罗德和丽塔一直保持通信，休假期间也互相拜访，两人的恋情进行得如火如荼。他们经常畅谈心曲，讨论杰拉尔德需要一个父亲。但是，哈罗德觉得，最好等到他完成海外任务平安归来时，再计划结婚。

康复期间，哈罗德对他们的未来忧心忡忡。他从心理上还不能接受自己的残疾，坚持要和丽塔分手，相信她和一个"健全男人"在一起会更好。自始至终，丽塔的态度都很坚定。他们之间的关系从起起落落到逐渐改善，这个变化过程反映了他从拒绝到接受残疾现实的心理历程。

哈罗德和丽塔结婚的梦想终于要实现了。他们于1946年结婚，当时，哈罗德正在拍摄电影《黄金时代》，

第 1 章　哈罗德·拉塞尔

他决心将杰拉尔德视为己出。一年后，他们又添了一个女儿阿黛尔（Adelle）。几年后，丽塔和阿黛尔开始沉迷于跳马的学习和训练。两人每周六早上六点钟叫醒哈罗德去看马术表演，但是哈罗德不喜欢马身上的气味，也讨厌看马术表演。尽管如此，5—9月，他还是开车带着两人去看表演，这期间他常常在车上睡觉。哈罗德和女儿一直很亲近。阿黛尔快50岁时，离婚并独自抚养两个孩子：汤米（Tommy）是阿尔伯克基的一名教师，詹妮弗（Jennifer）是一名兽医，她和母亲阿黛尔一样对马很感兴趣。

　　丽塔与哈罗德的性格截然相反。丽塔害羞、胆小、缺乏安全感，她喜欢家庭主妇的安稳生活，而哈罗德热衷于冒险和旅行。她讨厌坐飞机，而飞行却是哈罗德的爱好。丽塔不愿陪哈罗德去参加奥斯卡颁奖典礼，所以他只好和弟弟雷（Les）一起去。丽塔经常表示，她觉得自己不如哈罗德结交的那些政客和名人优秀。她把所有的爱都给了阿黛尔，把所有的时间都花在她们酷爱的跳马运动上了。她烟瘾很大，时常喝酒，以此"提升自信"。哈罗德深爱丽塔，也尊敬她，但是他们性格迥然不同。1972年，他们结婚26年后，在马萨诸塞州的惠伦和弗雷明汉两地生活的丽塔突然死于心脏病发作。

　　杰拉尔德跟随哈罗德生活后，不久就改名为格里·拉塞尔（Gerry Russell）。格里青少年时期胆大妄为，喜欢无事生非、追求刺激。他远不到法定驾驶年龄，就"借"哈罗德的凯迪拉克，以每小时60英里的速度超速驾驶。格里毕业于新罕布什尔大学，获得心理学学位。后来，他在越南当上空军上尉，经历冒险生涯，实现了人生梦想。在那里，他两次因表现勇敢而获得嘉奖，其中一次是驾驶着火的飞机成功着陆。格里和青梅竹马的恋人结婚，生育两个女儿。在涉足建筑业之后，格里在佛罗里达州稳定下来，成为东方航空公司的一名商业飞行员。不过，越南战争之后，他就完全变了。

令哈罗德沮丧的是，他和格里的关系似乎从来都不融洽。哈罗德辛辛苦苦才拥有今天的一切，他不断为儿子的优越感感到不安。格里和妻子的关系变得十分紧张，尽管哈罗德在旅行中多次劝他们不要分手，但他们还是在1980年离婚了。14岁的黛比（Debbie）和母亲一起生活，而16岁的温迪（Wendy）继续和格里住在迈阿密。就在这个时候，格里与凯瑟琳·安德森（Kathi Anderson）之间的关系快速升温，他们已经交往3年了。凯瑟琳是一名已婚的空姐，最近与丈夫兰斯（Lance）分居。

他们之间的故事是三角恋，也是意外死亡的故事。39岁的格里和42岁的兰斯算不上朋友。事实上，他们几乎互不相识。具有讽刺意味的是，两人都是土生土长的

第1章 哈罗德·拉塞尔

新英格兰人,都喜欢飞行,都是东方航空公司的飞行员,并且都爱着39岁的空姐凯瑟琳。凯瑟琳在两个男人之间犹豫不决,难以抉择。最近,她和兰斯和好了,兰斯的商业股份开始飙升。格里越来越迷恋凯瑟琳,酗酒和怪异行为随之而来,包括多次超速驾车。尽管凯瑟琳已经和兰斯和好了,但这段时间她却带着7岁女儿丽莎(Lisa)公开和格里约会。兰斯雇了一名私家侦探跟踪调查他们两人的关系,并购买了4支手枪,其中的3支手枪在几周内神秘地消失了。

1982年2月24日,晚上七点钟到九点钟之间,格里在科勒尔盖布尔斯打网球,喝了几杯酒。回到迈阿密的家中后,格里和温迪一起边看电视边喝酒。晚上十一点钟左右,格里接到了凯瑟琳的电话,告诉他兰斯带着枪要回家袭击她。格里匆忙驾车离开,电视机还在开着,花园里的水管还在哗哗流水。只有凯瑟琳和格里知道接下来到底发生了什么。目前已知的情况是,兰斯和他的生意伙伴弗兰克·阿姆斯特朗(Frank Armstrong)把车停在了兰斯位于南戴德县雷德兰兹区的家中。格里身穿运动服,头戴滑雪面罩,从3英尺远的地方开了几枪。兰斯肩膀中了一枪,脸部中了两枪,死在了他的新奔驰车的驾驶座上。兰斯用他的大口径手枪开了唯一的一枪,击中了格里的胸部。弗兰克的肩膀被子弹擦伤,但他逃到了位于该地产的另一栋大楼的办公室,他拿着自己的枪,惊恐地坐在黑暗中等待救援。

邻居们报了警,在围栏附近发现了凶器,是一把阿米尼乌斯·泰坦左轮手枪,后来证实是兰斯丢失手枪中的一支。凶案发生6分钟后,受伤的格里被发现失去知觉,倒在了皮卡车的方向盘上,皮卡车撞上了离凶案现场不到1英里的一根柱子上。在对警方的正式声明中,凯瑟琳镇定自若地指认格里是行凶者。她说她爱兰斯,并告诉格里她不会离开丈夫。

格里接受了手术。5个月后,戴德县巡回法庭进行了一场激动人心的审判,旁听席上座无虚席。是否是蓄意谋杀成为问题的关键。格里的辩护律师乔尔·赫斯霍姆(Joel Hirschhom)以格里精神不正常作为辩护理由,将陪审团的注意力指向凯瑟琳。"……她给了格里手枪……并操纵他的精神状态。凯瑟琳控制了格里,她憎恨兰斯,但却爱慕他的钱财。她应该坐在当事人旁边的空椅子上。"第一次陪审团投票以7票对4票判处格里二级谋杀罪。经过6个多小时的激烈辩论,戴德县巡回法院陪审团宣告格里在杀害兰斯一案中犯有一级谋杀罪,但在枪杀弗兰克一案中,被判一级谋杀未遂罪名不成立。法官约瑟夫·R. 法里纳(Joseph R. Farina)强制判处格里终身监禁,在假释前服刑25年。

凯瑟琳不肯接受测谎，她继承了一笔可观的财产，价值约 150 万美元。接下来的几个月里，兰斯的父母要求找一个独立遗产执行人，他们声称："我们认为她（凯瑟琳）不适合，不能胜任这个角色。"他们觉得她缺乏商业经验，还认为"这个案子有疑点"。

为了减轻罪名，哈罗德尽其所能为格里支付了超过一万美元的辩护费，案子却以失败告终。时至今日，哈罗德与格里及他的孙女们的关系仍然很紧张，他们认为，哈罗德可以通过必要的人情关系和政治调节，为格里减刑。哈罗德没有这么做，这些事困扰了他很多年。哈罗德试图理解儿子和越战老兵。哈罗德和他们的战争经历，以及随后的个人经历大不相同。

交叉的钩子和枪上的刺刀

在研究越南战争的过程中，哈罗德发现了一个奇怪而令人不安的统计数字。美国无家可归的人口中，退伍军人（大约 25 万）占了 1/3，其中越战老兵占了 60%。在接下来的研究中，他还发现，许多无家可归的越南老兵具有几个共同的特征，包括缺乏适应平民世界的工作技能、支付不起住房、依赖化学药品、创伤后应激障碍及其他问题。那些曾经拿着"枪上刺刀"响应使命召唤的男男女女，发现自己陷入了贫困，无家可归，为了生存而挣扎。他们挣扎的呻吟在哈罗德耳畔回响，让他们过上好日子成了哈罗德晚年的使命。

当无家可归退伍军人收容项目的执行董事肯·史密斯（Ken Smith）发现哈罗德在附近的海恩尼斯过着焦躁不安的退休生活时，他放下手头的事情，驱车前往科德角看望他。哈罗德对肯的工作很感兴趣，向他询问更多的细节。肯告诉哈罗德，大多数无家可归的退伍军人流浪的时间不到一年。波士顿的新英格兰退伍军人收容所设法为超过85%的救济对象提供了工作或永久住房，或两者兼而有之。无家可归的退伍军人再次成为有生产力的公民、负责任的父母和纳税人。

是时候让哈罗德去波士顿亲自看看这个项目了。在一个基础设施不足的繁华都市，沉闷的天气和糟糕的交通让人们黯然伤神。无家可归退伍军人收容项目位于波士顿金融区法院街17号，正对面就是州议会大厦和市政厅。这栋建筑本身就很壮观——10层高楼，建筑面积140 000平方英尺。这座砖瓦建筑不仅见证了自身破败不堪的历程，还见证了退伍军人多年来被忽视的状况。这座废弃的（几乎成危楼的）联邦大楼以前由退伍军人事务部占用。1989年，《麦金尼无家可归者法案》催生了一笔新的租赁费用，使政府财物部门能为非营利组织提供部分资金，为无家可归者提供服务。这个英明的收购方

第1章 哈罗德·拉塞尔

案是一位同样杰出的领袖倡导的，他还提出其他几项非凡倡议。

肯已经发出冲锋的号召。为了更好地了解无家可归者，也许是为了了解格里，哈罗德响应了这个号召。解决所有美国退伍军人无家可归的问题是哈罗德尽心尽力从事的一项事业。尽管年近八旬，哈罗德还是担任了该项目的联合主席，每周不顾身体安危到波士顿，为项目经理们提供经验智慧、咨询指导和人脉资源。更有价值的是他给予救济对象的鼓舞和激励。不管他们是否曾在军队服过役，陆军、海军、海军陆战队、空军、海岸警卫队或后备队，或第一次世界大战、第二次世界大战、韩国、越南、巴拿马、格林纳达、波斯湾、索马里、海地或波斯尼亚。他在退伍军人中的一个简单的举动，就会产生一种令专业人士羡慕的疗效。肯深知并充分利用了这一点——以便在国内和社会斗争中获胜，他认为这些斗争是战争的延续。对肯来说，战争还没有结束。

在其短暂的历史中，该项目已经服务了来自50个州和6个特区的9000多名退伍军人。目前，每周供应近3万份餐食。该项目有130名员工，包括心理学家、社会工作者、职业培训师和财务顾问。在教室里，退伍军人被培训成巴士司机、保安、厨师和电脑修理工。这里有住房、医疗、法律援助、识字培训、心理健康、财务管理、药物滥用治疗、创伤后应激障碍和橙剂援助等项目。在这个类似军队的机构中,节制节俭和励志自助的主题贯穿于项目的各个阶段:危机干预("婴儿床小组")、紧急庇护所、过渡住房、永久住房和日常规划。

归根结底,这个尚处萌芽阶段的项目具有四个显著特征,保证了该机构的有效运转。首先,管理层坚持对所有救济对象进行戒毒和戒酒;其次,就业方向明确,四个现场培训项目帮助救济对象在需求量大、能维持生计的行业中就业。再次,军队礼仪可以增进友谊,减少与流浪生活相关的不安全感,并为所有救济对象和员工提供了共同的语言、文化和基本规则;最后,也可能最重要的就是肯的热情、奉献和领导力。

这位英俊潇洒、魅力非凡的越战老兵被许多人视为一个活生生的悖论,肯自称是不可知论者,他反复提到自己从小就接受天主教教育。肯是一位专业的劝说者,他形容自己"不是生病,而是生气"。肯以前从事印刷行业,1986年,他参观了"越南老兵纪念墙"。这对所有参观者来说,都是一次扣人心弦的经历。对那些曾在越南服役的人来说,激动的心情更是无法言表。细心的他注意到,有许多老兵和同龄人在华盛顿公园里闲逛。闲谈中,他问大家住在哪儿,把哪儿当成自己的"家"。所有

第1章 哈罗德·拉塞尔

人的回答都是一致的:"这里,公园就是我们的家!"从那一刻起,肯就一直孜孜不倦地把所有老兵"一路带回家"。结果,20世纪90年代,在一场持久尚未结束的战争中又爆发了一场新的战役,这与越南战争时期的其他战役大不相同,这场战役是不会输的。

肯认为无家可归问题是一种社会缺陷,列举了它的诸多弊端。来访者很容易注意到肯的轻度躁狂和多相性思维。他时坐时站,时而踱步,时而挥舞刺刀。他时不时地挥舞刺刀,将其插入一张会议桌,这张会议桌给人留下了深刻的印象。

肯直言不讳、傲慢无礼,同时又严厉苛刻、暴戾乖张,但是他学识渊博、充满活力,且能言善辩、热情迷人。他们第一次见面时,哈罗德发现肯就像越南这个国家一样让人捉摸不透,骚动不安、混乱无序。"枪上刺刀"是该项目的口号,肯毫不犹豫地召集他的"护旗队"身穿正装立即进行大张旗鼓的示威游行,抗议所有反对或阻碍他实现目标的人。他的目标就是:立即解决所有美国退伍军人无家可归的问题。肯不假思索、理直气壮地挑战人们的善意忽视。实际上,这种善意的忽视在日常生活中好像每个人都会遇到。而他就要故意营造一种令人不安的紧张氛围,从而引起广泛关注。

肯的有些努力更加具有针对性。他曾经与科威特驻华盛顿大使馆接洽，要求给他们一种特定的石油所有权，以便资助海湾战争退伍军人的项目。他多次闯入退伍军人管理局的官员招待会，要求他们解答他的问题：退伍军人事务部每年有 400 亿美元的预算，25 万无家可归的退伍军人怎么可以置之不理？他向国务院正式呼吁，要求将所有外援经费的 5% 用于解决无家可归退伍军人的问题，并提醒国务卿"仁爱始于家"。同样，他强烈反对提供 6000 万美元用作东欧解放，重新安置从柏林撤出的苏联士兵。

这种倡权风格对哈罗德来说是陌生的，他们的奋斗目标一致，但行事风格迥然不同。哈罗德采用非暴力手段，做事有耐心，充满智慧，有礼有节，擅长沟通和谈判。但是，哈罗德钦佩肯，尤其是他对越南兄弟们的关爱。看到他们在一起，人们就会意识到退伍军人地位的独特性，当谈到他们的康复计划的设计和管理时，情况更是如此。被救济对象有着共同的恐惧、相似的经历和相同的荣誉准则。不得不承认，这些是维系他们之间关系的纽带，哈罗德很清楚这一点。然而，肯本人和他的做事风格令哈罗德感到迷惑不解。是否可以想象，肯的某些倡导策略可能提高了哈罗德在总统委员会中的威信？通过与肯交往，哈罗德对越南战争的特殊情况有了更深入的了解。这些特殊情况给所有越战老兵的生活带

第 1 章　哈罗德·拉塞尔

来巨大影响，主要是负面影响。哈罗德很遗憾自己没能早点了解这些情况。

不止一次，哈罗德插手干预这位咄咄逼人的执行董事的战略计划。在多个场合，他中止了一些不合时宜，或政治上行不通的计划。肯说："当哈罗德把两只钩子交叉起来的时候，就该闭上嘴巴认真聆听了。"（肯觉得哈罗德功勋卓著，希望在他去世后把他的钩子挂在办公室的墙上以示敬意）。肯说：

> 哈罗德是美国人的偶像，作为一位战略家和外交家，他为世界各地的退伍军人所做的贡献，比任何在世的人都要多。而我呢？则像猛禽一样，喜欢正面攻击。

需要影响力或经济援助时，哈罗德就利用他的名气去联系其他知名人士。肯称哈罗德是"法兰克·辛纳屈（Frank Sinatra）和恩里科·卡鲁索（Enrico Caruso）组合"的军人化身，而他自己则是"史努比狗"。他们的组合不是油和水的混合物，因为两人都喜欢音乐，对共同问题的理解和解决方案大致相同，只是行事风格各不相同。此外，他们相互尊重，这是显而易见的。谈到哈罗德，肯称自己是"……坐在父亲的右钩子上"。

尽管哈罗德参与了这个项目,也参与了其他自我教育项目,但他仍对越战困惑不已。

直到今天,我仍不明白我们为什么要在那里打仗。我从不反对那些出于良心拒服兵役的人,但是我反对那些宣誓服役后开小差的人。越战是有史以来最惨烈的战争,这是一场在错误地点发动的错误战争。关于越南,有一件事我已经明白了——越战老兵被欺骗了。

哈罗德并不完全了解越南,但他清楚地知道,越南战争给大家带来的损失巨大。他见证了越战将士作为父亲、妻子和儿子的过早离世、突然伤亡和不幸遇难。他所做的就是为那些老兵提供补偿、赔偿,或者说再次赎罪。哈罗德不会让这个儿子失望,也不会让他的事业失败。

贝蒂和最美好岁月

很少有地方能像五月的科德角那样气候宜人。哈罗德的朋友杰克·克劳奇(Jack Croucher)叔叔是美联社的一名退休作家,现在在尼德汉姆经营安吉洛杂货店。他已经有一段时间没有做媒了,但他觉得空气中弥漫着浪漫的气息。显而易见,撮合哈罗德和贝蒂两人是有道

第 1 章　哈罗德·拉塞尔

理的。贝蒂自从搬到科德角后，就一直是安吉洛的忠实员工。据说她做过 15 年护士，工作非常出色。她离婚 23 年，是 4 个孩子的母亲，7 个孩子的祖母。她太有魅力了，很难相信她仍然单身。哈罗德丧偶已经 9 年了，杰克觉得他需要有人照顾。这难道不是天造地设的一对吗？于是他就安排了一次相亲，安排哈罗德到科德角陪同贝蒂去帕多克饭店参加社交活动。

两人一见如故，此后，哈罗德每个周末都会去科德角，每晚都会给贝蒂打电话。是他们一见钟情，是生机盎然的春天，还是加州之旅的冲动？是哈罗德的温厚，还是杰克叔叔的好眼力？不管是什么原因，1981 年 8 月，两人相识不到 3 个月就结婚了。

跟丽塔不一样，贝蒂喜欢玩乐和冒险。她喜欢旅行，在名人面前落落大方。在拍摄《特工风云》的时候，让好莱坞导演理查德·唐纳大为惊讶的是，贝蒂为了给哈罗德擦汗竟然对导演大喊"停机"。

他们在科德角的房子就在肯尼迪大院的对面，距离海滩 1 英里。这是一处新英格兰风格的住宅。除了哈罗德的地下办公室有些凌乱外，其他地方整洁得无可挑剔。凌乱的地下办公室似乎成了遭遇海恩尼斯地震的见证。他们有充裕的时间阅读小说和历史，访客可能会在咖啡桌上看到《罗马帝国衰亡史》（*The Decline and Fall of the Roman Empire*）。贝蒂给予了哈罗德超乎想象的关爱、支持和帮助，这离不开他们乖巧伶俐的小猫汤姆的帮忙。

这对夫妇喜欢旅行，去过五大洲几十个国家。如果可以安排在拉斯维加斯中途停留，那就是给旅行锦上添花。哈罗德对七张牌感兴趣已久，邻近康涅狄格州的美洲原住民赌场非常值得开两个小时车去赌上一把。在安静的日子里，他会花几个小时在电脑上打扑克或打高尔夫球。

世界各地的朋友和崇拜者们每天都会寄来大批信件，阅读这些信件要花大半天时间。最近，这对夫妇一直在琢磨是谁从圣地亚哥寄来了一张贺卡，他们不记得怎么认识寄件人的，但信里有一张新生儿的照片。哈罗德对贝蒂说："我不记得他们，至于这个小宝宝，我什么也没干。"

贝蒂的兄弟姐妹、子女们和孙辈们经常来这里聊天、打牌、打台球，大家庭相处得其乐融融。贝蒂的弟弟马修（Matthew）是他们生活中的重要人物。马修是一名退休邮政工人，也是二战老兵，银星勋章获得者，跟哈罗德打台球时寸步不让。事实上，哈罗德在退休后一直被讨好奉承，感觉很不自在。哈罗德对马修的做法会有何反应？"这么说吧，我没有抱怨过。"

接二连三遭遇严重残疾

据说闪电不会两次击中同一个地方，但它确实击中了，并且击中第三次，之后还有第四次。1984年，担任残疾人就业总统委员会主席的哈罗德正在华盛顿特区忙工作，他感到疼痛向他袭来。第二天，疼痛加剧，曾经做过护士的贝蒂认为再也不能拖延了，夫妇俩返回波士顿的马萨诸塞州总医院。贝蒂威逼肿瘤科主任接收哈罗德并亲自给他治疗。哈罗德被诊断出前列腺癌，在脊柱、肋骨和髋关节发现了六处病变。哈罗德被告知，如果幸运的话，雌激素和放射疗法可能让他再活两年。

这对幸福的夫妇、做事高效，他们是不会接受死刑判决的，于是再次向纽约斯隆·凯特林研究所和美国国家癌症研究所寻求治疗建议。诊断结果和预后再次得到证实，但德·维塔（De Vita）医生补充说，加拿大魁北克拉瓦尔大学医学中心报告了一项重大研究发现。贝蒂往该中心打电话预约医学评估，但被告知他们至少要等待三个月。贝蒂绝不会坐以待毙，凭借哈罗德的加拿大血统，以及从白宫到美国电影艺术与科学学院的任职证明和获奖证书，哈罗德将在5天后接受评估。

费尔南多·拉布里（Fernand Labrie）医生和安德烈·杜邦（Andre Dupont）医生对哈罗德进行了检查，

在腹股沟又发现了三处病变，总共有九处病变。他们采用口服氟他胺和注射黄体生成素释放激素联合用药，试图完全阻断男性荷尔蒙中诱发前列腺癌的物质。两天后，夫妇二人回到家中，哈罗德服药，贝蒂给他打针。90天后，前列腺上的结节完全消失，15个月后其他病变也消失了。哈罗德的病情完全缓解，大家欣喜若狂。

但哈罗德感到不安。如果不是因为具有加拿大血统，如果没有名人身份，如果没有爱人的坚持不懈，如果没有大量的社会资源，他是不可能去拉瓦尔大学医学中心就诊的，也不可能出现奇迹。每年有8万名美国男性被诊断为前列腺癌，他们的命运又会怎样？氟他胺未获美国食品药品管理局批准，所以每月5000美元的药物治疗费是不能报销的。哈罗德已经痊愈了，他为什么要考虑这些问题呢？

事实上，哈罗德非常在意这些问题。前列腺癌是60岁以上男性死亡的主要原因。他调查发现氟他胺在瑞士、德国甚至苏联已经广泛使用。哈罗德和贝蒂利用他们在华盛顿的影响力，并借助大众媒体的力量，对美国食品药品管理局开战，指责他们为了保护公众安全制定了过于严苛的标准。由于夫妇二人的努力，审查进程加快，氟他胺于1997年获得美国食品药品管理局批准，成为治疗前列腺癌的有效药物。然而，哈罗德认为这种新药得

第1章 哈罗德·拉塞尔

到广泛认可尚需时日,因为新药的使用会让有利可图的外科手术变得毫无用处。

随着年龄的增长,哈罗德的健康每况愈下。日常行动变得越来越困难,贝蒂对他的照顾无微不至。摔伤、骨折、支气管炎和糖尿病的并发症时有发生。遵守糖尿病饮食原则极具挑战性,这也引发了哈罗德和贝蒂之间激烈的争吵。尽管哈罗德依然和蔼可亲、性情温和,但他发现,这些天来派贝蒂去替他鸣不平显然更方便、更有效。令贝蒂恼火的是,哈罗德偶尔会因为一些事情生气。他告诉贝蒂:"现在你给他们打电话,狠狠教训他们一顿。"很显然,哈罗德成了好警察,贝蒂成了坏警察。哈罗德清楚地知道自己什么时候做得太过火了,就及时送上合适的礼物、鲜花、珠宝,或者一件外套。他们的浪漫还在继续。

哈罗德的健康问题并没有随着前列腺癌的治愈而结束。1995年秋天,他踩到了一根牙签,随后右脚开始红肿疼痛,医生将其误诊为脚癣,但是,继发感染导致了蜂窝织炎。最终,在又一次误诊之后,哈罗德失去了方向感,变得神志不清、焦躁不安。医生断定那只脚已经坏疽,接连三次手术后,脚部三分之一被截去。两周的住院治疗之后是三周的康复治疗,随后是门诊随诊和居家治疗。恢复行动能力对哈罗德来说非常复杂,只有专门定制的辅助和适应装置，才能与他的假手协同工作。关心和问候像潮水般涌来，其中包括克林顿总统和哈罗德最喜欢的退伍军人事务部部长杰西·布朗（Jesse Brown）。

尽管情况有所好转，但是哈罗德的日常活动越来越依赖别人的照顾。在贝蒂的帮助和支持下，哈罗德最终战胜了自我。他尽可能保持活跃状态，并声称自己是世界上最年长的三重截肢者。这对夫妇又设法去了一次好莱坞，哈罗德在电影《狗镇》中扮演一个配角。这部电影讲述了一位有抱负的年轻演员冒险故事。哈罗德在电影中饰演一个残疾老兵，在小镇上经营一家雪茄店。导演海肯卢珀（Higgenlooper）把《黄金时代》反复看了九遍，坚持让哈罗德扮演这个角色。哈罗德喜欢给这位年轻的导演出主意，海肯卢珀经常问哈罗德：你认为惠勒会这样做吗？

1996年秋天，哈罗德需要做一个新手术——对左髋关节进行部分置换。他面临着更多的手术，更多的康复，以及近四周的住院治疗。对哈罗德和贝蒂来说还有更多的挑战，他们需要面对理疗师，假肢和矫形设备的设计师。

高龄和多重残疾对康复构成越来越大的威胁，哈罗德走几步就需要轮椅。也许是预感到大限将至，哈罗德对所有与他的健康和个人护理有关的事情，都变得不耐烦了。现在贝蒂为照顾他忙得不可开交。

有什么大惊小怪的

哈罗德已经退休 3 年了。当他 78 岁时，他很清楚，他赚钱的黄金时代已经结束了。此外，他还有一些意想不到的开支，包括在加拿大的癌症治疗，为贝蒂做眼科手术，格里的诉讼费，还有他院子里化粪池的清理费用。这对夫妇并不贫穷，但是晚年如果能有实实在在的现金保障就更好了。此外，他们还计划去太平洋度假，包括去中国香港、泰国和新加坡。在做出决定之前，这对夫妇花了近 8 个月时间讨论财务状况，现在时机到了。1992 年 7 月 30 日，哈罗德拿到了他的最佳男配角奖，并把奖杯放在纽约的一个拍卖会上进行拍卖，拍卖将于 8 月 6 日举行。

美国电影艺术与科学学院对此非常愤怒，主席卡尔·莫尔登（Karl Malden）给哈罗德写了一封信，敦促他认真考虑这个决定，信上写着："这些奥斯卡奖……不应该是纯粹的商品。"卡尔打电话给哈罗德，提供两万美元的贷款换取奥斯卡奖，一旦贷款还清就把奥斯卡奖还给他，但哈罗德拒绝了。

电子和平面媒体蜂拥而至，在海恩尼斯拉塞尔的简朴住宅里，记者和电视摄像师排着长队，电话响个不停。

有《人物》《今夜娱乐》的记者，还有从德国、多伦多和伦敦赶来的记者。传闻变得越来越夸张，说这对夫妇没有钱给贝蒂做眼部手术。事实上，一个简单的白内障手术已经安排妥当。当人们得知哈罗德的其他一些纪念品也将被拍卖时，这件事被炒作得沸沸扬扬。这些纪念品包括总统的来信，以及贝比·鲁斯（Babe Ruth）、塞缪尔·高德温（Samuel Goldwyn）、弗雷德里克·马奇（Frederic March）和达纳·安德鲁斯（Dana Andrews）的签名照片。

批评者们怒不可遏。哈罗德回应说，他只拿到不足一万美元的片酬，而这部电影的票房收入却高达数千万美元。如果奥斯卡奖不是商品，那么卡尔为什么要用两万美元来抵押？他重申他只是想从额外的钱财中获得安全感，从而免遭经济拮据之苦。毕竟，他不能把奥斯卡奖带到下辈子。对于那些没有像他一样经历过大萧条时期的人来说，他们很难理解哈罗德的决定。对许多人来说，他们根本无法理解。

1992年8月6日，奥斯卡奖以60 500美元的价格售出。这是奥斯卡金像奖首次由获奖者出售。自1950年以来，奥斯卡金像奖的获奖者都被要求签署法律文件，承诺永远不出售他们的奥斯卡奖，但是这条规定是在1946年哈罗德获奖以后才制订的。1971年，约翰·列侬（John Lennon）

凭借电影《顺其自然》获得奥斯卡最佳原创歌曲奖。1976年，他把自己的奥斯卡奖捐给了康涅狄格州的绍斯伯里培训学校（残疾儿童学校），该校以600美元的价格将它拍卖。1992年，看到哈罗德的拍卖成功后，这位新主人将约翰的小金人以10万美元的价格又拍卖了出去！

哈罗德正在认真考虑提起诉讼，凭借他对《黄金时代》的贡献，要求剧组支付更多的报酬。以今天的标准来看，根据合同支付给他的微不足道的一万美元的片酬似乎是不够的，尤其在这部电影通过网络和有线电视、影像销售和国际发行获得了数百万美元的利润之后。1946年签订合同时，哈罗德甚至没有考虑到这些分配机制，也没有想到影片会产生如此惊人的暴利。谁能料到呢？

人生经验

即便已经80多岁，哈罗德对人生的思考也远远多于对死亡的思考。尽管如此，他已经开始考虑死亡的问题了。他回忆起他在军队时的一句老话："重要的是要让营地变得比你来的时候更干净、更漂亮。"这就是他对自己的期望，这个世界因为他曾来过而变得更加美好，对退伍军人和残疾人来说尤为如此。他吸取了很多教训，希望这些教训能在他死后被人们长久记住。以下是哈罗德的至理名言：

关于倡权

"有效的倡权不一定完全是对抗性的。处事的圆通、机智与耐心受制于时间与地点。雇主和政策制定者所要解决的问题繁杂，但必须要有优先考虑的事项。好战有它的用武之地，看起来当然充满刺激，但它对雇主和政治家的效果是微弱的，我一直更喜欢用非暴力的方式。

总的来说，《美国残疾人法案》很了不起，因为它让人们关注重要问题。然而，雇主的强制要求可能弊大于利。告诉别人必须做些什么是违背人性的，尤其是在美国。

为了提高残疾人的就业率，必须考虑雇主和他们的需求。在我那个时代，这意味着向《财富》500强公司进行宣传和教育。现在，重点必须从大型雇主转向小型雇主，因为未来的一个世纪里，小型雇主将会招聘更多的雇员。当代的倡权者认为，可以通过法律来胁迫和恐吓雇主，他们错了。

地方宣传是最有效的，随着职权和资源转移到各州，教育和倡权工作必须本地化。例如，残疾人就业州长委员会的发展和赋权一直是总统委员会最大的贡献。

公众参与机会和就业问题同等重要，这两者相辅相成。一个领域的进步离不开另一个领域的发展，对我来

第1章 哈罗德·拉塞尔

说这是个迟到的教训，但现在帮助我前进还为时不晚。尤其令人印象深刻的是，最近在扩大体育和娱乐参与机会方面取得巨大进步，比如特奥会和残奥会。使用计算机和新技术同样重要，这些投资将带来丰厚的回报。

有些残疾并不比其他残疾更加合乎情理。所有的残疾群体都应该组织起来，专注于实现共同目标。他们可以与其他强大的群体合作，如美国老年人，他们当中也有很多的残疾人。特定群体所拥有的优势、特权和有效的战略战术必须共享。例如，在肯尼迪总统之前，总统委员会只服务于肢体残疾人群。肯尼迪总统排除重重阻力，坚持更改委员会的名称和职能，这样做是对的。

如果一个人在执行公务时致残，他就具有特殊身份。这种身份是可以适应的，应该在康复过程中明确强调这一点。同理，大多数退伍军人难以将军事技能迁移到日常工作中。在一个不重视职业培训的时代，应该牢记退伍军人的独特需求。"

关于康复

"康复效果更多地与心理过程有关，而不是医疗过程。要想有效果，康复对象必须接受挑战。在成功康复者的帮助下，这些挑战最为有效，这就是查理·麦格尼格尔为我做的。让残疾康复者更多地参与进来是可取的，但健全康复专家的贡献也不能低估。

残疾不是因为做坏事遭受的报应。我曾经以为，也许我的伤痛是对我之前学业、社交和事业上的失败的一种惩罚。这样的想法不仅不正确，而且对康复来说是一个巨大的障碍。

在整个康复过程中，没有什么比一个人的爱和支持更重要，尤其是在应对心理问题时。我第一次康复是丽塔陪伴的，第二次及其以后多次的康复都是贝蒂陪伴的。对于那些重度残疾的已婚人士来说，离婚率非常高。人们应该认真对待他们的婚礼誓言，"无论是好是坏，都彼此相爱、珍惜"就是这个意思。

发现和重视剩余能力，特别是与工作和日常活动有关的剩余能力，对康复来说至关重要。当我意识到重要的不是失去了什么，而是还拥有什么的时候，我才开始真正的心理适应。我在诺曼底登陆日受了伤，这是我个人的诺曼底登陆日，我必须在现实中建立一个滩头阵地。

康复应该付出实实在在的努力，讲究实用性，注重功能而非形式。我就是最好的例证，起初我喜欢外观漂亮但毫不实用的假手，看不上实用但不美观的钩子。

康复治疗应该高度个性化，应当鼓励残疾人以他们感到舒适和轻松的方式重新学习功能性活动，鼓励他们找到最适合自己的方式。在通往康复的路上，不存在一条所有人都必须遵循的标准方式。

康复医院非常重要,像霍华德·鲁斯克(Howard Rusk)和亨利·凯斯勒(Henry Kessler)这样的人都是伟大的革新者。这里的工作人员和服务都非常出色,但是离开医院的过程是非常可怕的。住院治疗延缓了人们对残疾的预期,很容易将残疾作为一种职业,甚至是一种生活方式。应尽快将患者从医院转移到社区,但要逐步过渡,使其逐步重新融入社区。

在康复过程中,最难学习的是请求和接受帮助。有一段时间,除了系领带,我几乎能胜任日常生活的所有活动。我问查理·麦格尼格尔是怎么系领带的。"快和女朋友结婚吧!"他说,"她会帮你系好领带。"

政府在康复方面唯一的、最有价值的作用是支持培训和教育项目。这些项目可以让残疾人具备专业技能,而且,在当下和可预见的未来,这些专业技能是社会大量需求的。就像二战后退伍军人享有特别权利一样,需要制定一项《退伍军人权利法案》,该法案将为残疾人上普通学院、大学和职业技术学校直接提供的财政支持。教育仍然是社会的重要平衡器。

州政府的职业康复计划设计得很好,但是效率低下,主要是因为大多数州的州长都是政客和官僚,而不是残疾人或康复专业人士。"如果你想修车,你会把它送到政客那里吗？埃德·罗伯茨（Ed Roberts）是项目经理的典范代表。

美国人在残疾和康复方面积累的经验是一笔宝贵的财富，应该输送到世界各地去帮助改善全人类的整体状况。专家和技术交流有助于改善与其他国家的紧张关系，有助于确保世界和平。"

重要的价值

"我的一生充满了机遇和好运。很多时候，我只是在正确的时间出现在了正确的地点。但你必须充分利用这些机遇和好运气，只有保持乐观的态度、建立良好的人际关系并不断地努力工作才能做到这一点。我的伤残和疾病远不是我生命中最重要或最具决定性的时刻。

军人生活、康复经历和电影拍摄让我收获了战友情谊。所有人为造成的阶级、宗教、种族、国籍、政治、社会地位等方面的差异，都会在对共同事业的积极追求中消失。大部分战争都是为了保护我们拥有不同想法的权利。不一定要接受不同的意见，但是要承认他们有权利发表意见。如果没有共同目标，偏狭和二等公民的现象就会应运而生。自由的代价高昂，我们无法忍受。在退伍军人组织、公民团体、电影制片厂、康复协会或总统委员会的赞助下，我发表了数百次演讲，始终如一的信念是，促进所有美国人的包容和充分公民权。"

七张牌扑克

"发牌了，两张底牌一张明牌。如果你的两张底牌没有在桌上看到的明牌好，请立即退出。"

Evan Kemp
第 2 章　埃文·坎普
艾尔·康德路西　著

概述

1954 年，一个 12 岁的男孩正坐在客厅里看书。他机智聪明，有点敏感。克利夫兰寒风呼啸，男孩的父母在隔壁房间里，刚刚得到的消息令他们心如刀绞、痛苦万分。他们的儿子，他们的生命之光，患上了可怕的肌萎缩性侧索硬化症，又称卢伽雷氏症，孩子或许只能再活两年。在过去 4 年多的时间里，他一直很虚弱，经常摔倒，没有力气。妈妈立即知道要出事了，

爸爸却比较乐观。现在，他们最担心的事情得到了证实。他们该怎么办？他们该怎么告诉儿子呢？儿子能承受这个悲痛的消息吗？

1963年，在弗吉尼亚州中部的一个阳光灿烂的日子里，树叶在阳光的照耀下熠熠生辉。弗吉尼亚大学的校园比宣传册上还要美丽。一个法律系三年级学生正走在回宿舍的路上，他就是克利夫兰的那个小伙子，刚参加完学校例行举办的毕业生招聘会。他相信自己很快就会被一家大型律师事务所录用。毕竟，他成绩优异，在校园里很活跃，现在已经准备好要在这个世界上有所作为了。

然而，面试的结果与他的理想相距甚远。他每一刻都要与力量和耐力做斗争，频繁跌倒、摔跤，这些都给他的梦想蒙上了阴影。言归正传，招聘桌另一边的39张面孔给出的结论是，这位年轻人缺乏毅力，难以胜任大律师事务所的工作。他被告知考虑在法律领域扮演小角色会更好，这是最好的办法。经历了这次打击，年轻人行动得比平时更加缓慢，他的梦想就此搁浅了。

1971年，事故发生得如此突然，让人猝不及防。后来，在他的脑海中，这位年轻的证券交易委员会律师总会看到车库的门突然落下，向他袭来。这一幕始终萦绕着他，挥之不去。然而，他什么也做不了，还没等他反应过来，他已经被击倒在地。砸断了一条腿，疼痛难忍。

第 2 章 埃文·坎普

结果，轮椅成了他的最终归宿。有趣的是，多年前，埃文·坎普（Evan Kemp）曾要求配备一辆轮椅，来帮助他应对频繁摔跤的尴尬和不可预测的处境。但他的父母和医生不建议他这么做。他们告诉他，如果习惯了坐轮椅，世界就会对他另眼相看，人们就会觉得他无足轻重。这个年轻人不太确定，但还是听从了家人的建议。现在，轮椅生活已成现实，但他下定决心，不让轮椅阻碍他追逐梦想。他将凭借自己的聪明才智和勤奋工作获得成功。两年后，这名律师对美国证券交易委员会提起歧视诉讼。美国证券交易委员会似乎认为，一个坐轮椅的人没有能力监督两名员工。

这些只是小埃文的生活和时代的部分写照。1995年，一个温暖的秋日，阳光照进书房，埃文坐在背光处接受了首次采访，回顾自己的生活经历和职业生涯。此后，他多次接受我们的采访。

埃文说话温和，有着一双刚毅而好奇的眼睛。虽然头发已经花白，但面部和外表看起来却只有60岁。他坐在高架轮椅上，微微向后倾斜，谈吐优雅，充满智慧。他措辞严谨，能够迅速澄清或强调自己的观点。

30多年来，埃文一直是残疾人运动领袖，但他的路线与大多数倡导者不同。埃文自称是经济保守派，现在是一名忠诚的共和党人。在残疾问题上，他与大多数同龄人意见相左。他拒绝"走上街头游行示威"的倡权方式，更喜欢探索个人权利或赋权这一难题。他比大多数人更善于运用笔墨的力量，来宣扬自己的思想和理想。早在倡导残疾人问题成为一种潮流之前，他就与保守派思想家结成同盟。淡出公共活动之后，他便投身于私营企业，再次率先宣传残疾人经济权益的重要性。

这是一条漫长而精彩的道路。

成长岁月

1937年，埃文出生于纽约市，是埃文（Evan）和弗朗西斯卡·摩尔·坎普（Francesca Moore Kemp）的长子。他的妹妹也叫弗朗西斯卡（Francesca），出生于1940年。

1941年，老埃文举家搬迁到克利夫兰市，创办了一家制造企业——锯刀专业公司。早年，老埃文家庭幸福，生意兴隆。然而，他的母亲弗朗西斯卡·坎普（Francesca Kemp）逐渐注意到，埃文在保持平衡和运动方面，都有些许困难。他全身的力量都在衰退，10岁时，埃文开始出现突然跌倒的现象。1945年，埃文进行了全面的医学检查，弗朗西斯卡需要弄清楚为何会出现这种奇怪的情况。

虽然家人努力让埃文适应这种特别的生活，但是频繁看医生和做检查已成为常态，无论在克利夫兰市，还是在大都市纽约和费城，情况都一样。弗朗西斯卡知道孩子出问题了，决心要找出问题的根源。

尽管行动不便，埃文在学校里表现良好，在社交方面也很活跃。他是个好学生，但在某些学科上还有学习困难，如数学和科学。多年后，他才意识到，这些困难是阅读障碍造成的。上中学时，他只是觉得自己需要再努力一点，才能跟上进度。

小时候，埃文密切关注着家人和朋友的言行举止。事实上，他声称敏锐的观察力在生意场上对他很有利。他经常关注的一位亲戚是他最尊敬的叔叔大卫·梅克（David Meck），克利夫兰市法院的一位法官。在无数次的晚餐讨论中，埃文总会围绕法庭问题发表自己的见解，他确信法律行业适合他。他会坐在大卫叔叔的法庭上，仔细聆听审判中法律和司法的文字游戏。然后在家庭讨论中，他会谈论他观察到的审判以及辩护律师使用的法律策略。

尽管体力越来越差，摔了那么多跤，埃文还是继续参加学校和社区的活动。他参加少年棒球联盟比赛，并与队友保持一致。不过，家人们仍在继续为他寻找问题的根源。

1949年，埃文刚12岁，经过无数次医学检查和评估后，弗兰西斯卡和老埃文终于得到了诊断结果，他们被告知年幼的儿子埃文患上了肌萎缩性脊髓侧索硬化症，也就是可怕的卢伽雷氏症。更糟糕的是，医生说孩子最多只能再活两年。夫妇二人悲痛万分！该如何面对这样的消息？怎么办啊？怎么面对自己的儿子被判死刑？

对坎普一家来说，这些日子暗淡无光、极度悲伤，但他们不打算放弃，他们必须做点什么。或许费城的医生诊断错了，或许可以找到治疗方法。可以做点什么，必须要做点什么。

然而，这种情况并没有让埃文精神崩溃。事实上，如果说有什么不同的话，那就是"肌萎缩性侧索硬化症的死亡判决"更加坚定了他的决心，一定要锁定目标、只争朝夕。事实上，如果说，成长的岁月里有什么关键的因素成就了今天的埃文，那就是他拒不向厄运屈服。当人生遇到困境时，他总是提醒自己：我只能再活两年。死亡的黑暗阴影逐渐消失，取而代之的是专注于当前的事情，忠实于自己的感受，让死刑变成命运的馈赠。

弗朗西斯卡断然拒绝接受儿子的死刑判决，仅仅两年之后，这种坚决的态度带来了一个令人震惊的发现。在又一轮检查后，克利夫兰诊所的医生发现埃文得的根本不是肌萎缩性侧索硬化症，家人们得知他患的是一种罕见的肌营养不良症。

当他们对肌营养不良症了解得越来越多时，家人们就高兴不起来了。他们得知肌营养不良症也可能导致埃文早亡。不过，他们仍抱有希望，因为埃文的肌营养不良症没有准确诊断出来，依然有治疗或治愈的可能。

这个现实重新点燃了弗朗西斯卡的战斗精神，全家人团结起来对付肌营养不良症这个幽灵。1946年，他们创立了肌营养不良症协会克利夫兰分会，和全国各地的人一起共同创建了现在的全国肌营养不良症协会。他们举办了无数次晚宴，多次组织筹款活动，并把对肌营养不良症的认识逐渐提升到公众意识层面。如果对这种具有挑战性的残疾给予足够的关注和研究，也许会找到对埃文有益的治疗方法。

事实上，肌营养不良症协会早期运动的一个福音是坎普家族成功打造出一位有影响力的专栏记者和作家，他就是华盛顿邮报的德鲁·皮尔森（Drew Pearson），也是弗朗西斯卡的弟弟。他的专栏和著作，如《参议员》《九位老人》等，吸引了大批读者，他的定期政治专栏对华盛顿特区和整个国家的政治框架产生深远的影响。他直言不讳，是一位有争议的人物。在某种程度上，许多政客和官僚都畏惧他实事求是的作风。

一旦把德鲁·皮尔森这个因素考虑进去，肌营养不良症和肌营养不良症协会名声大震，就不足为奇了。通过外甥埃文的文章和活动，德鲁让美国人了解到肌营养不良症和普通残疾的区别。他的影响力至关重要，让全国肌营养不良症协会的活动取得了初步成功。

与德鲁的亲密关系成为埃文成长过程和职业生涯中的另一个关键因素。由于这位成长中的青少年与德鲁舅舅经常接触并长期保持联系，两人都发现自己受到了对方的影响。德鲁对肌肉营养不良症和外甥的性格了解得越来越多，反过来，埃文也了解到报纸和文学作品的力量与影响。他发现"笔胜于刀，文比武强"，他认为这一经验使他有别于今天其他残障权利倡导者。

当准备考大学时，埃文又有了一个耐人寻味的发现。虽然埃文的成绩很好，但那些具有挑战性的科目——数学和科学，继续困扰着他。最后，他终于找到了始终学不好这两科的原因，他有阅读障碍问题，还患有肌营养不良症，这个消息实在令人难以接受。埃文要更加专注，花更多精力来应对阅读障碍，为考大学做准备。他意识到要训练自己以不同的方式进行思考，克服阅读障碍。接下来的几个夏天，在辅导老师的帮助下，他的成绩保持稳定，到了高中三年级，他的SAT数学考了800分。

今天，当他回想起这段经历，埃文深信，训练自己不同的思维方式可以让他认知中的其他元素脱颖而出。他的记忆力超群，妻子珍妮·伯特伦（Janine Bertram）认为，智力非凡是他成功的关键因素，而埃文认为阅读障碍是让他与众不同的神秘天赋。

第2章 埃文·坎普

青少年时期的种种经历塑造了埃文坚强而独特的性格。而他也从父母那里学到了倡议游说的信念和探索发现的精神。埃文发现,如果你足够努力不断探索,坦途就会出现在你面前。努力工作会让所有的梦想成为现实。从大卫·梅克(David Meck)身上,他看到叔叔对法律、正义和所有人的权利充满热情。这种认识让他走上一条特别的人生道路——不仅为残障人士,也为那些在社会中遭受不公待遇、被边缘化的人们争取权益。从德鲁舅舅身上,他学到了影响力和变革行动能够把人们团结起来。埃文发现,媒体上的公开表达总是比集会示威和反抗更有力量。最后,他从自身的残疾中发现了内在的力量和坚定的信念。在埃文的一生中,他不止一次发现,这些生活经验会让自己不断地重新定位。

有了这些经验,埃文和家人开始挑选大学,他们考察了多所有利于埃文未来发展的学校。母亲希望他能就近入学,但是埃文想要非凡的大学生活。最终,他们选择了弗吉尼亚中部的华盛顿与李大学。1955年8月的一天,阳光和煦,他动身出发,从此开启了新的人生篇章。

求学岁月

1955—1959年对美国人来说是激动人心的4年。在此期间,德怀特·艾森豪威尔(Dwight Eisenhower)担任总统，美国正处于繁荣时期。城市在蓬勃发展，郊区日新月异，新产品和新观念在美国遍地开花。电视占据至高无上的地位，汽车成为到达全国各地的便捷工具。伊利诺伊州的一所大学发明了电脑，尽管我们很多年都没有感受到它的巨大影响，但关于它应用的猜测却让人联想到未来的科幻图景。

并非一切都是完美的，与俄罗斯、中国和其他共产主义国家的冷战已经升级到让美国人越来越警惕和恐惧的程度。年轻的美国副总统理查德·尼克松（Richard Nixon）与俄罗斯总理尼基塔·赫鲁晓夫（Nikita Khrushchev）进行了一场"厨房辩论"。到1958年底，人们普遍担心共产主义全球化，可能对民主构成真正的威胁。

来自威斯康星州的参议员麦卡锡（McCarthy）试图驱逐共产主义者，在全国范围内制造了一场浩劫。麦卡锡最喜欢攻击从事电影、电视、广播和报纸行业的人士，认为他们同情共产党。当麦卡锡把注意力从制片人转移到导演，再转移到演员时，那些与媒体有联系的人和团体都吓得目瞪口呆，肌营养不良症协会就是其中之一。

当时，德鲁是肌营养不良症协会的首席发言人，他的众多专栏和高知名度让美国人认识了肌营养不良症。作为专栏作家和直言不讳的记者，他也比以往任何时候

第 2 章 埃文·坎普

都更受欢迎。他很容易成为麦卡锡反共活动的目标,肌营养不良症协会担心德鲁和他有争议的风格,可能会将麦卡锡的反共目标引向协会。如此高的曝光率对肌营养不良症协会及其筹款能力都将是灾难性的打击。起初,肌营养不良症协会董事会悄悄地提出这个建议——德鲁必须下台,德鲁的盟友对此难以置信。德鲁是典型的美国人,坦率直言、具有批判精神,却始终坚定拥护美国理想。

尽管如此,随着麦卡锡主义带来的恐慌在全国蔓延,肌营养不良症协会董事会的担忧日益增加。此后,在没有发布任何告知的情况下,肌营养不良症协会领导层决定解除德鲁发言人的职务。这个举动震惊了坎普一家,也激怒了正在华盛顿与李大学读书的埃文。这一行为传递的信息很明确,有争议就要付出高昂代价。遭遇不公平对待,德鲁舅舅感到痛苦万分、怒不可遏,埃文至今仍感同身受。

埃文的本科学习很顺利。通过刻苦努力和同学的帮助,他适应了阅读障碍,在所有课程中都取得了良好的成绩。不过,他还要继续跟摔跤、跌倒和逐渐衰减的体力做斗争。他曾多次跟医生要求使用轮椅,但都遭到拒绝。医生担心更多的似乎是社会影响,而不是身体影响,因为轮椅意味着虚弱和无能。事实上,富兰克林·德拉诺·罗斯福（Franklin Delano Roosevelt）在总统任期内一直使用轮椅，但他的顾问从不允许他坐在轮椅上拍照，因为他们深信如果美国人看到他坐在轮椅上，就会对他失去信心。因此，埃文坚持不懈地跟医生提要求，同时对医生的建议也表示理解。

即使身有残疾，埃文在美丽的华盛顿与李大学的校园也备受欢迎。他广泛交友，生活充满了活力。埃文参加了许多文化活动，非常享受这里生机勃发的校园氛围。选择华盛顿与李大学是经过深思熟虑的，家人曾鼓励他考虑去克利夫兰附近的学校或东北部的常春藤盟校，但弗吉尼亚州中部连绵起伏的美丽丘陵深深地吸引着埃文。此外，华盛顿与李大学有着良好的声誉，能够帮助学生顺利进入法学院。考进法学院仍然是年轻的埃文的目标。在他的诸多计划中，解决社会不公被摆在首要位置，这也是他的夙愿。

当埃文在华盛顿与李大学安顿下来时，一个重要问题——民权问题开始困扰美国人。种族歧视和吉姆·克劳法作为导火索，引燃了全国各地的民权运动。蒙哥马利公共汽车抵制运动、布朗诉托皮卡教育委员会案、小石城民权运动，以及其他正式和非正式的民权运动开始备受美国人关注，包括埃文。

事实上，埃文早已做好了准备加入民权运动的行列。

当他还是个小男孩的时候,他的父母就跟他讲述歧视的危害。老坎普经常谈起他家乡俄克拉荷马州塔尔萨的种族骚乱,以及这些骚乱怎样分裂社区并在人与人之间制造隔阂。坎普夫人经常说,我们要看到人们的共同之处,而不是关注彼此之间的差异。她经常提醒埃文,所有人虽然各不相同但却有着共同的情感。

在某种程度上,埃文感觉自己与美国黑人同病相怜。黑人因肤色遭受不公正的待遇,正如他因肌肉无力和跌倒遭遇歧视一样。他知道这是不公平的,他知道尽管和其他人贡献相同,但人们仍然会因身体残疾对他抱有偏见。埃文依然对民权充满热情,即使在今天的工作中,他也经常谈到如何通过民权解决残疾歧视问题。

埃文在华盛顿与李大学努力学习,频繁跌倒并未妨碍他参加大学里的活动。谈吐不凡让埃文赢得大学同学的一致尊重。1958年,大四那年,他竞选学生会主席,尽管失败了,但他从此对政治产生了浓厚兴趣,对政治力量的理解也进一步加深。

1959年,埃文在华盛顿与李大学获得文学学士学位。虽然注定要攻读法学院,但他觉得有必要考验自己并更多地了解这个世界。于是,刚一毕业,他便和儿时的好友大卫·罗宾逊(David Robinson)前往欧洲,开始了只有两个朋友才能找到的冒险之旅。大卫和埃文早年在克利夫兰就一直是最好的朋友，高中时也一起玩耍。尽管大卫去了达特茅斯大学，埃文去了华盛顿与李大学，他们依然保持密切联系，对事物抱有相似的看法。

当然，他们还有个计划，就是希望利用埃文与德鲁的关系，以及德鲁受雇于贝尔辛迪加（一家全国性的通讯社）的机会来谋取好处。他们研究社会化医疗和国家卫生保健问题，认为可以通过贝尔辛迪加发表他们的研究发现。他们确信这些故事会引起美国人的兴趣，并由此赚到一笔钱。不幸的是，他们想错了，虽然最初写了几篇文章，但是一篇也没能发表。1960年，在漫游欧洲大部分地区之后，身处巴黎的两个好朋友发现自己身无分文。

他们毫不气馁，在欧洲每日发行的美国报纸《美国先驱论坛报》上搜索，发现了一家投资公司正在招聘欧洲销售代表。大卫和埃文联系了招聘公司，很快就开始在欧洲销售公募基金并得到了一份体面的收入。欧洲之旅教给他们关于文化、语言和风俗习惯的宝贵知识，也让埃文了解到投资世界的行情，这些经验对他后来的职业生涯很有帮助。也许更重要的是，埃文发现，欧洲人虽然有所不同，但他们与美国人，以及其他所有文化的相似之处也是显而易见的。游历欧洲是一次难得的经历。到1961年，两人都准备回国，开始规划自己的人生。同

第2章 埃文·坎普

年9月,埃文进入弗吉尼亚大学法学院深造。

回国后,他曾考虑去哈佛或耶鲁法学院深造,但有两个原因让他回到了弗吉尼亚。一是夏洛茨维尔美丽的乡村深深地吸引着他,在华盛顿与李大学待了4年之后,他还没有准备好迎接波士顿或纽黑文这些大都市的挑战。第二个原因更具战略性,经过研究,他发现弗吉尼亚大学的本科和法学院培养了大约20名美国参议员。对于一个对政治和公民权利充满兴趣的人而言,这无疑是一个完美的平台。

弗吉尼亚的法学院洋溢着时代的兴奋和激情。约翰·F.肯尼迪主政白宫,神圣而崇高的政治期望无处不在。我们仍在与共产主义做斗争,但随着斗争矛头转向东南亚,麦卡锡时代的丑恶行径在美国本土已经销声匿迹。作为美国人,我们重新燃起了一种自豪感,不再问国家能为我们做些什么,而是问我们能为国家做些什么。

埃文在这种精神的激励下就读法学院,他喜欢这种精神给自己带来的奇思妙想和澎湃的激情。他还与一位名叫英格丽德·乔纳斯(Ingrid Jonas)的迷人女子旧情复燃。事实上,他第一次遇见英格丽德是在表妹哈丽特(Harriet)的派对上。当时法学院放假,他回到克利夫兰。紧接着,他们坠入爱河并订了婚。他确信,一旦获得法律学位,他就会与未婚妻结婚,就会被一家大型律师事务所聘用。一边享受着婚姻的幸福,一边在激动人心的法律事业中顽强拼搏。想到这些,他都有些迫不及待了。然而,到了第三年,他不得不面对现实。虽然成绩优异,但大公司对他却不感兴趣。他们认为,一个患有肌营养不良症的人走路都有困难,怎么会拥有他们所期望的充沛精力和良好形象,怎么能够胜任重要的法律事务?他应该更多地考虑在残疾人圈子内,从事一些更简单的工作。在一次又一次的面试中,大约有39家律师事务所给了他同样的回复。他灰心丧气,决定与英格丽德断绝关系,因为他不想让未婚妻走上一条前景日趋黯淡的道路。于是,埃文拿着弗吉尼亚大学的法律学位,前往华盛顿特区,希望德鲁舅舅能引导他进入人生的下一个阶段,并开启职业生涯。

职业生涯

1964年10月,埃文抵达华盛顿特区,当时美国正深陷越南战争,林登·约翰逊(Lyndon Johnson)总统不断向东南亚增兵。在国内,披头士风靡一时,反主流文化席卷美国,动荡的60年代高歌猛进。1964年的《民权法案》刚刚签署,马丁·路德·金博士注定要获得诺贝尔和平奖。

在此之前,埃文一直是民主党人。他支持肯尼迪

第 2 章 埃文·坎普

和约翰逊的政策，专心致力于民权事业，将马丁·路德·金视为英雄和导师。人们应该因品格而受到尊重，而不是因肤色或身体状况而受到歧视。他想在民权运动中尽自己的一份力量，但他首先需要一份工作养活自己。德鲁舅舅再次走进他的生活。

尽管与麦卡锡主义擦肩而过，德鲁仍是一位非常受欢迎的美国人物。他的专栏《华盛顿旋转木马》刊登在全球约900家报纸上。另外，每周日美国广播公司225家电视台会播出他的电视节目。德鲁是一位备受尊敬的人物。

德鲁一如既往地乐意帮助外甥，他打了几个电话，帮埃文找到了他的第一份专业工作，在美国国家税务局当律师。这虽不是他梦想的工作，却开启了他的人生新篇章。三年来，他担任美国国家税务局税法专家，但他对此并不满意。鉴于他在欧洲的经历，这个职位对埃文来说很容易胜任。他精通投资问题，发现自己能够轻松地完成国税局的工作任务。为了打发越来越多的空闲时间，埃文积极参加反战活动。1967年，他因在一份反战请愿书上征集签名而被判违反《哈奇法》。《哈奇法》禁止联邦雇员介入政治活动，但这无关紧要。越南战争是错误的，他需要尽自己的职责。

他也开始与华盛顿乔治敦的社交圈建立联系。埃文学会了打桥牌,通过姨妈鲁维·皮尔森(Luvie Pearson)结识了华盛顿周围有影响力的新人物,并成为朋友。这些新建立的人际关系对他未来的发展帮助极大。

个人生活方面,埃文在桥牌朋友圈里和一个名为珍妮·科普兰(Jane Copeland)的漂亮女士确立了关系。珍妮聪明伶俐,埃文觉得她风趣迷人,相识几周后他们就订婚了。1970年9月,两人步入了婚姻殿堂,埃文体验到从未有过的幸福。婚后,夫妇俩穿梭于华盛顿的社交圈,时光过得飞快。

然而,幸福的时光总是短暂的。1972年,珍妮得了脑瘤。经过无数的检查、治疗和手术,他们最担心的事情得到了证实——珍妮的病情没有希望好转了,坎普夫妇被告知要做好最坏的打算。

这些日子对埃文来说非常艰难。他的事业刚刚起步,现在还要照顾生病的妻子。到1981年,经过8年多的护理,珍妮显然需要找一家机构接受长期护理。埃文苦苦寻找了很久,最后选择了北卡罗来纳的一家致力于临终关怀的机构。

与此同时,关于自身的残疾,埃文有了一些有趣的发现。从14岁开始,埃文和他的家人就认为他的身体问题与肌营养不良有关。而且,由于医生无法确定他营养不良的类型,他们告诫埃文一家要做好最坏的打算,

第 2 章 埃文·坎普

病情可能会继续恶化并导致早亡。到现在，大约 16 年过去了，真相终于大白。经过一系列的检查，医生发现埃文的症状符合恩格尔堡-韦兰德综合征（Engelburg-Weylander Syndrome）。这一发现让人如释重负，同时又令人心生担忧。恩格尔堡韦兰德综合征是一种罕见的神经肌肉疾病，类似于小儿麻痹症，同样会逐渐变得严重，不确定性依然存在。

1967 年底，埃文得知美国证券交易委员会有一个法律职位空缺，他抓住机会得到了那份工作。在证券交易委员会工作一段时间后，他终于找到了在其他工作中体验不到的满足感。在工作中，埃文成为变额年金和股票方面的专家，并迅速晋升。他在同事和主管中都很受尊敬，前途从来没有如此光明过。1972 年，埃文还在证券交易委员会任职时，一件事情彻底改变了他的人生。

实际上，这件事情的起因是他请求证券交易委员会给他提供方便。埃文一直在与肌肉无力和跌倒做斗争，随着恩格尔堡-韦兰德综合征的发展，他的行动越来越不方便。他要求证券交易委员会在车库给他一个停车位，把车停在离办公室更近的地方对他来说更安全也更方便。然而，他的请求遭到了拒绝。为了离办公室更近，埃文发现如果把车停在车库附近，穿过车库，他可以更方便地进入办公室。这个办法看起来不错，直到 1971 年那个灾难性日子的到来。六月的那天,埃文像往常一样到单位上班。锁好车后,他习惯性地沿着停车坡道走下去,抄近路穿过车库。当走近门口时,他没有意识到车库自动门开始关闭。还没等他反应过来,门就"砰"地一声砸在他身上,把他拍倒在地上。到这个年纪,埃文对跌倒并不陌生。自8岁起,跌倒就成了他生活的一部分。然而,这次跌倒与以往大不相同。他的头部和肩膀被库门砸中,当他跌倒时,一条腿压在身下,造成了粉碎性骨折。

最后,他住院3周,腿部骨折、双眼复视、头部轻伤,这将是埃文经历的最后一次跌倒。经过大约12周的康复治疗,他终身需要坐轮椅了。这个结果既有象征意义,又有讽刺意味。他终于得到轮椅了,可以让他免于摔跤。但作为一个男人和专业人士,他将永远受到区别对待,因为他现在成为一个真正的残疾人了。

事故过后,等他再回到证券交易委员会,埃文发现一切都变了。事故发生前,人们对他的工作表现普遍赞誉,现在却没有了。此外,他曾经寻求的管理培训机会,几乎都无疾而终。最后,当他竞选一份能提升他的职业生涯、提高他的管理技能的新工作时,他被断然拒绝了。埃文找不到其他的解释,只能说证券交易委员会认为一个明显有残疾的人无法有效地监督他人。这件事激

第2章 埃文·坎普

怒了埃文,他向周围的人寻求建议。阿格努斯·格雷厄姆·迈耶(Agnus Graham Meyer)是德鲁·皮尔森和艾丽·史蒂文森(Allie Stevenson)的密友,正是她敦促埃文向证券交易委员会发起挑战。阿格努斯(Agnus)患有严重的关节炎,曾经遭受多家航空公司的歧视,因为他们不能满足她的特殊飞行需求。她对这类民权歧视的看法让埃文意识到,残疾歧视不是个别情况而是普遍现象,她的观点代表了这个社会是如何看待残疾人的。1974年,埃文以歧视残疾人为由向证券交易委员会提起诉讼。

他赢了官司,但委员会的事情再也不像以前一样了,埃文知道他需要另谋职业了。事实上,埃文成为残疾人后,就进入了"残疾人权利运动"的圈子,他们每天都在努力改变人们对待残疾人的态度。这些倡导者很清楚,限制他们的不是他们的残疾状况,而是周围人的看法。众所周知,"残疾人权利运动"始于20世纪60年代初,在全国各地,勇敢的残疾人在争取民权的过程中,开始将自己的处境与非裔美国人相比较。当民权运动的先驱们开始从公共汽车后部的种族隔离区域走出来的时候,那些在疗养院和其他机构中饱受折磨的残疾人开始意识到,他们甚至连公共汽车都无法乘坐。当小石城九号运动推动融合教育时,残障人士和他们的支持者意识到,他们根本无法接受公共教育。关于这种歧视,没有哪个地方的不平等之火比加州伯克利燃烧得更加猛烈。在这里，一个名叫埃德·罗伯茨（Ed Roberts）的年轻人躺在铁肺里，他是一名小儿麻痹症患者。

那时候，埃德白天在加州大学读书，晚上住进疗养院，在这里他就是一个接受医学治疗的重症患者。更不用提遭受种族歧视的吉姆·克劳（Jim Crow）了——埃德根本就没有任何权利。然而，像大多数改革家一样，埃德意志坚强，头脑灵活。当他在晚间新闻看到民权运动示威游行时，他意识到两件重要事情。一是公民权利是一个概念，应该适用于包括残疾人在内的所有人。更重要的是，残疾人组织是通向公民权利的必由之路。意识到这一点，一场运动便应运而生。

埃德不失时机地发起了这场运动，他与加州大学的同事一起创建了第一个残疾学生服务中心。这个组织的影响力很快传播开来。不久之后，第一个独立生活中心在伯克利成立。（值得注意的是，在平行但不相关的活动中，众所周知的独立生活中心在波士顿和伊利诺伊州香槟市同时发展壮大。）

与其他民权运动一样，独立生活中心在60年代后期发展缓慢，乏善可陈。旧的规范在改革，在缓慢地调整，但每一步改革都遭遇抵制。再加上那些身体残疾明显且严重的人，长期以来遭受的根深蒂固的污名，平等的概念推广起来就更加困难了。结果,运动逐渐陷入了困境。由于政府机构不信任残疾人,资金难以筹集。他们认为,残疾人应该得到治疗和帮助,而不是直接资助。一个最根本的问题是残疾人组织没有明确的名称和身份。

埃德和其他残疾事务国家领导人在身份问题上走上一条漫长而艰难的道路。需要一个有重点的定义来明确运动的目标,但运动的形式也需要与传统的康复工作区分开来。

和其他大多数参与残疾人权利运动的人一样,埃文感到沮丧的理由很简单:事故发生前,他是一个备受尊敬、积极活跃的律师;而现在,坐在轮椅上,他常常被别人视为无足轻重。人们对残疾人有着根深蒂固的成见,觉得他们见不得人。虽然他自己没有感到不同,但那些遇见他的人的态度变化却是显而易见的。

这些不愉快的经历令人印象深刻。既然他本人是受歧视的对象,他就会想起其他人的经历。公民权利、妇女权利和宗教权利都有了新的含义。当他不断反思自己的亲身经历时,他清楚地认识到残疾问题是人权问题。随着埃文逐渐适应"残疾人领域",他发现自己加入了支持或倡导团体,或者说进一步融入了这项事业。他不仅机智聪明,而且能言善辩、善于交际。他是发展"残疾人权利运动"的最佳人选。但他从来都不是一个真正的参与者，尽管他得到了其他志同道合者的认可，但他基本上还是坚持自己的道路。当然，几乎在每一个场合他都扮演了领导角色。为什么要加入这个团体？对此，他一直保持谨慎态度。

此时，残疾人运动发展壮大。正是因为加州埃德·罗伯茨和波士顿弗雷德·费伊（Fred Fay）的开创性工作，独立生活运动受到越来越多地关注。跟随民权运动的步伐，残疾人权利领导人如弗兰克·鲍（Frank Bowe）、朱迪·休曼（Judy Heumann）、雷克斯·弗里登（Lex Frieden）、大卫·威廉姆森（David Williamson）、埃德·罗伯茨（Ed Roberts）、弗雷德·费伊（Fred Fay）和其他人重新定义"独立生活"，为残疾人争取教育、就业和交通方面的法律权利。弗兰克的开山之作《阻碍美国》（1970年）和《康复美国》（1975年）为解释和阐明残疾人被剥夺在体制和经济方面享有的权利奠定了基础。

1974年，主要残疾人领袖相聚在得克萨斯州休斯敦，对"独立生活"一词进行了正式定义，并倡导修订1975年《康复法案》。这项修正案具有开创性，因为它首次正式承认残疾问题不是医学问题而是社会问题。倡导者已经大声而明确地宣布：残疾是人类进程中的自然过程。

当然，残疾人运动鼓舞了埃文。除了政治和社会现实导致残疾人经济和社会权利丧失之外，他清楚地看到，部分问题在于医学主导了人们对待残疾人的方式。埃文一次又一次地发现，在他和其他残疾人接受的治疗和服务中，"病人角色"占据主导地位。他和他的残疾朋友们经常发现自己被认为是病态的、不健全的、有缺陷的。然而，埃文和其他许多倡导者并不这样看待自己。

不过，人们抱有偏见的态度，以及没有残障设施的建筑物对他来说确实是事实。在接受"病人角色"治疗的同时，他发现，轮椅成为自由行动的巨大障碍。事故前他认为理所当然能去的地方和能做的事情，现在看来都遥不可及。简单的台阶、路缘、门口和其他难以接近的地方都传递出清楚的信号——他在大多数地方都不受欢迎。这些障碍与上一代人的标语"有色人种免入"一样响亮刺耳。他知道这种歧视是一个民权问题。从此，他开始热衷于与现状做斗争。他没有病、没有缺陷、没有变态，也不会因为别人对残疾人的错误认识而放弃自己的生命。

20世纪70年代末，当埃文还在证券交易委员会工作的时候，他就开始与残疾人运动人士建立联系，其中包括玛丽·简·欧文斯（Mary Jane Owens）、弗兰克·鲍（Frank Bowe）和黛博拉·卡普兰（Deborah Kaplan）。事实上，是黛博拉把他介绍给拉尔夫·霍奇金斯（Ralph

Hodgkins）的，他曾倡导在汽车中使用安全气囊。拉尔夫反过来鼓励埃文加入新成立的残疾人权利联盟，这是他朋友拉尔夫·纳德（Ralph Nader）创建并发起的。这一邀请为埃文开启了一个全新的方向，那就是成为一名残疾人运动的倡导者。

倡权岁月

1980年，罗纳德·里根当选美国总统，美国开始了政治右倾化，里根的基本纲领是抨击政府的主导地位和监管。推出了一种新联邦主义，开始使用整笔拨款，并专注于所谓的"涓滴经济学"。里根时期的共和党人认为，以自由市场为中心，私营部门可以比政府做得更好、更有效率。

事实上，在流行文化中，有一种新兴的保守主义也具有同样的影响力。国防开支增加，全国爱国主义高涨，"自由主义者"成了贬义词。音乐和电影开始转向更基本的主题。弗吉尼亚州林奇堡的牧师杰里·福尔韦尔（Jerry Falwell）成立了"道德多数派"的政治行动小组，强调基本的基督教价值观。

"道德多数派"的一些概念吸引了埃文。在20世纪70年代后期，他变得越来越保守，认为在残疾人运动中，一些比较激进的倡导者走上了错误的道路。残疾人的确受到了不公正对待,而且政府配额或施舍的方式似乎太屈尊俯就了。按照种族关系中流行的看法,埃文开始认同这样的观点:政府的救济和依赖可能会束缚和限制残疾人。虽然少数群体需要获得权利和正义的机会,但一个特定群体的成员不应成为施舍的试金石。事实上,正是这些救济品让残疾人在文化上一直背负着残疾的污名。

1981年,埃文正式加入残疾人权利中心。残疾人权利中心由消费者权益倡导者拉尔夫·纳德(Ralph Nader)创立,他对残疾人所面临的民权问题感兴趣,这为倡导者埃文提供了绝佳的机会。埃文很欣赏拉尔夫,他原则性强,纪律严明,并且崇尚平等,他的优点不胜枚举。尽管他们在一些问题上意见存在分歧,但埃文对他的新工作很满意。担任这个角色,埃文逐渐成为新兴辩论的焦点,与关键的政治和官僚人物进行正面交锋。这是一个令人兴奋的变化,这与证券交易委员会的工作大不相同。不久,他被要求领导残疾人权利中心。

在残疾人权利中心,埃文做了很多事情。他写法律证词,发表意见,经常参加各种会议,并在公共和私人聚会上反映残疾问题,他认识了许多新朋友。

通过别人介绍,他接触到时任副总统乔治·布什,而这次重要的引荐改变了他的生活和未来。新当选的副总统是一位赫赫有名、经验丰富的政治家，正处于仕途上升阶段。他曾在国会任职，担任过中央情报局局长。在刚刚结束的总统竞选中虽然失败了，但表现出色。两人会面时，埃文作为残疾人权利中心的代表，加入了总统反监管委员会，该委员会由乔治·布什担任主席。埃文的工作是确保残疾人问题受到重视。

埃文立刻喜欢上了乔治·布什。从布什身上，他感受到了尊重和真诚，两人的关系最终变得密切起来，他还发现两人有许多相似的政治观点。虽然有这样特殊的关系，但是埃文觉得他在委员会期间能够保持头脑清醒，在残疾问题上不偏不倚。他和布什在很多问题上意见相左，但两人的友谊仍在继续。他们最初产生分歧的一个关键问题是《康复法案》第504节，布什想对这项重要的立法做出重大改变。随着时间的推移，埃文说服布什不要削弱此项为残疾人提供保护的法案。有人认为，这次胜利和布什—埃文的联盟为后来《美国残疾人法案》奠定了基础。大约10年后，成为美国总统的布什签署了该法案。

作为一名倡权者，埃文认为，在"残疾运动"中，他与同龄人的主要区别在于他对媒体和新闻的理解。与德鲁舅舅的亲密关系教会了他很多，最重要的可能是懂得如何获得和关注与倡导相关的新闻报道、社论和评论文章。此外，在残疾人权利中心的工作，锻炼了他的写作能力。埃文一次又一次运用笔的力量，公开发表意见，最引人注目的媒体经历发生在1981年。

成为一个坐轮椅的人之后，埃文发现，在残疾问题上人们会有悲悯情怀。几乎从使用轮椅那天起，他就开始有这种感觉。他无数次发现，遇到的许多人都同情他，有些人方式委婉，有些人则直接表达。有些人告诉他，他是多么的勇敢。还有些人对待他就好像他是一个努力克服自身"残疾"的孩子。他不仅感到烦恼，而且也知道，如果人们被怜悯，那么他们就很难得到尊重——权利与尊重有关，与怜悯无关。

到1981年，埃文已经受够了这种怜悯，决定把它说出来。对他来说，对残疾人的终极怜悯是通过电视募捐活动来实现的，而该类活动的王牌节目是杰里·刘易斯（Jerry Lewis）为肌营养不良症患者举办的劳动节聚会。因此，埃文运用笔的力量，写了一篇关于电视募捐节目的强有力的社论，计划把它提交给《新闻周刊》。这篇1300字的文章评述了人们对残疾人的怜悯之情、筹款活动，以及当残障人士试图融入更大的社区时，这种形象是如何切实地伤害他们的。埃文一吐为快，他写道，电视募捐节目摆出高人一等的态度对待残疾人，把残疾人描绘成贫穷、可悲和不幸的形象。他说，正是这种国民形象使残疾人继续受到贬低和侮辱。他说，残疾人不想成为"杰里的孩子"。

当埃文的文章进入《新闻周刊》系统时，它引起了《纽约时报》一位睿智的年轻编辑的注意。他立即意识到这篇文章将产生非凡的影响力和效能，便打电话给埃文，告诉他自己喜欢这篇文章，想把它作为评论文章发表在《纽约时报》上，但是篇幅太长需要修订，如果两小时内完成修改就能登上第二天的《纽约时报》。埃文抓住这个机会，不到两个小时，那篇文章就到了编辑手里。

这篇社论在民众中引起了轰动，埃文触动了人们的神经，引发了一场至今仍在进行的全国性辩论。全国各地的人们开始响应，公共服务机构、各种媒体、慈善基金会和群众也加入进来。然而，没有哪个地方比"残疾人社区"的反响更为强烈，残疾人受到极大的启发。埃文写出了许多人多年来的感受。终于，有人勇敢地说出来了。另外一些人则被激怒了，一个明明从肌营养不良症协会电视募捐活动中受益的人怎么会恩将仇报呢？

最愤怒的人当然是杰里·刘易斯。他和肌营养不良协会都无法相信一个残疾人，一个和肌营养不良协会关系非常密切的人（坎普家族在克利夫兰创立了这个分会，早期在国家肌营养不良协会的理事会中积极活跃），会说出这样的话。杰里公开做出强硬回应，不管在私下里还

第2章 埃文·坎普

是在公开场合，他都指责埃文忘恩负义。随后的评论是关于埃文如何自私，以及他的社论如何伤害其他残疾人，其中大多数人并没有埃文富裕。

除了公众的攻击，埃文后来还发现，他发表《纽约时报》评论文章后不久，一些与肌营养不良协会有关的人雇用了一名私人侦探跟踪他，想方设法败坏他的名声。这位"调查员"名叫史蒂夫·洛克伍德（Steve Lockwood），起初与埃文有交情，后来千方百计破坏他在国会和全国各地的倡议工作。埃文后来有机会逐步了解"调查员"的角色之外的史蒂夫，他得知史蒂夫从肌营养不良协会获得近25万美元的报酬。1991年9月，这位"调查员"接受《名利场》记者莱斯利·贝内特（Leslie Bennetts）采访，前提是不得透露他的身份。他说肌营养不良协会告诉他，埃文的评论文章让他们每年损失400多万美元。只有诋毁埃文，他们才能确保协会不会遭受更大的损失。事实上，埃文和肌营养不良协会之间的斗争一直持续到20世纪90年代早期。在新书《小丑之王》中，杰里·刘易斯用了10多页的篇幅谈论关于埃文的争议，他对埃文的怨恨是显而易见的。在这篇社论引发最初的争议之后，杰里立即改变了立场。他和肌营养不良协会的官员认为，邀请埃文出现在电视募捐节目中，可能会减轻损失。杰里在拉斯维加斯的电视募捐之前会见了埃文,并"试探"他。晚餐时,两人经过一番交谈之后,杰里变得犹豫不决了。他希望埃文言辞不要那么犀利,但他知道他不能告诉埃文应该说什么。当电视节目播出时,埃文出现在镜头前接受了一个简短的采访,他谈论了独立生活运动和残疾人取得的进步。他明确表达自己的坚定立场,他认为选择、克制和机会是残疾人民权运动的基石。

一切顺利进行,埃文坚持自己的立场,杰里很不高兴。运动中的一些人认为埃文在这个问题上太软弱了,他应该利用这段时间猛烈抨击这场电视募捐的争议。另一些人则认为,独立生活运动的主要理念已进入美国主流意识。然而,最恼火的是埃文的母亲弗朗西斯卡。自从肌营养不良协会抛弃了她弟弟德鲁之后,她就一直愤愤不平。她和丈夫为这项事业倾注了大量心血,肌营养不良协会的官员不仅诋毁她弟弟,而且从未向他们表达过谢意。她拒绝看儿子在电视募捐节目上的采访。

1983年底,乔治·布什开始向埃文寻求有关残疾问题的信息和建议,他的第一个请求是要埃文帮他给残疾观众做一场演讲,埃文同意了。结果,这场演讲在乔治·布什看来充满力量、善解人意,对埃文来说,也是一次令人满意的写作经历。事实上,在他的写作生涯中,埃文认为这个演讲稿是最精彩的。

第 2 章 埃文·坎普

副总统布什和残疾人权利中心主任埃文之间的这些请求和回应，为两人之间的关系奠定了积极的基调。有人认为，这种关系可能是布什在 1988 年总统选举中最终获胜的关键因素[（很明显，残障人士是布什在 1988 年赢得大选的关键选民）。一些政治分析人士认为，鉴于布什和他的对手马萨诸塞州州长迈克尔·杜卡基斯（Michael Dukakis）之间的微弱优势，如果没有残障选民的投票，布什就会输掉大选]。

1984 年，罗纳德·里根（Ronald Reagan）以巨大优势击败竞争对手沃尔特·蒙代尔（Walter Mondale）再次当选总统，保守派的议程正如火如荼地开展。"里根经济学"和新联邦主义活动，如整体拨款，现在已成为现实；人们呼吁放松管制，继续精简政府机构。埃文在华盛顿的政治圈和社交圈步步高升，他是里根/布什共和党人中的一员。埃文对少数族裔残障问题的清晰阐述越来越受到共和党战略家的欢迎，他还经常和博伊登·格雷（Boyden Gray）等共和党重要顾问一起打桥牌，结交了一群能呼风唤雨的朋友，对重要的政治领袖产生了真正的影响。

事实上，1984 年里根和蒙代尔之间的选举是埃文澄清政治立场的一个关键点。在考虑候选人时，埃文觉得自己和里根的政策联系越来越密切。民主党人的施政纲领他听得越多，就越觉得这种家长式作风有失身份。民主党候选人似乎并没有把残疾人一视同仁，而是把他们视为需要帮助的不幸的穷人，这种观点开始令他感到痛心。

1984年11月12日，埃文前往位于华盛顿特区西北部的投票站。据他回忆，10分钟的路程他花了一个小时才走完。他一生都是民主党人，来自一个强大而有影响力的民主党家庭；他一直投民主党的票。然而，就在这一天，当埃文慢条斯理地前往投票站时，他最终决定投票支持罗纳德·里根担任美国总统。

两周后，埃文将他的党派从民主党改为无党派。到1985年初，埃文已经是一名注册的共和党人。随着他的政治观点变得越发保守，至少在少数族裔问题上更加保守，埃文显然需要重新考虑他在残疾人权利中心的角色。他发现，人们越来越期望走一条他不认同的路线。里根获胜后不久，埃文就离职了，他要重新考虑自己的选择。经过深入思考，埃文决定在华盛顿天主教大学兼职教授法律，同时考虑其他可行的选择。他发现重返法学院，尽管是从事教学工作，但这个经历和他的求学经历一样令人振奋。

然而，他担任法学教授的时间很短暂。1987年，里根总统提名埃文担任平等就业机会委员会委员，该委员会由克拉伦斯·托马斯（Clarence Thomas）担任主席。这次任命是他绝对不能错过的机会,他得到机会为总统服务,继续与乔治·布什接触,并走近克拉伦斯这位有影响力的非裔美国人。埃文十分尊重克拉伦斯的看法。

尽管埃文在政治圈颇有名气也备受尊敬,但他的任命并没有像预期的那样一帆风顺。他的主要对手是俄亥俄州参议员霍华德·梅岑鲍姆(Howard Metzenbaum)。作为一名坚定的自由主义者,霍华德对埃文日趋保守的观念感到忧心忡忡。事实上,大多数残疾倡导者似乎天生是自由派,而像霍华德这样的自由派政治领袖却十分谨慎。为了消除这些疑虑,埃文决定主动出击而非被动应战。了解到霍华德一直关注家乡俄亥俄州的失明和视力问题后,埃文给他的一些盲人朋友打电话。他向这些支持者们阐述自己的立场,并说服他们支持他的提名。这些盲人朋友又联系了参议员霍华德,很快他就改变了对埃文的态度。不到一周,埃文就赢得了参议院对他在平等就业机会委员会的任命。

一旦被任命新职务,埃文在保守的华盛顿特区如鱼得水。他对民权问题深有感触,但平权行动和配额措施似乎没有成效,也不太可行。在平等就业机会委员会的任职,让他对民权和平等的观念有了更加清晰和明确的认识。埃文从他在平等就业机会委员会的任职经历中学到很多。在参加各种会议和论坛的过程中,他磨砺了演讲技巧,清晰阐述观点,并从共和党应对文化不公正的方式中发现更多的可行性。平等就业机会委员会的核心主题是经济赋权。埃文相信,如果越来越多的残疾人有机会发展业务和获得工作机会,那么平等就会越快出现。在其他少数族裔的斗争中也存在同样的观点。越来越多的人认为,许多民主党领导人推行的赠品项目只是延续了一种依赖他人的形象,并进一步贬低了少数族裔的价值。

到了20世纪80年代中期,埃文的生活中发生了一些令人兴奋的变化。他的演讲和书籍广受欢迎,他总是忙个不停。埃文不断结识有趣的人,陶醉于妙语连珠的谈话中。1985年6月27日,埃文又一次与人会谈,这次会谈再次改变了他的人生方向。

那是六月的一天,埃文的好朋友鲍勃·芬克(Bob Funk)来找他帮忙。在纳德残疾人权利中心工作的日子里,鲍勃和埃文的关系变得密切,尽管两人政治立场不同,但他们经常保持联系。鲍勃有两个伯克利的朋友要来华盛顿特区游说监狱改革,需要一个住处。他知道埃文有空闲房间,又总是乐于结识有趣的人,恰巧这两位朋友都很风趣,于是便找埃文帮忙。

其中一位来访者珍妮·伯特伦(Janine Bertram),无论是过去还是现在都有属于她自己的故事。珍妮在西海岸出生长大，参加过60年代早期抗议活动，首先是越南战争，然后是妇女运动，之后便对世界的不平等有了全面彻底的认识。抗议活动令左翼人士越来越担忧，最终演变成无政府主义活动。1973年，珍妮成为"乔治·杰克逊旅"的一员，这是一个无政府主义组织，以乔治·杰克逊（George Jackson）命名以示反抗。

乔治·杰克逊是一个轻罪犯，受到了伯特伦（Bertram）团体所认为的种族主义司法系统的不公正对待。"乔治·杰克逊旅"坚信解决社会弊病的唯一方法就是进行反击。"乔治·杰克逊旅"在某种程度上与共生解放军（Symbionese Liberation Army）结盟，开始实施恐怖主义行动：先是抢劫，然后是实施爆炸。随着恐怖主义行动的增加，"乔治·杰克逊旅"的成员发现他们需要秘密政治组织开展工作。从一个地方到另一个地方，珍妮和她的同伙们总是比法律领先一步。

1978年在塔科马时，珍妮和一名战友在当地的一家快餐店停留。监视者越跟越紧，他们却毫不知情。最终，他们在餐厅被逮捕并拘留，漫长的地下抵抗道路终于走到尽头。珍妮被判10年监禁，被押往加州普莱森顿女子监狱，在那里坐了四年半的牢。在普莱森顿的第一天，当珍妮在自助餐厅排队时，发现自己与一个正在盛汤的狱友帕蒂·赫斯特（Patty Hearst）面对面，她因恐怖活动正在"坐班房"。

在这段时间里,珍妮对一个旨在支持那些为人父母的囚犯项目非常感兴趣。当涉及与孩子有关的简单问题时,女囚犯所经历的困难和区别对待让她感到惊讶。母亲被拒绝基本的养育请求司空见惯,但这对孩子的成长至关重要。这个项目激发了珍妮至今仍无法消退的热情。

1982年,珍妮从普莱森顿搬到了一个中途之家。在那里,她继续她的监狱改革工作,并开始了重返主流社区活动的漫长道路。1984年,她搬到加利福尼亚州的奥克兰,在"监狱比赛"项目工作。倡导工作仍在继续进行,1985年6月27日,珍妮发现自己在朋友的朋友埃文的家里。命运的变化是多么有趣啊!

埃文和珍妮一见如故。他们见面的第一个晚上,谈话一直持续到凌晨。在华盛顿的日子过得飞快,很快珍妮就回到旧金山湾区继续她的工作。但是,他们从此建立了联系。

珍妮和埃文先是写信,然后开始打电话。7月26日,埃文登上了飞往加州的飞机。他们尊重对方的经历,对彼此的差异感兴趣,并有着强烈的愿望更深入地了解对方,故而,他们之间的关系不断发展。这次拜访结束得太快了,但埃文确信他已经坠入爱河。秋天回到华盛顿

第2章 埃文·坎普

后,埃文和珍妮通信、打电话。1986年1月10日,珍妮和埃文搬进了他们第一次见面的华盛顿公寓。

埃文是一位意志坚强的人,珍妮让他重新焕发活力。他们热心参与彼此的事务,同时继续关注各自的私事。他们喜欢在各自的和共同的圈子里,不断进行智慧的交流、思维的碰撞,诙谐有趣地开玩笑。在许多问题上他们的意见有时一致,有时相左,但这毫不妨碍他们继续交流思想。他们钟情的事务似乎不同,然而,他们却以一种奇特的方式联系在一起。两人都曾经历货币贬值和污名带来的痛苦;两人都曾经历过机构工作占据他们生活主导地位的情况;有机会摆脱污名的阴霾时,两人都感受到重生的喜悦。事实上,他们还开玩笑说,他们应该合作写一本书,书名应该是《罪犯和瘸子》。

1987年,乔治·布什开始备战美国总统竞选,他越来越依赖埃文帮助他动员残疾人以争取更多选票。埃文分享了他的看法,告知重要人物的姓名及注意事项,乔治·布什在一旁认真倾听。1989年1月21日,乔治·赫伯特·沃克·布什宣誓就任美国第44任总统。这是一场与州长迈克尔·杜卡基斯势均力敌的竞争,包括哈里斯民意调查机构在内的一些分析人士认为,选举中的差距在于残疾人士的选票。

选举之后,埃文大权在握。政府的大门向他敞开,他准备迎接更大的挑战。埃文对负责民权事务的司法部长助理职位很感兴趣，他就告诉了布拉德·雷诺兹（Brad Reynolds），但发现司法部长迪克·索恩伯格（Dick Thornburgh）有不同的想法。埃文现在明白了，迪克想要任命一名激进分子，担任联邦政府的重要职位。在布什总统对中国进行友好访问期间，司法部长迪克宣布了另一名候选人担任司法部长助理。

与此同时，平等就业机会委员会主席克拉伦斯·托马斯也在寻求改变。布什总统的首要行动之一就是任命克拉伦斯到华盛顿特区上诉法院，这一举动对克拉伦斯来说是好事，但平等就业机会委员会就出现职位空缺。布什团队邀请埃文担任主席，这个角色为他打开了数扇全新的大门。

平等就业机会委员会历来是一个有问题的机构。多年来，它在诸多方面已经落伍了，一些人士认为这个机构尸位素餐，形同虚设。这种局面是在克拉伦斯被任命为平等就业机会委员会主席之前就存在。1991年，克拉伦斯被提名为最高法院大法官期间受到广泛关注，当克拉伦斯接手平等就业机会委员会时，他确实改变了旧局面。据埃文说，在托马斯的领导下，平等就业机会委员会开始以新形象示人，改进数据库、调整流程及更新策略，都是在他的监督下完成的。当埃文担任新主席时，克

第2章 埃文·坎普

拉伦斯承诺平稳交接权力。他定期会见埃文,以确保平等就业机会委员会的复兴能够继续下去。虽然埃文以前曾与克拉伦斯合作过,但这段时间内,他对克拉伦斯的景仰与日俱增,两人之间的友谊也日渐深厚。埃文继续推进平等就业机会委员会向前发展,直到1993年4月辞职。

1990年,随着美国在世界各地特别是在中东的沙漠风暴军事行动中取得成功,乔治·布什似乎可以轻松连任。他获得92%的支持率,在世界各地都很受尊敬。对埃文来说,这次连任将为他在平等就业机会委员会中将要推行的诸多变革铺平道路。他们解除许多烦琐政策的管制,对此埃文非常乐观。除了在平等就业机会委员会的工作,他还继续为残疾人争取经济机会而游说,他对自己的目标深信不疑。

在这一点上,也许埃文认为他最重要的贡献是力促《美国残疾人法案》通过。由于在残疾人权利中心工作,埃文和其他知名倡导者知道,需要一项目标明确的法律来保障残疾人的民事权利。事实上,自20世纪60年代初以来,倡导人士一直在努力将残疾问题纳入一般民权法,但遭到反对。当时,许多非裔美国人认为,将残疾问题纳入一般民权立法将会使已经取得的成就大打折扣。因此,很明显,我们必须创造出一些独特的东西。

首先是1973年的《康复法案》修正案,然后是1978

年的《康复法案》修正案，这些具有里程碑意义的变化解决了歧视问题，并确立了一些正当程序。到20世纪80年代中期，一项全面的努力正在进行中，旨在制定一项独立的法律，向美国社会明确宣布残疾人是我们国家的重要组成部分。

1988年初，《美国残疾人法案》提交国会，这是两党共同努力的结果，立即引起了人们的关注。支持者和反对者开始计划他们的辩论，挑战随之而来。当大多数残疾人倡导者倾向于站在自由主义的一边时，埃文和贾斯汀·达特（Justin Dart）作为乔治·布什的残疾人事务共和党顾问，在这个过程中扮演了重要角色。贾斯汀·达特是残疾人就业总统委员会的主席，在共和党有很深的根基，并在残疾人团体中享有威望。

即使《美国残疾人法案》在国会获得通过，也必须由总统签署，而且，乔治·布什成为下一任总统的可能性看起来越来越大。埃文开始大力宣扬《美国残疾人法案》的必要性，他认为保留法案中的关键内容可以争取保守派的支持，然而，这种姿态激怒了主流残障人士。事实上，埃文在残疾人就业总统委员会会议上发表演讲后，5位著名残疾人倡导者找到他，敦促他改变看法。但是，埃文一直是个信念坚定的人，他深信他主张的调整不仅是法案通过的必要条件，而且会带来一部更完善的

第2章 埃文·坎普

《美国残疾人法案》。

到1989年，经过调整的《美国残疾人法案》顺利通过，该法案在参议院获得通过，在众议院也很受欢迎，并得到关键的行政支持。虽然埃文是一名高级政府官员，但他继续坚持他的激进主义。他给其他领导人打电话，写意见书，显然是在领导一场旨在通过《美国残疾人法案》的运动。的确，这是1990年7月里一个伟大的日子，布什总统在白宫玫瑰园里正式签署《美国残疾人法案》，埃文向大约5000位朋友和支持者介绍了乔治·布什总统所做的努力。

1992年，在一场势均力敌的全国大选中，乔治·布什败给阿肯色州州长比尔·克林顿。这次选举震惊了华盛顿，显然为变革定下了基调，但埃文对此并不感到意外。虽然在竞选期间他与总统保持着友谊，但他作为顾问的作用越来越少了。与1988年不同的是，在1992年的竞选中他几乎没有提出任何建议。那一年，他在休斯顿参加共和党全国代表大会时，他就预测到布什会输给克林顿。

这种不祥之感来自于埃文敏锐的政治头脑，有两件重要的事情动摇了他对布什的信心。一是乔治·布什越来越专注于外交政策问题。他在海湾战争中的声望使他的得力助手相信，国内事务和民生问题没有世界政治那么重要。因此，布什似乎没有兴趣将国内问题与国际问题视为同等重要。例如,他认为残疾人权利问题没那么重要。尽管如此,他是签署《美国残疾人法案》的总统。

二是埃文的预感,这个政治预感与布什的竞争对手阿肯色州州长比尔·克林顿有关。埃文不是克林顿的粉丝,但当克林顿在20世纪80年代击败阿肯色州所有的政治新秀时,他给埃文留下了深刻印象,令他赞叹不已。具体来说,他压倒了埃文的朋友吉姆·盖伊·塔克(Jim Guy Tucker)。埃文和塔克相识于20世纪60年代末,尽管埃文立场坚定、不容易动摇,但塔克的政治头脑令他刮目相看,塔克的智慧、作风和政治敏锐性给他留下了深刻的印象。埃文知道塔克会在政治上走得很远,甚至有可能当上总统。那时,他并没有意识到,塔克在他家乡的主要政治对手是一个名叫比尔·克林顿的年轻政治家。塔克和克林顿在政治立场上一次次针锋相对,克林顿总是赢家。这个能和吉姆·盖伊·塔克竞争并获胜的人会是谁?现在,这个人正在和他的上司竞选,埃文知道他将是一个极具竞争力的候选人。

选举之后权力更迭,一群全新政客登上了华盛顿特区的舞台。埃文知道他在平等就业机会委员会的日子屈指可数。享誉盛名、备受尊敬的埃文开始考虑他的选择,他可以教授法律,或者继续他的倡权工作。他可以做律师,也可以考虑从事他的专长职业之一——投资

第 2 章 埃文·坎普

年金。

奇怪的是，对于一个成年后大部分工作时间都在公共部门工作的人来说，离开政府部门是一种解放，对埃文而言就是这样。他庆幸自己拥有令人瞩目的经历，但现在已经做好进入私营部门的准备。

经过反复考虑后，埃文决定进入私营企业。他创立了一些商业项目，然后和他的朋友鲍勃·芬克和安·科尔格罗夫（Ann Colgrove）建立了 EKA 联合公司。最初，这是一家小型医疗用品运营商，如今已成为一家拥有多种服务和办事处的大企业，价值 1200 万美元，是目前东海岸最大的经销商，并将进一步拓展海内外贸易。

在政界和商界取得毕生成就的埃文，开始反思残疾人运动。尽管还有很多事情要做，还有很长的路要走，但他对未来持乐观态度，特别是考虑到新一代年轻的倡导者们随时准备接手这项事业。在取得了一些关键的胜利之后，比如通过《美国残疾人法案》，他期待着未竟的事业能够尽早完成。

第一件事情是华盛顿特区备受争议的罗斯福纪念馆。埃文极力支持纪念馆展出罗斯福总统坐轮椅的照片，这一行动就意味着承认残疾人是有能力的，能为国家做贡献的。

另一件重要事情是医生协助自杀。随着社会上关于个人选择的争论一直继续，一些人认为选择适用于死亡，特别是在没有多少生存希望的情况下。然而，埃文对此持不同意见。他担心有些人可能会认为，死亡对一些残疾人来说是更好的选择。事实上，不久前，在加拿大萨斯喀彻温省拉蒂默的案例中，一位父亲夺走了他的13岁脑瘫女儿的生命，因为他觉得女儿的生活太艰难了。父亲因谋杀罪被捕，并两次被加拿大法庭定罪。在一次民意调查中，大多数加拿大人认为他是无辜的，并且认为他做了"正确的"事情，埃文和其他残疾人倡导者认为，这是非常不合理的。

最后一件事情是经济赋权，这也是埃文一直倡导的个人追求。要让人们真正受到重视，他们必须能够获得可行的经济权利。埃文提倡为那些被经济风险投资拒之门外的人提供商机，他相信，这些都是通向平等的正确道路。

在结束我们的系列采访之前，我请埃文总结一下无论在残疾人领域还是其他领域，领导力的关键要素有哪些。在这个阳光明媚的春日，他停下脚步，朝院子里望去，阳光像智慧一样照耀着他。"首先，"他说："你必须对你的事业有坚定的信念，你必须全心全意为你的事业而奋斗。"接着，他说："你必须花时间倾听别人的观点。"最后，他警告说："不要树敌，你永远不知道他们什么时候会成为你的盟友。"的确,这些都是明智的建议。

1996年6月22日,埃文和他的多年伴侣珍妮在华盛顿特区一个简陋的教堂里举行了婚礼。有几个朋友在场,包括几个无家可归的人,他们在教堂附近消磨时间。珍妮仍然积极参与监狱改革的工作,而埃文仍然专注于他的商业发展。这两个截然不同的人走到了一起,他们满怀希望让这个国家变得更好。珍妮依然在使用传统的倡权策略,但是埃文确信通往全面包容的道路将是一条经济之路。

当埃文和珍妮开启他们各自和共同生活的新篇章后,一天下午,我们停下来回顾他们之间的关系,以及珍妮如何看待埃文这个男人。我问他们有何相似之处,一个曾经是激进的无政府主义者,另一个是贵族企业家。他们互相看了看,很快地说出以下几项。

- 主动接纳被排斥的人。
- 重视赋权和个人价值。
- 渴望和平和兄弟情谊。
- 无法容忍极刑。
- 政治思想独立。

然后,我又问了一个显而易见的问题:"你们在哪些问题上意见相左？"这对才智超群的夫妇沉思片刻，接着说：

- 埃文有家长式作风。
- 珍妮想在现有的基础上发展，而不是解决问题。
- 埃文在经济上是保守派。
- 珍妮在政治上倾向于自由主义。

当我们继续对话时，我请埃文回顾"他帮助创立和发展的'残疾人权利运动'"，询问他对前景是否乐观，有什么担忧。他再次停了下来，朝花园望去。他告诉我，他对该领域里年轻一代新兴领袖寄予厚望，曾经的恐惧已经克服，他对未来充满希望。然而，他警告说，人们的态度仍然是实现平等的最大挑战和障碍。

接下来，我让他回忆他最骄傲的时刻，他毫不犹豫地说《美国残疾人法案》的通过是他最骄傲的时刻。他很高兴能够影响总统，并参与制定这一具有里程碑意义的法律。不过，他很快补充说，《美国残疾人法案》的通过不是一个人的功劳，是很多人多年来不懈努力的结果。当然，这仍然有他的一份功劳。

在经历了人生的许多磨难之后，我请埃文对领导力进行反思。显然他是一位领袖，他的职业生涯一直担任领导人。领导人应当具备怎样的素质？埃文列出三条：

- 领导者必须拥有坚定的信念，并全力以赴。通常，变革中最具挑战性的障碍是领导者不顾反对和阻力坚持自己的价值观。
- 领导者必须努力去理解他人的观点。领导们可能不会调整、适应或改变，但他们必须得弄清楚其他人来自哪里。
- 当事情没有按照自己的预料发展时，领导者不应该找借口。

那天，离开前，我问的最后一个问题是残疾人权力运动未来发展趋势。在专业方面，埃文认为"经济一体化的概念"对残疾人来说是关键的下一步。他期待着在这一领域继续工作，能够直接与 EKA 合作，并间接地在著作和演讲中担任倡导者。他相信，通向平等的道路不仅在法庭上，也在董事会会议室里。

在个人方面，他和珍妮对这个夏天十分期待，对他们怀有同样的激情和梦想感到兴奋。

就这样，这位名叫埃文·坎普的男子，本以为会在十几岁时死去，患有一种罕见的致残疾病，直到成年后才诊断出来。尽管他的一生都面临着肆无忌惮的歧视，但是他的生活非常令人满意。他为他的国家和他的文化做出了杰出贡献——也许是在全世界也做出了突出的贡献。通过不懈的努力，埃文在著作和演讲中提出的理念将为后世的人们创造更美好的生活。

精彩的人生，了不起的人物。

奇怪的是，人生有太多的意外。每一天，我们会有意外的惊喜，也会遭遇意想不到的悲剧。大多数时候，这些意想不到的悲剧是不合乎逻辑的，总让我们大吃一惊。我正在为这一章做最后的润色时，发生了意想不到的事情。稿子快写好了，我打算同埃文和珍妮一起分享。家人盼望在特拉华海岸过一个长周末，我把笔记和手稿都带上了。那是八月的一个清晨，我们冲出家门，我把报纸扔在车后座上，以便到达后在岸边阅读。我们的旅行很顺利，那天晚些时候，我和妻子坐在沙滩椅上，终于有时间可以读报纸了。当我看到埃文的讣告时，笑声、海浪声和海鸥鸣叫声顿时都消失了。这里刊登的是我认识的、令人尊敬和钦佩的人的生平回顾。就在几周前，我还和他开玩笑，我们越来越熟悉了，现在他却走了。

当我读到他的讣告时，他职业生涯的巅峰时刻跃然于眼前。在我寂静的内心中，我能听到他在说这些话，但现在他已经走了。我的思绪回到3个月前珍妮为他举

第2章 埃文·坎普

办的60岁生日派对上,珍妮欢呼道:"来加入我们为埃文举办的永生派对吧!"

当我坐在沙滩上回想起埃文的生平岁月时,我的悲伤开始消退。这是一个终其一生都生活在死亡阴影中的人。他在60年里所做的事情比我们大多数人梦想的事情还要多,他为后人开创了一条可追随的道路。这是一个在逆境中不懈奋斗的人,他赢得的比失去的多。他忍辱负重,却始终关注对所有人来说如同珍宝一样可贵的平等和尊重。这是一个坚持自己信仰的人,即使面临艰难险阻也决不屈服。

我记得在最后一次采访中,埃文告诉我,他对自己人生的变故没有任何遗憾。他说,如果他明天死去,他会有被嘉奖的感觉,因为他所取得的成就远远超出自己的预料。事实也确实如此。

我知道作家,尤其是传记作家,不能太接近他们作品的写作对象。现在,我不认为自己是一个传记作家,但我被要求写这一章,并被要求客观、清晰地讲述这个故事,我就是本着这种精神开始本章写作的。我相信,我现在也以同样的客观态度结束这项工作。但我必须告诉你,我开始喜欢埃文了,他率直、勇敢、诚实。尽管他建立了丰功伟绩,但他从不吹嘘或表现得无所不知。虽然相识的时间短暂,但我会想念这个人的。我有幸能够结识这位非同寻常的人物。

就这样,埃文的时代走到了尽头。他看不到最终稿,但我觉得如果他看到了,他会满意的。当然,他会做一些更正,终身倡导者都会这样做的,因为他们相信事情总是可以变得更好。尽管如此,我认为他读完这一章时会抬起头说"还不错"。

Justin Dart, Jr.
第3章　小贾斯汀·达特

克里斯汀·瑞德　著

"不要在这里写我是《美国残疾人法案》之父或教父,《美国残疾人法案》不止一个父亲或母亲,它有数百个!"小贾斯汀·达特(Justin Dart)是残疾人权利运动的热情领袖。他功勋卓著,获奖无数,其中包括1998年克林顿总统授予他的美国最高平民奖自由勋章。自由勋章的嘉奖令如下。

贾斯汀·达特曾说过:"人类社会的目的是让每

个人都能发挥上帝赋予的潜能。"他把这个目标作为自己的奋斗目标。自从年轻时感染小儿麻痹症以来,他一直为残疾人的独立生活、融入社会和权利赋予而奔走。作为《美国残疾人法案》的主要缔造者和推动者,他对这个国家的公共政策产生了深远的影响。我们感谢贾斯汀·达特,因为他帮助我们认识到,每个人都有可能为我们所有人争取实现美国梦的平等机会。

贾斯汀先生说,这枚勋章是对整个残疾人权利运动的认可,而不仅仅是对他个人的认可。他解释说:"我知道,我只是那些多年来为我们的事业奋斗和牺牲的成千上万爱国者的代表。同事们,这是你们获得的勋章。我是世界上最幸运的人,能够有幸与您一起为正义事业而奋斗……"

"我不是圣人。"大多数认识贾斯汀的人,都想不到他会成为一个受人爱戴和尊敬的领导者。贾斯汀经常说:"我是个不讨人喜欢的孩子。"他解释说:"超级成功者之间的恶性竞争是富裕家庭的特征,但我却发现自己是一个超级失败者。"

贾斯汀说,他的外祖父查尔斯·沃尔格林(Charles S. Walgreen)年轻时曾是个"骗子"。但是,不知从什么时候起,外祖父查尔斯变得雄心勃勃,他借了500美元开了一家杂货店,"秉承诚信待人的理念——'沃尔格林杂货店永远欢迎您!'后来,杂货店发展成为全国最大的百货连锁店。"贾斯汀曾这样描述查尔斯·沃尔格林的妻子默特尔,"我的外祖母美丽优雅,是一位伟大的女性,即便一夜暴富也永远不会忘记人性和正义的基本原则。她总是有时间给我出谋划策,用非同寻常的方式跟我相处。"查尔斯和默特尔的女儿露丝就是贾斯汀的母亲。

贾斯汀写道,他的母亲是20世纪30—50年代一位才华横溢的自由女权主义作家。她出版了一本前卫的杂志,在人权尚未盛行的时候向我灌输人权的价值。我记得有一天她说:"贾斯汀,并非一切都是相对的。只要有邪恶,我们就必须与之做斗争。"露丝·沃尔格林(Ruth Walgreen)嫁给了老贾斯汀·达特(Justin Dart)。贾斯汀认为,父亲和母亲完全不同。父亲是位商人,政治保守,是一个坚定的共和党人,曾担任几位共和党总统候选人和总统的顾问。露丝和老贾斯汀有两个孩子:彼得·达特(Peter Dart)和贾斯汀·达特。1930年,贾斯汀出生于芝加哥。

贾斯汀会说的第一个词是"橄榄球",他的父亲曾是全美橄榄球运动员,竞争是这个家庭的一个重要特征。贾斯汀后来形容他的家人是一群"充满激情的超级成功者"。他解释说,不论做任何事情,第二名都是不可接受的,而且即使取得第一名也不够好,"如果你不打破世界纪录的话"。露丝和老贾斯汀于1939年离婚。

贾斯汀14岁时,他在美国最著名的预科学校安多弗屡次犯错,并打破该校的最高纪录,此前该项纪录由亨弗莱·鲍嘉(Humphrey Bogart)保持。他夸口说:"我从来没有遇到过我不能侮辱的人,我从来没有遇到过我不能打破的规矩。"然而,他知道"人们不喜欢我,我也不喜欢我自己"。

贾斯汀18岁时得了小儿麻痹症。他知道,"医生告诉我父母,我几天后会死亡,但不用担心,我死了也许更好。"父母拒绝接受这个事实,于是把贾斯汀送到了一家医院,这家医院"由基督徒经营,对他们来说,每一个生命都是神圣的,他们满怀热情致力于把爱传递给别人。"贾斯汀目睹了这一切,并深受感动。"这对我来说是新生,这些人看起来很开心。"我想:"贾斯汀,如果你只能再活几天,为什么不试试爱这个东西——试着微笑,试着积极面对生活?"它奏效了。

"从得小儿麻痹症那天起,我就开始数着生命中的美好日子。"贾斯汀解释说,医院工作人员的关爱"不仅挽救了我的生命,而且让我的生命充满了意义。"还在住院的时候,贾斯汀就娶了高中时代的恋人苏珊娜·斯隆

（Suzanne Sloan），"一位优秀的年轻女子，她为我的人生做出巨大贡献——包括生育3个漂亮的女儿：露丝·苏珊娜（Ruth Suzanne）、安·琳达（Ann Linda）和伊丽莎白·默特尔（Elizabeth Myrtle）。"在医院里，贾斯汀身体康复了，精神上得到了慰藉。然而，当他20岁走出医院的时候，他所面对的社会"显然没有"轮椅使用者的容身之处。他说："我感受到爱的力量，但我完全不知道如何生存……我渴望找到一种生存方式。"贾斯汀读了莫罕达斯·甘地（Mohandas Gandhi）的著作《我体验真理的故事》。从这本书中，他了解到不需要很多钱、不需要头衔或者他人的认可，"任何人都可以生活得很好，任何人都能成就伟大。"贾斯汀解释说："这样做是检验你的真理，你真正相信的是什么，然后在生活中付诸实践。"他发现甘地的信念是"倡导一个团结友爱的社会，为所有人伸张正义。"贾斯汀说："这种信念淳朴、充满力量、具有不言而喻的正义性，它征服了我。"但同时也"让我确立一个愿景，一个充满激情的愿景，它渗透到我的全部意识中，现在仍然如此。"找到自己的信念并付诸实践"说起来容易做起来难，它要求人们终生致力于不断尝试和不断实践。"

1951年，贾斯汀进入休斯敦大学学习教育学专业。有人曾奉劝他，伊利诺伊大学更适合坐轮椅的学生，但贾斯汀决定去一所这样的大学，在那里他"完全独立，不参与残疾人项目"。他解释说："我不想参加有诸多规则和约束的项目。"在休斯顿，贾斯汀每天都会坐轮椅去教室上课，在教学楼台阶下请同学或路人帮忙扶他上楼。大学读书期间，贾斯汀远离家乡，从没有问家人要过钱，全靠兼职养活自己。贾斯汀跑遍整个城市求职却屡遭拒绝，最后只好为《休斯顿纪事报》卖报送报，每份报纸获利两美分。尽管如此，贾斯汀却展现出企业家的潜质，他将这条路线的报纸销售额提高了40%以上。

1952年，贾斯汀在实行种族隔离的休斯顿大学，成立了第一个促进种族融合的组织。1953年，他与美国产业工会联合会、美国劳工联合会、全国有色人种协进会和其他自由团体的领导人一起组建了哈里斯县（休斯顿）民主党组织，制定了组织章程、组织计划和选区组织手册。哈里斯县民主党人最终从传统的、反民权的"南方民主党人"手中夺取控制权，并选出几名国会议员。然而，在这段时间里，贾斯汀不认为对残疾人的压迫是公民权利问题。他曾说："我可以成为种族平等的热情倡导者，却没有意识到自己正在遭遇的歧视。由此可见，刻板印象对我们影响巨大。"

贾斯汀学业优异，但是大四时，他被告知无法完成教育学学位课程，因为"他不可能坐在轮椅上完成教学

第3章 小贾斯汀·达特

实习。"贾斯汀将专业改为历史和教育专业,并获得历史硕士学位(1954年完成)。具有讽刺意味的是,在研究生阶段,他坐在轮椅上为休斯顿大学教授了几节必修历史和管理课程。

1954年,贾斯汀在奥斯汀的德克萨斯大学法学院学习,并成为兄弟会的荣誉成员。在法学院学习一年半后,"几乎厌倦学习"的贾斯汀渴望经商。无论如何,他一心要在商业领域发展事业,而且早已打算好拿到法学学位后,担任自己公司的法律顾问。但是,遇到一位从未输过官司的商业律师后,他认为聘请一位顶级律师对他来说更有意义,自己应该把精力放在商业上而不是法律上。不久前,回想起此事,他笑着说:"我本应该坚持实现自己理想的。我的很多同事和竞争对手都是律师,他们的收入很可观。"

"*找不到工作,我就自己创业。*"当贾斯汀在商界寻找机会开创自己的事业时,他发现没有人愿意雇用一个坐轮椅的人。甚至连自己的家族公司都拒绝雇用他,他们找借口说"药店柜台后面没有地方安放轮椅。"于是,贾斯汀借了3.5万美元在奥斯汀开一家保龄球店。店内设施新颖,全是崭新的可自动摆放保龄球的设备(自动换瓶机),他给这个行业带来了全新的革命。保龄球店大获成功,在奥斯汀首屈一指。贾斯汀兢兢业业,每天工作 18 小时，即使意识到有很多竞争对手进入该行业，他仍然坚持经营。他说："在还清借款之前，税收会影响利润，所以即便是成功的企业也难以为继。"一旦可行，他就卖掉奥斯汀的店，赚了一小笔钱，然后在墨西哥抢先一步，开办拉丁美洲第一家自动保龄球馆。作为墨西哥国家男子和女子保龄球队的主要赞助商，贾斯汀获得墨西哥总统的表彰。墨西哥国家男子和女子队是 1960 年的世界冠军。贾斯汀在墨西哥的保龄球生意非常成功，但"后来真正强大的竞争对手们进来了。"生意仍在盈利时，他把保龄球馆卖掉了。贾斯汀在保龄球事业中付出了艰辛的努力，虽然收益丰厚，但也因此患上了溃疡，并与妻子苏珊娜离婚。此后，贾斯汀解释说："苏珊娜对我所有的疯狂行为极具耐心，但 1962 年我们最终还是离婚了。这不是她的错，她嫁给一个放荡不羁、麻烦不断的年轻人。当我无依无靠时，她给予我勇气和力量。"

"**塑料容器……**"当贾斯汀在寻找新的商机时，他的父亲正在找人把特百惠塑料容器打进日本市场。贾斯汀说："当时没有人愿意干。"特百惠在日本没有专利，对一家美国公司而言，想在日本经营会面临诸多官僚壁垒，而且特百惠产品的制造成本高昂。贾斯汀指出："毕竟，特百惠产品终身质保。"

贾斯汀接受了这个挑战，于 1963 年创办日本特百惠

第3章 小贾斯汀·达特

公司,当时共有 4 名员工(包括他本人)。该公司在几年的时间里发展壮大,拥有超过 25 000 名员工。特百惠被日本营销协会认定为国内营销的杰出典范。贾斯汀在公司里雇用女性销售人员并提拔女性经理,这在当时的日本是非常罕见的。1964 年,贾斯汀注意到媒体都在关注东京残奥会,便推出一个"帮扶残疾人"活动,给残疾人赠送轮椅,并招聘一些截瘫年轻人来工作,这些年轻人此前只能待在福利院里。除了给他们提供工作机会外,贾斯汀还教他们如何打竞技轮椅篮球。这些年轻的运动员坐着轮椅,在表演赛中战胜了著名的健全人球队。当他们计划在国家电视台上与日本奥运篮球队健全人比赛时,一位公关专家向贾斯汀和特百惠篮球队提议:"你们最好放轻松些,否则你们可能会失去公众的同情。"贾斯汀回应道:"这正是我们想要的!加油吧,孩子们!"特百惠队以 81∶3 击败了奥运篮球队。

贾斯汀因促进日本残疾人运动和就业受到政府的认可。当时的明仁皇太子和美智子太子妃(现在的天皇和皇后)亲自向他祝贺。1965 年,贾斯汀成为第一位出现在日本《时代》杂志封面上的美国私营企业家。他被日本媒体称为"轮椅董事长",并被一家杂志称为"轮椅上的圣·贾斯汀"。他还出版了残疾儿童的诗集,成为日本最畅销的诗集。

搬到日本后不久，贾斯汀遇到道下佐子（Fusako Michishita）并与之结为连理。他们育有两个孩子，珍妮佐子（Fusako Jane）和索尼娅多香子（Takako Sonia）。佐子是一位伟大的母亲。"但她运气不好，在错误的时间嫁给了我。"贾斯汀说："我没有沿着圣人甘地的道路走下去，而是走上了唐纳德·特朗普（Donald Trump）的道路……我告诉自己，承担社会责任是企业文化不可或缺的部分，但发现我在自欺欺人，我只是在做平凡的事情：喜好炫耀、对着摄像头摆拍、不择手段地赚钱、酗酒、追女人。"

贾斯汀说，在经营日本特百惠公司期间，虽然在某些方面"偏离了轨道"，但"我学到了很多其他方式永远学不到的东西……天下没有免费的午餐；每天工作18个小时，挥汗如雨；星期五到了，你得付工资；你必须处理好人际关系——这些都是责任所在。"例如，有一天，早上七点钟，当贾斯汀走进日本特百惠公司前厅时，他发现地上到处都是文件，于是频频弯腰捡起来。前台接待走进来看到后吓坏了，惊叫道："董事长先生，你不能做这个，让我来！这不是你该做的事情。"但是贾斯汀却说："这是我该做的，如果我叫不动清洁工或其他人，我就只好自己动手！"

这段时间，一件最重要的事情是贾斯汀雇用了佐茨

第3章 小贾斯汀·达特

良子（Yoshiko Saji），并且越来越赏识她。后来，贾斯汀称她是"我所认识的最伟大的人，因为她秉承传统美德，具有仁爱之心。"贾斯汀说："我爱上了她，尽管我已有家室，这在当时是一大丑闻。"贾斯汀和良子后来结为夫妻，但贾斯汀却强调："婚姻只是我们两人关系中的一小部分，我们是伙伴、同志和战友，我们之间不仅仅是爱情。"良子补充道，他们是为了创造更美好的世界而并肩战斗的同志。

"你知道她是村里历史上第一位大学毕业生吗？"良子说，她小时候过的是"原始生活"，"对我而言那种生活很美好。"她出生、成长于食物匮乏的战争时期，尽管不是农民家庭（她父亲在邮局工作），但他们住在大农场，要帮忙种田，收水稻、小麦、大麦、红薯，在河里捞鱼。她家住的房子只有一个光秃秃的灯泡照明，卫生间里放着一盏蜡烛灯笼，没有抽水马桶。他们要亲自动手把卫生间里的粪便舀出来，然后埋在田地的大坑里。用水要从压水井里压出来，洗澡水在木材火上加热，有时候会把房子熏得"冒烟"。良子记得，即便是大冬天也要去河边洗衣服，双手冻得冰冷麻木。洗完后要把衣服挂在竹竿上晾晒，衣服刚一挂上就冻住了。良子的父亲是个酒鬼，清醒片刻后，会继续喝酒，直到烂醉如泥呕吐不止，时常神志不清。良子要承担照顾全家人的任务（包括照顾妹妹们)。良子上中学时休学1年,在家照顾患有心脏病的母亲。13岁那年,母亲去世,小小年纪的良子便成为一家之主。良子曾说:"尽管迫于无奈,这些所谓的苦难却让我受益终生,帮我度过后来的种种艰难困苦和心理煎熬,我从不放弃希望。"她指出:"贾斯汀很欣赏这一点。"

当被问及她是如何成为村里第一位上四年制大学的女性时,良子回忆起来。20世纪50年代,美国驻日本大使是一位哈佛大学教授,他娶了一名日本女子,良子说她希望自己也能像这个女人一样。因为"输掉战争后,美国就像上帝一样对我们。"她想成为具有国际思维的人,在跨国公司找到一份工作。良子在中学阶段有一位很好的英语老师,他非常严厉,希望学生学有所成。这位老师还是排球教练(良子参加了排球队),在一定程度上因为英语老师热爱运动,英语在那所学校很受欢迎。他们没有电视,但良子每天都会在固定时间收听广播,以便坚持不懈地学习英语。参加中考时,年幼的良子总分第一,英语第一。高中时,她放学后跟随一位美国传教士学习圣经,她说这个传教士让她接触到"美国文化的精华"。传教士鼓励她报考东京名校青山大学,那里有很多美国老师。良子高考时以优异的成绩考入青山大学,并获得高级宿舍的住宿资格。高级宿舍里只有20位新生住宿，良子说这些学生中90%是凭借关系入住高级宿舍的（他们父母是政治家、医生、银行行长等），"只有两人是凭借成绩进来的。"良子说，在大学里她在各种思想的交流与碰撞中不断成长，"我就是这样从山村来到东京的"。

1963年，良子从日本一份主流报纸刊登的一则小广告上，了解到一家从未听说过的公司。广告写道，日本特百惠公司正在"寻找积极乐观、注重成效的女士"。公司迎新会在东京最时尚的酒店举行，这是良子从未去过的地方。她想："去看看吧，反正也不会有什么损失。"在等待欢迎仪式开始时，她看到一位坐轮椅的男士，这是她第一次看到有人坐轮椅参加社交活动。原来这位男士就是日本特百惠公司的贾斯汀，他对聚集在这里的女士们说："我们要做一种新的尝试——我们需要你们，公司的成败取决于你们。"良子觉得"这家公司与众不同！"她决定为这家公司工作，第一周的销售额位居榜首。销售额越高，获得的佣金就越多。良子记得，"一切都是崭新的，一切都取决于我们的能力。"贾斯汀很快就把她提升为经理。她回忆起，"他很快就看到销售人员的业绩并提拔他们，他为东京的那些女销售员提供专车和司机，这样她们就可以专注于销售。"不久，良子成为区域主管，乘坐飞机和子弹头列车（这对一个年轻女士来说是少见的）走遍半个日本，她定期返回东京培训年轻的经理。"我可以通过做自己想做的事情来证明自己的能力，"她回忆说："这在当时的日本是不寻常的。"

良子的男朋友住在澳大利亚，贾斯汀帮她在澳大利亚特百惠公司谋到一个职位。随着时间的推移，良子渐渐意识到她是不会跟那个男友结婚的。贾斯汀给她打电话说日本特百惠公司发展迅速，迫切需要优秀人才来经营，询问她如果不和澳大利亚男友结婚，是否愿意回到日本。良子问："你是什么时候想让我回去的？"他说："昨天。"良子想："如果有人如此认可我的能力，我定将不辱使命！"不到两天，她就回到了日本。贾斯汀拿着一束红色康乃馨迎接她，良子深受感动。良子成为贾斯汀的得力助手，和贾斯汀及"轮椅男孩们"（篮球运动员）一起周游全国。她起初"强烈反对"嫁给贾斯汀，正如贾斯汀承认的那样，"嫁给我的女士是无辜的，是我伤害了她。"然而，贾斯汀和良子是"为一个更美好的世界而并肩奋斗的同志"。他们最终在1968年结婚，并共同生活了30多年。贾斯汀笑着说："安·兰德斯（Ann Landers）会讨厌这个故事的，因为通常情况下，另一个女人'以灾难告终'。"

尽管日本特百惠非常成功，但国际特百惠领导层对贾斯汀的一些非常规策略并不满意，要求他遵守公司制

第 3 章 小贾斯汀·达特

度。他们对贾斯汀利用全国电视宣传他的轮椅捐赠计划，以及培训和雇用残疾人的计划感到不满。尽管父亲老贾斯汀·达特私下同意儿子的做法，但在正式场合他支持领导人的立场，并命令贾斯汀按照老板的要求行事。贾斯汀并未照做，他选择了辞职。后来，他称此举"是个极大的错误"，深深地伤害了父亲。

贾斯汀在日本特百惠的成功，并没有让他获得另一份高层管理工作。他开始找工作，但没有得到一次面试机会。后来贾斯汀做出一个比较草率的决定，借钱创办达特贺卡公司——一家销售贺卡的公司，公司的部分收益用于助残。达特贺卡是日本最大的贺卡公司，但贾斯汀却说"公司没有赚多少钱。"

由于达特贺卡公司是残疾人事业的知名赞助商，1996年，贾斯汀决定前往越南，调查西贡的残疾人状况。贾斯汀很珍惜这次宣传机会，他的目标是向国际康复组织提交一份报告，该组织即将在德国召开世界大会。贾斯汀带着一名专业摄影师和两名助手，良子和坐轮椅的残疾人栗栖直树（Naoki Kurisu）。他们参观了各类残疾人服务机构，拍照做记录。不管走到哪里，他们都发现"处境艰难"。他们经常在夜里听到从郊区传来炮火声，接着，天空亮起道道火光。在医院里，他们看见两三个人躺在一张床上，还有人躺在地上。贾斯汀回忆道："有一个人被战火烧了半个身子,坐在窗台上,你分不清他是死是活。"他们遇到了一个被地雷炸伤的瘫痪妇女,她马上就要出院了。他们问医生:"她现在该怎么办呢?"医生说:"她要回到村子里,两个月后就会死去。"没有医生为她提供后续医疗照护,家人也不会竭尽全力地照顾她。医生接着说:"我们已经尽力了"。

"这是罪恶的行为,你有罪。"贾斯汀和助手们参观了一家小儿麻痹症儿童服务机构,他们发现这是一个"集中营",这座建筑是锡制屋顶和水泥地板。贾斯汀描绘了那个凄惨的场面:屋里到处都是4—10岁的孩子,肚子胀得圆鼓鼓的,四肢瘦得像火柴棍……他们快饿死了,躺在粪便里,身上爬满了苍蝇。贾斯汀继续说道:"一个小女孩走到我面前,看着我的眼睛。我下意识地握住她的小手,摄影师给我们拍下了多张照片。她的表情是我见过最安详的,深深印入我的脑海……"我想:"这个孩子是在寻找上帝,寻找摆脱厄运的救命恩人,结果发现找到的却是个拍照的假圣人。"罪恶感吞噬了我,几乎把我摧毁,我有罪……那一幕永远烙印在我的内心深处。贾斯汀回到酒店后喝醉了,生了一场病。"然后我在想,"他说:"如果我不努力做点什么,我就不会心安理得。"他转向良子说:"不能再这样下去了,我们的生命一定要有意义,我们必须参与战斗,终结罪恶。"

第3章 小贾斯汀·达特

后来，贾斯汀遇到那家机构的负责人，她穿着昂贵的丝绸，戴着硕大的钻石出席募捐活动，这次活动是为她的"美好的"慈善事业进行募捐。贾斯汀注意到，她穿戴的花费是整个机构花费的10倍。他怀疑募集来的钱都让她个人花费了，根本没用在那些小儿麻痹症儿童身上。她身上的豪华服饰跟地板上垂死孩子的惨状形成鲜明对比，贾斯汀震惊得哑口无言。

贾斯汀向国际康复协会主办的世界大会提交一份题为《残酷暴行控诉书》的报告，却被康复协会忽视了。越南残疾人的生活没有任何改变，真正改变的是贾斯汀的态度和对生活的看法。他问自己："我到底做了什么让我落到这个地步？我在哪里偏离了方向？正确的方向在哪里？"他说："我遇到的敌人就是我自己。"他承认自己酗酒，还有很多其他问题，犯的错误都很时髦——酗酒、吸毒、沉溺女色、离婚、妄语、自吹自擂、养子不教、令人发指的自我宣传。曾经，他认为经商就是尽可能地从每个人身上榨取每一分钱。他说，大多数情况下，我把自己的问题和社会的问题归咎于他人。他知道，要回到正轨，就需要找到自己的真理，并努力践行这一真理。

贾斯汀随后停止经商，与第二任妻子最终离婚，并娶了良子。贾斯汀和良子搬到了日本长野县松本市的一座小公寓里。良子记得,"我们没有多少钱,吃马肉、鲸肉对我们来说就是奢侈品。贾斯汀坐在木地板上切卷心菜、洋葱、胡萝卜,这些是我们能量的主要来源,午餐能吃拉面就是大餐了。日本报纸广告印在一面,另一面是空白的,我们把报纸剪开,用空白面作信纸。还把报纸剪成厕纸……冬天经常下雪,我们把草绳缠绕在轮椅的车轮上才能出门。从公寓出发推着轮椅步行几英里,才能坐上火车到东京或其他城市。贾斯汀把一个大箱子放在轮椅上,箱子挡住了视线,几乎看不到前方的道路……我们仅有这些资源可以使用。"在那段日子里,贾斯汀与各种嗜好做斗争,他阅读历史和哲学,并与世界各地的活动家保持联系,其中包括艾伦·金斯伯格(Allen Ginsberg)等诗人。大约在这个时候,贾斯汀把他从得克萨斯大学获得的杰出校友奖退回了。他说:"学生的身份不应该伴随我一生。"归还奖项时他很自豪,对他而言这是一种良心行为。他后来指出:"我可能是美国所有大学中唯一一位杰出的前校友!"

为了静心反思,达特夫妇搬到了一个更偏远的山区。他们乘坐蒸汽火车到达大山深处。在山梨县的北斗市,他们遇到一个农民,他说自己有一处废弃的房子"非常简陋",无法向他们收取费用,如果他们夫妇教他英语,就可以免费住在那里。雪花和寒风从墙上的裂缝吹进屋

第3章 小贾斯汀·达特

里，达特夫妇把房子修理成一处宜居住所。在这个偏远的家里，达特夫妇没有室内卫生间，没有中央暖气，也没有电话。他们没有汽车，但话说回来，即便有车也没有平坦的公路。贾斯汀回忆道："冬天，良子每天要用锤子敲掉水管上的冰，在简陋的卫生间里，雪花会从茅坑吹到屁股上。"不过，良子说，这个静养之家正是贾斯汀想要的，而且，"他真的很喜欢这里。"达特夫妇俩在山里隐居了6年。

"*问题出在我身上。不单单是我，所有人都固守传统观念。为了金钱、权力和声望，人们争锋相对、互相倾轧，最终却弄巧成拙。*"贾斯汀说："在山里的那段时间，我仔细反思自己的生活……然后开始真正地把我的理想付诸实践。当意识到问题出在自身，要靠自己来解决时；当意识到不仅要为自己负责，还要为所有社会问题负责、为解决所有的社会问题负责时，我感到非常震惊。我是社会的一员，政府的一分子，但我与众不同，众人皆醉我独醒。只有我改变了，社会和政府才能改变，这是我的职责。"这番感悟令他兴奋不已，有了这样深刻的认识，他就能够改掉执念和偏见，成为激励他人的完美典范。他想："现在，我能看见诺贝尔奖在向我招手！"

贾斯汀说："最近回想起来，这真是大错特错。我很快就发现，多年形成的执念只有经过一生的痛苦挣扎才能克服。"由于出生在看重成功的家庭,他特别迷恋权力和声望。良子说:"登上日本《时代》杂志封面时,他摆出抽雪茄的姿势,他觉得这让他看起来像个大人物,尽管当时他并不吸烟。结婚时,他有一个高级艺妓女友,因为高级商人都有。他生活奢华,品位极高,豪饮威士忌,尽管只在晚上喝,但一晚能喝掉一整瓶。"良子早已习惯父亲酗酒,她说:"尽管贾斯汀没有暴力倾向,但午夜豪饮的画面并不美丽。"

不幸的是,贾斯汀发现,即便有着非凡的洞察力,各种执念偏见很难根除。他最近说:"我只是认识到自己有这些执念偏见,但没有能力消除,我一直在苦苦挣扎。"当他震惊地意识到,自己要不断努力才能克服这些执念偏见,特别是对权力和威望的执念时,他病倒了。他情绪低落,再次堕落到酗酒和滥用处方药的地步。

贾斯汀多次经历了他和良子称之为"如冲天火箭般快速发展时期",贾斯汀满怀兴奋将所有精力倾注到一件又一件"辉煌"事业上,然后迅速从巅峰跌落到谷底。贾斯汀说:"我是一个充满激情的人,但状况频出,包括患上抑郁症。我对自己的目标充满热情,甚至对一些不那么理智的目标也满怀激情(唐纳德·特朗普综合征)。"在山上疗养所,因为良子的支持,贾斯汀取得了巨大进步。他直面各种成瘾,开始战胜酗酒和处方药成瘾，在克服对权力和威望刻板印象的依赖方面也有进步。他的"飞速发展时代"逐渐成为过去，然而，他仍要面对成瘾性。他最近声称："虽然酒精和成瘾性药品已离我而去，我依然在与权力和威望的执念做斗争。如果有人说自己对权力和威望没有欲望，那么他在骗你……如果我在对抗1英里成瘾性的过程中取得了5码的进步，这就是一件大事。"

贾斯汀说："除了应对成瘾问题，我开始理解爱的力量，我不是指人们日常问候的关爱，也不是指给予并控制他人的爱，我所说的爱能够赋予人们力量，去把握自

己的生活，坚守自己的价值观念，并通过自身努力成为人生赢家。正是这种爱赋予我们伟大的领袖巨大力量，如亚伯拉罕、耶稣、释迦牟尼、穆罕默德、甘地、马丁·路德·金，让他们领导的运动蓬勃发展。"达特夫妇开始思考怎样赋予人们爱的力量。良子回忆道："贾斯汀一直都在关注弱势群体。在我们认识之前，他曾帮助一个墨西哥女孩成为电影明星。住在山区时，一位曾受雇于达特贺卡公司的女士帮我们打字，我们帮助她变得更加独立，她一直在广泛阅读。后来贾斯汀有了一个主意：为什么不帮助那些没有考进大学的学生呢？"达特夫妇俩到乡下找到一个小女孩，她的梦想是去美国当护士。小女孩住到他们家里，贾斯汀教她英语，告诉她如何在美国的大学学习。她被得克萨斯州的一所大学录取，后来又去了肯塔基州的另一所大学学习护理。"她取得如此大的成功，"良子说："就连她的堂兄妹也想到我们家来学习。"通过口耳相传，教会成员、女孩的兄弟姐妹和其他人都开始了解贾斯汀的"生命质量培训项目"。在过去的30多年里，达特夫妇有80个养女和两个养子跟他们一起生活，时间从半年到几年不等。曾经，有11名学员和他们一起住在日本小山村的农舍里。"真是太多啦！"良子感叹道。

当贾斯汀对自己的新哲学越来越有信心的时候；当

第3章 小贾斯汀·达特

他在战胜酗酒和处方药成瘾方面取得极大进步的时候；当他成功地赋予年轻人权能的时候，他被召回了美国。外祖母早已去世，前不久，母亲自杀了。他需要去西雅图处理一些事务，包括接手母亲去世时发布的信托基金。

"污名……"贾斯汀说："我母亲非常富有，是一位获奖作家，其获奖作品由阿尔弗雷德·克诺夫（Alfred Knopf）出版。她看上去像个电影明星，有过像阿德莱·史蒂文森（Adlai Stevenson）这样的名人男友，结果自杀了。"贾斯汀说，他母亲没有治疗抑郁症，因为她惧怕精神疾病这样的污名。后来，贾斯汀的弟弟彼得·达特也在跟残疾有关的污名做斗争。彼得是一位成功人士，空军喷气机飞行员，获得工程学的研究生学位，有一个年轻貌美的"花瓶妻子"，几个孩子和万贯家财。然而，据贾斯汀说，他弟弟患了小儿麻痹症，但不愿接受身体残疾的事实。他不想要别人的帮助，想要的是治疗。贾斯汀坐轮椅不能走路，彼得对此很"生气"。彼得腿部绑着支架，"从几级台阶上摔了下来，脑部严重受伤，残疾状况加重。"贾斯汀解释说："因为腿部有残疾，彼得经常跌倒，却要假装自己是健全人。"家人敦促他寻求康复服务，使用轮椅，他们还给他买了轮椅，他的大儿子对彼得说："爸爸，我们爱你，希望你不要伤害自己，请使用轮椅吧！"彼得看着轮椅说："我宁愿去死。"两天后，彼得结束了自己的生命。具有讽刺意味的是，贾斯汀说："我以为我已经说服他去休斯敦独立生活中心了，当我给他秘书打电话确定预约细节时，她告诉我彼得昨晚去世了。我感到愧疚万分……当我在外面向全世界宣讲赋权和独立的时候，我的亲弟弟需要我关心却没能得到，他去世了……我回来得太晚了。"起初，贾斯汀告诉自己他已经无能为力了，因为弟弟强烈反对他。但后来，他对自己说："胡说，贾斯汀！你本可以伸出援手的，即便那会让弟弟不太舒服。"

贾斯汀在西雅图买了一栋毫不起眼的房子，室内陈列着他收藏的艺术品。他说，这套房子是"允许低收入人群买房的政府试验"的一部分。他和良子把他们的生活质量培训项目搬到这里，几个日本女孩跟他们一起住。然而，在西雅图，贾斯汀并没有发现有人对他赋权的哲学和理念感兴趣。他认为，传播他的哲学理念的最好方式是与残疾人权利运动联系起来。1978年，达特夫妇和他们收养的孩子搬到得克萨斯州的奥斯汀，贾斯汀加入当地的残疾人权利组织"威力"。他会见了经验丰富的残疾人运动领袖，包括埃德·罗伯茨（Ed Roberts）和朱迪·休曼（Judy Heumann）。贾斯汀说，就残疾人权利而言，是他们"把我领进门"。贾斯汀在奥斯汀与他

第 3 章 小贾斯汀·达特

人联合创立了一个独立生活中心，并积极参与当地的政治和筹款活动。随后，他在得克萨斯州担任 5 个州级职务，制定残疾人政策。1981 年，罗纳德·里根（Ronald Reagan）当选美国总统，更换了全国残疾问题委员会的所有成员。贾斯汀是得克萨斯州政界的知名人物，凭借这一点，再加上他父亲作为里根非正式"厨房内阁"领袖的声望，他被任命为委员会副主席。贾斯汀说："我不知道我父亲是否赞成这一任命，但我知道，如果他极力反对，我就不会得到这个职务。"

"我的父亲是一位知名政治家，但从未担任过公职。"贾斯汀曾经问他父亲："你是如何获得这种卓越政治影响力的？"老贾斯汀·达特回答儿子说："每个人去白宫都告诉总统他们想要什么……我到那儿从来不告诉总统我想要什么，我会问他我能做什么，他们想要我做什么？然后我就这么做了，他们就注意到我了。"贾斯汀说他的父亲充满自信、极其自律，并补充道："你知道他还被授予总统自由勋章吗？"贾斯汀说："他察觉到共产主义者对民主构成的巨大威胁。许多人认为要打倒这个'邪恶帝国'是没有希望的事业，但他却花了大量的金钱和精力，去说服世界各地的人来打这场仗。"贾斯汀自豪地总结道："我的父亲是橄榄球的四分卫，或者说是一个教练，他领导全世界推翻苏联这个极权国家。"他补充说：

"我们可能是第一对赢得自由勋章的父子……他从极端保守政府获得这个奖,而我是从自由政府获得。"

贾斯汀被任命为全国残疾委员会(当时被称为全国残疾人问题委员会)副主席。得到如此难得的机会,从此,他便满怀热情地投身于倡权事业。在全国残疾委员会主席乔·杜森伯里(Joe Dusenbury)的全力支持下,贾斯汀走访了50个州,与当地的残疾人权利领袖一起制定一项针对残疾人的国家政策。当最终的政策文件起草完毕后,贾斯汀将草案提交给全国残疾委员会。他回忆说,全国残疾委员会的一位成员说:"贾斯汀,这是件好事,但我们必须把激进的权利提案(就像《美国残疾人法案》的前身一样)从这里赶出去。"里根任命的极度保守委员会的其他成员"点点头"表示赞同。然后,据贾斯汀说:"乔·杜森伯里站起身来,沉默了片刻,这给人们留下了深刻的印象。他拿起文件说:'女士们先生们,这份文件是由美国残疾人起草,我想要通过一项动议来批准这份文件,我不希望更改一个字。'会场一时陷入了沉默,之后,文件没做任何改动就通过了。"随后,里根总统签署了一份支持声明。由于在这个问题上和其他原则问题上的态度,乔·杜森伯里失去了全国残疾委员会主席的职位,这是他人生中唯一一次重大失败。

第 3 章 小贾斯汀·达特

"只有那些寻求平等的人们不断倡导和永远保持警惕,才能实现真正的生命平等。"贾斯汀回忆说。1986年,全国残疾委员会的成员意识到残疾歧视与众不同,需要制定单独的民权法。在主席桑德拉·帕里诺(Sandra Parrino)、主任雷克斯·弗里登(Lex Frieden)和残疾人权利律师鲍勃·伯格多夫(Bob Burgdorf)的领导下,《美国残疾人法案》成为委员会报告《走向独立》的首要提议。白宫打电话来,他们说:"你们对民权运动有什么想法?总统不愿触碰这个问题,取消这一提议吧。"雷克斯主任和贾斯汀决定表明立场,而不是试图通过谈判来保留这个有争议的建议。贾斯汀会见了负责民权事务的助理司法部长布拉德福德·雷诺兹(Bradford Reynolds)。他说:"布拉德福德,《独立宣言》对美国 3500 万残疾人做出过'人生而平等'的承诺,我不相信罗纳德·里根会因为不遵守这一承诺而被载入史册。"片刻沉默之后,布拉德福德回答道:"贾斯汀,总统不会反对你的报告,他会以书面形式支持你的报告。"(里根确实提供了书面支持。)同样是在 1986 年,里根任命贾斯汀为康复服务管理局的负责人。贾斯汀接受任命时,康复服务管理局是一个价值 30 亿美元的机构,以效率低下和为残疾人士提供职业康复服务而闻名。他震惊地发现,来这里的客户平均要等 5.4 个月才能得到一次服务。贾斯汀说,康复顾问应该更像教练员,他们的工作就是赋能客户。跟教练一样,康复顾问应该努力帮助所有客户发挥他们最大的潜能,"所以康复顾问才是大明星。"1987 年,在一场座无虚席的国会听证会上,贾斯汀宣读了一份"良心声明"。他对与会者说:"我们面对的是一个庞大而僵化的联邦系统,就像它所代表的社会一样。这个系统中有很大一部分人仍然对残疾人抱着过时的家长式的态度。"几天后,贾斯汀被要求从康复管理局辞职。贾斯汀拒绝在媒体上对里根总统或顶头上司马德琳·威尔(Madeleine Will)辞职事件进行"抨击"。这件事情的影响加上残疾团体的大力支持,使得贾斯汀再次被任命为全国残疾委员会副主席。

第 3 章 小贾斯汀·达特

1988年，贾斯汀被任命为新成立的"美国残疾人权利与赋权国会特别工作组"的联合主席，这个小组的任务是收集有关《美国残疾人法案》的提案信息并向国会提出建议。贾斯汀任命了一群不同背景的优秀人员加入他的工作组，目的是团结残疾群体中的分裂分子从而大力支持《美国残疾人法案》。贾斯汀认为残疾人不仅包括传统意义上身体和感官不健全的人，还应包括精神残疾或智能障碍人士。有人对此顾虑重重，"我们不应该代表艾滋病患者，因为他们很快就会死去。"贾斯汀断然回应："他们必死无疑，你我也一样，我们不能让家长式作风永远延续下去。"他任命了两名艾滋病患者为特别工作组成员。

特别工作组开展工作没得到任何公共资金资助，但在1988—1990年期间，贾斯汀在全国亲自主持了63场公共论坛，每个州至少一场，外加关岛和波多黎各。凭借自己的资源和地方残疾人权利倡导者出资，贾斯汀联系了3万多人，并提交了数千份关于残疾歧视的请愿书和声明，这些请愿书和声明装在纸箱里提交给国会。

1989年，乔治·布什总统任命贾斯汀担任残疾人就业总统委员会主席。当有人指控贾斯汀将委员会的重点从就业转移到残疾人权利时，他说："我认罪。没有交通、医保、教育、公民权利，哪能有工作。"贾斯汀投入全部的热情促进《美国残疾人法案》通过。为了实现这一目标，他对每个州进行访问，访问次数从4~20次不等，与少则3人，多则6000人的不同团体进行会面。为了这一目标，贾斯汀会见了所有他能见到的人，下至养老院老人，上至美国总统。他走访了国会的每一个办公室，很多地方是多次到访。贾斯汀回忆说："我经常坐着轮椅进入国会议员的办公室，还没等我开口说话，就会有人跟我打招呼。'是的，我们知道——《美国残疾人法案》，不可更改的修正案。'""我成了一个象征。"贾斯汀说。当谈及政治家时，他特别提到："我比大多数政治家都激进。"

"有人说我是个狂热分子……我就是极端主义者、狂热分子。"贾斯汀已经自豪地接受了"狂热分子"这个标签，它是"极端主义者的正面含义"。贾斯汀举例子说明他是如何狂热的。一天晚上，在俄克拉荷马市，他得知布什总统希望第二天早上在华盛顿特区与他会面。贾斯汀预定了回华盛顿的航班，而当那辆轮椅无法进入的面包车把他送到飞机旁时，除了那个"年老"的司机外，没人能把他从面包车座位上抱起来。司机试图抱起贾斯汀，却滑倒了。贾斯汀的腿被座位夹住，司机只好扔下贾斯汀，他夹住的腿被折断了。尽管如此，贾斯汀还是坐上飞机飞到华盛顿与总统会面。回来后，按计划在俄

第3章 小贾斯汀·达特

克拉荷马市做演讲，接着又继续他的巡回演讲。贾斯汀说，他的确没找医生治疗骨折。当被问及是否疼痛时，他回答说："当然疼啦！"并解释说，骨折那天并不是最疼的，"几天后更疼。"不过，他骄傲地说："这就是狂热分子。"

"这是*世界上第一个残疾人平等宣言*。"1990年，国会通过了《美国残疾人法案》。贾斯汀阐述了这项具有里程碑意义的立法的重要性。"我认为它的通过是民主历史上伟大的道德和政治奇迹之一。一群由残障人士、他们的家人，以及为残障人士服务的人们组成的乌合之众此前从未在任何问题上达成共识，他们与老一辈民权运动中具有远见卓识的成员、商界人士、国会议员，以及政府部门联合起来，打败了这个国家最富有、最有权势的游说团体。这个故事可以与《独立宣言》的诞生和美国独立战争的胜利相提并论。"1990年7月26日，当总统签署《美国残疾人法案》时，贾斯汀与美国总统乔治·布什一同出现在讲台上，布什把那支用来签署法案的钢笔送给了贾斯汀。贾斯汀说："如果把《美国残疾人法案》的签字仪式搬到室内，那将是不可想象的，因为白宫最大的房间最多只能容纳300人。尽管天气酷热潮湿，当天仍有3000人聚集在白宫南草坪见证这一历史时刻，这是美国历史上出席签字仪式人数最多的一次。"

当被问及那天的高温高湿天气时，贾斯汀回答说："为了这一天我经历的远不止不适的天气！"

直到1993年，贾斯汀一直担任残疾人就业总统委员会主席，专注于实施《美国残疾人法案》的就业条款。他会见商界和残疾人团体领袖，敦促他们"遵守《美国残疾人法案》，构建和谐社会，尽量减少诉讼和开销。最大限度地促进残疾人就业，为企业创造利润。"然而，贾斯汀密切关注到，《美国残疾人法案》在确保残疾人获得负担得起的医疗保健方面不会有多大用处。1993年10月，贾斯汀辞去总统委员会主席的职务，发誓要成为一名"为正义而战的全职公民卫士"。他担任这一职务的第一个任务是促进全民享有医疗保健，使之成为每个美国人的一项基本权利。

"*我们愿意为国家献出生命，但不愿意为保险公司做出牺牲。*"贾斯汀在全国范围内宣传医疗改革，有时与比尔·克林顿总统、阿尔·戈尔副总统或第一夫人希拉里·克林顿同台发表演讲。他还做了个夸张的手势表示"反省自己的良心，意识到'冒险还不够'。""我的战斗还不够持久，我给予的爱还不够，我的付出还不够。我这辆老爷车一直都不会更换，我不会去欧洲演讲。为了争取正义，我会遭到更多的反对，投入更多的金钱和时间……今天，我要取消我的医疗保险，之所以

第3章 小贾斯汀·达特

能拥有这份保险,仅仅因为我曾是联邦政府的雇员。也许这份医疗保险不可替代,但我的良心不再允许我支付高额保险费。每年整版的保险广告为《华盛顿邮报》贡献 16 152.24 美元来证明压迫我们人民的制度是合理的,我觉得这不道德。我会拿出更多的钱来买我们自己的保险……一些非常聪明的人说,这么做不仅愚蠢而且风险非常高。也许他们说得对,但有时候人做事要遵从自己内心的意愿。"贾斯汀后来指出,由于他身体残疾,这个保险单一旦取消确实无可替代。

"投身政治，把政治视为你生命的一部分。"在1994年的选举中，政治极右势力崛起后，贾斯汀和残疾人权利倡导者弗雷德·费伊（Fred Fay），以及贝基·奥格尔（Becky Ogle）成立了"人人享有正义"组织，致力于动员基层群众为残疾人相关问题进行宣传。贾斯汀眼看着他心爱的共和党不仅挫败了美国医疗改革的尝试，而且在总体上走向了一种悲剧性的退却政治。贾斯汀认为，这种偏离赋权模式的激进转变，将"迫使数百万美国残疾人失去工作，只能坐享福利，接受慈善救助。他们被孤立，被关进密室，致使不少人健康受损甚至早亡。"贾斯汀是共和党的忠实拥护者，历来带头组织残疾人支持罗纳德·里根和乔治·布什的总统竞选活动，他担任过的多个职务都是共和党总统任命的。然而，1996年，他看到共和党总统候选人鲍勃·多尔（Bob Dole）支持"新共和党撤退政治的议程"。贾斯汀做出一个极其艰难的决定。先是在一次新闻发布会上，然后又在芝加哥民主党全国代表大会上，他宣布："我是一名共和党人，我有个消息要告诉鲍勃·多尔参议员，我尊重你，我一直支持你，我爱你，但我更爱美国梦。我凭良心做出一个痛苦的决定，1996年，我是支持克林顿的共和党人。"贾斯汀随后开始激励残疾人为他们自己选择的候选人采取政治行动。残疾团体的领袖做出如下决定：大约2500人选择公开为比尔·克林顿助选，200多人选择支持鲍勃·多尔。在最后的选票统计完毕后，再次当选的克林顿总统认识到"贾斯汀前往每一个州组织美国残障人士参加克林顿－多尔的竞选活动，这是我们在这些州获胜的原因之一。"贾斯汀补充道，最终计票结果显示，美国残障人士的支持让比尔·克林顿领先鲍勃·多尔46%。贾斯汀预测，在未来，残疾人将成为"最有影响力的选民之一"。

"残疾人没有百万美元的政治行动委员会，我和良子已经竭尽全力组成一个小规模赋权政治行动委员会，为共和党和民主党中支持残疾人的议员贡献我们的力量。"甚至在1996年的选举之后，贾斯汀和良子就把精力和财力投入到他们认为会产生重大政治影响的方式上。他们的赋权政治行动委员会位于华盛顿特区的一间小两居室公寓里，这套公寓既是住所也是办公室，并且一如既往地作为生命质量培训计划的场所，收养并培养儿童掌握自己命运的能力。贾斯汀解释说："30年来我们一直在尝试赋予孩子们权利，这些尝试卓有成效。"良子补充道："非常值得"。她接着说："所有参加这个项目的人都实现了真正的独立……他们都能继续做一些超越最初梦想的事情……这是你能给予孩子们的最好礼物。"她指出，多年来，他们夫妇只收养了一个半途而废的孩子。她说：

"只有那些想参与项目的人才会来到这里。责任感需要培养,责任感是从接听电话、修补衣服、去杂货店采购、准备开支报告等日常活动中学会的。"良子补充说:"现在他们还学习计算机技能。"她说贾斯汀有动力去激励和鼓励那些收养的孩子,"提醒他们要确立自己的目标。""我们知道他们会犯错。"她说,但这是他们学习的一部分。对于美国国会大厦里那些有影响力的政治人物来说,与实习接待员通电话肯定是件很有趣的事。"是的,参议员,你的名字怎么拼写?好的,KNE……N……""快把电话给我!"贾斯汀喊道。后来,他听到:"贾斯汀先生,有位总统想和你说话。""哪位总统?""里根总统。"

过去几十年里,贾斯汀夫妇收养的 82 名儿童中,有的患有严重精神疾病,有的患有其他精神残疾,还有的存在或肢体残疾,或发育障碍,或学习障碍,或感官残疾,或有其他问题。他们中很多人都有经济、教育、家庭及其他个人问题,贾斯汀夫妇致力于为这些年轻人提供他们所需的技艺,以增强他们掌握自己命运的能力,夫妇二人超越世俗偏见,对他们的能力满怀信心。贾斯汀夫妇为他们收养的孩子提供心理和职业咨询及经济援助,但大多数情况下,他们将自己的角色描述为这些年轻人赋权的"教练"。良子解释说:"我希望他们在很多方面都比我更好,如果能把孩子培养得比自己优秀,世

第3章 小贾斯汀·达特

界将会变得更加美好。"

"*另一个我们必须摒弃的陈腐观念是人可以长生不老。*"1997年12月,贾斯汀正遭受小儿麻痹症后综合征及许多其他健康问题的困扰。他在乔治敦大学医学中心住院,被诊断为严重充血性心力衰竭。据贾斯汀回忆,医生已经"几乎用完所有的科学手段",包括外科植入心律调整器来调节他的心跳。他们承认,贾斯汀的心脏状况仍有可能危及生命,希望他继续留院观察。贾斯汀感谢他们的救命之恩,认为他们是用意善良的"一流专业人士"。但是,他接着说:"……他们资金不足,人手短缺,落后的设施、陈旧的制度和保守态度对残疾人极为不利,我感觉自己低人一等——像只关在笼子里的实验老鼠。"在医院待了8天后,贾斯汀决定"不顾几位医生的劝告……回家继续我的正常生活,在家里为我的人生而奋斗。"他解释说:"在这里,身边都是我爱的人;在这里,我主宰自己的生活;在这里,我是自家医疗机构的高级合伙人;在这里,我可以继续我的自由政治。"贾斯汀意识到潜在的风险,但他强调做出这个决定的目的。"我被告知可能将不久于人世,也许不会,但这是原则问题——我坚决要求自由生活,因为人应该自由生活……这是我对这种制度的抗议,这种制度迫使数百万残疾人和非残疾人被关在医院、疗养院和其他压迫性环境中。"贾斯汀由衷呼吁:"让我们团结起来一起革命,消除陈俗陋习和执念偏见,创立一种文化,运用科学和民主的全部力量为所有人赋权赋能,让每个人得以发挥上帝所赋予的潜能。战士要为崇高的事业而奋斗,甚至牺牲。"

在私人护理人员的帮助下,贾斯汀终于回到家乡,"并得到华盛顿特区出色的临终关怀组织的支持。"在这里,他又一次被所爱的人环绕,再次身处熟悉的环境。他看到公寓的墙上仍旧挂满照片和海报,上面的人物和事件在他多年来的倡权斗争中起着重要作用。他房间里摆放的书籍都是他敬仰的人物所作,例如亚伯拉罕·林肯和莫罕达斯·甘地。他房间里摆着一本维蒂·派珀(Watty Piper)写的童书,名叫《小火车头做到了》。贾斯汀的书桌上方挂着一首诗,这首诗原本挂在他祖父的客厅里。

《智取》

埃德温·马卡姆

他画了一个圈,将我排斥在外——
异教徒,反叛者,一个令人鄙视的东西。
但爱与我同在,我们有获胜的智慧:我们画了一个圈,让他进来!

第3章 小贾斯汀·达特

"任何地方的不公不义，都威胁着所有地方的公平正义。"这句话是马丁·路德·金的名言，写在一个大横幅上，贾斯汀和良子经常打着这个横幅示威游行。1998年1月，在马丁·路德·金的生日当天，克林顿总统授予贾斯汀自由勋章。克林顿说：

> 贾斯汀·达特促成通过了美国具有里程碑意义的民权法案——《美国残疾人法案》，为数百万美国公民打开了机会之门。在休斯顿大学，他大胆地取消种族隔离。用他自己的话来说，他后来成为"正义战壕里的全职士兵"，走遍了全国每一个州，把残疾人权利提升为主流政治话语。他曾经说过："生活不是一场游戏，它需要失败者。"他给予数百万人获胜的机会，他也是我了解美国残疾人需求的向导。每次见到他，我都能看到他坚定的信心和不屈的意志，我从没见过比他更勇敢的人。

授予贾斯汀奖章时，克林顿总统拥抱了他，并说："我爱你"。这是贾斯汀经常对别人说的话。贾斯汀走下领奖台取下奖牌，把它戴到良子胸前。他说："我们一起完成的事业有一大半归功于她"。后来，良子说："我当时非常激动……我们共同生活，一起为正义而战。他真的以这种方式向我表达了他的爱、尊重和感激。我不仅仅是他的妻子,还是一起战斗的同志和战友。"贾斯汀向参加残疾人权利运动的所有人宣布:"这是你们的奖牌,我很自豪能成为你们中的一员。我将与你们并肩作战,直到生命的最后一刻。"

第 3 章 小贾斯汀·达特

"我不能靠一己之力改变历史，但也许我能播撒一些革命的种子，让它们生根发芽。"从医院回家后，贾斯汀说："死神近在咫尺——我要一个接一个地剥离那些不重要的东西。"尽管行动不便，大部分时间只能躺在从医院租来的病床上，但他仍继续投身政治并参加示威活动。只要有可能他就会针对重要问题公开发表声明，并利用他作为公认的和受人尊敬的领袖地位向世界宣扬赋权革命。无论是对贾斯汀还是对良子来说，这些活动都比过去更令人疲惫。对良子而言，除了之前的职责之外，又增加了照护贾斯汀的任务。然而，贾斯汀和良子似乎都没有因为贾斯汀"随时随地就会死亡"这一事实而影响他们的工作。他们是为美好世界而并肩战斗的同志，他们继续奋斗，传播赋权革命的精神。

当被问及他最希望人们从他的生平中学到什么时，贾斯汀回答说："所有人，不管他们的能力有多弱，都能努力寻找自己的真理，能够与不良嗜好做斗争，能够对社会产生重大影响，因为他们改变了自己。这对任何人都适用。当你改变了自己，你就改变了社会，因为你就是社会的一分子。"他继续说："不要给人留下我已经战胜毒瘾的印象。当你看到我的时候，我仍在挣扎斗争。""你还会继续挣扎斗争吗？"传记作者问道。"直到生命的最后一分钟。"贾斯汀笑着回答。

Judy Heumann
第4章 朱迪·休曼

琳达·R.肖 著

周一早上八点十五分，几个人聚集在楼上的办公室里，等待召开电话会议。该死的电梯又坏了，朱迪（Judy）十分恼火。她正准备去隔壁的办公室给楼上打电话，突然，电梯发出持久的摩擦声，而后呼啸而下，伴随着剐蹭声和撞击声停在了她所在的楼层。当电梯门嘎吱作响缓慢打开后，朱迪一个箭步跨上电梯，她不确定电话会议是否值得她冒着生命危险坐上这个摇摇欲坠的电梯，但她知道这是值得的。《残疾人教育法案》正遭受质疑，对此她有很多话要说——很多话。

她进门后迅速判断情况，电话还没接通呀！里间办公室的同事们已经聚集在办公桌的免提电话旁，她向他们挥手致意，然后拿起她的留言条。莎拉（Sara）把留言条递给她，说道："上面是伊尔丝（Ilse）的，你进门时她又打电话来了，说是有急事。"一阵恐惧涌上心头，她努力压制那个微弱但坚定的声音："是癌症——复发了。""想跟她通话吗？"朱迪向里间办公室瞥了一眼，有人在讲笑话——关于政治的笑话，他们都在等着笑点呢。朱迪说："是的，快点，用你的电话接通。""妈，怎么了？我马上要开个重要会议。"伊尔丝的声音总是能让她保持平静，母亲流畅的话语清晰地从电话里传来。"哦，他们没告诉我你有重要会议！我只是想跟你说件事。有个新搬来的家庭刚来过教堂，职业康复办公室三言两语把他们女儿打发走了。你应该见见她，是一个漂亮的女孩，跟你一样聪明。显然，康复办公室缺钱什么都做不了，但他们如果不帮忙，这个女孩就得退学了。她想学医，而且……"朱迪看着萨拉，转了转眼珠，但还是忍不住笑了。朱迪知道，对她母亲来说，和总统本人的电话会议也比不上一位母亲的困境重要，她的女儿因为残疾被拒之门外。朱迪正要回复母亲时，莎拉示意她，所有人都准备好了，就等她了。"妈，我得开会去了，晚点再打给你，看看我能做什么，好吗？""好的，

第 4 章　朱迪·休曼

朱迪，再见。"她抓起剩下的电话留言条，朝里间办公室走去，已经有一大堆粉色便签了。那些小小的粉色留言条和电话——没完没了的电话就是她的生活。有多少人能说热爱自己的工作呢？不过，她在工作中如鱼得水。朱迪走进会场，不慌不忙地坐上自己的位子，聚集在那里的公务人员竖起耳朵，把身体靠近她的免提电话。又一天过去了。

开端

月光透过前窗的树枝照在天花板上，维尔纳（Werner）睁着眼睛，凝视着天花板上斑驳的树影。他一直躺在床上，努力闭上眼睛，他以为能强迫自己睡着，可是无济于事。他不再奢望会有睡意了，索性回顾一下一天中难忘的时刻。伊尔丝决定在医院过夜，她终于说服维尔纳回家睡觉。弟弟利昂（Leon）明天就可以开门营业，但维尔纳还得工作，现在他们需要更多的钱来支付医药费。他从来没有经历过像今天这样的紧张时刻。当他低头看着不到两岁的小朱迪时，他仍然感觉自己浑身麻木。医生宣告了可怕的诊断结果：小儿麻痹症。听到诊断结果，伊尔丝扑通一声瘫坐在椅子上。维尔纳以为她要摔倒，赶紧伸手扶她。当时她已经怀孕 8 个月，肚子高高隆起，人们还开玩笑说她吞下了获奖的西瓜种子。伊尔丝本不应该在医院过夜，但她一直坚持要留下来陪伴女儿，朱迪看起来那么娇小，那么脆弱。

伊尔丝问了很多问题，医生和护士都耐心回答："我们不知道……我们无法判断…我们必须等待。"对于那些难以解答的问题而言，这些答案不能令人满意。当时，维尔纳没有感到生气，也没有感到悲伤，什么感觉都没有，他只是觉得这不是真的。后来，在医院的病房里，低头看着女儿的时候，他感到一种从未有过的激动。准确地说这种情感不是愤怒。如果仔细分析，他可能会认为它出自愤怒，但实际上是一种强烈的决心——激烈而又非常个人化，全部表现在对小女儿强烈的爱和保护之中。这种感觉是实实在在存在的——几乎可以摸到、闻到、呼吸到。它渗进每一个毛孔，让体内的肾上腺素突然飙升。

他唯一能拿来比较的感觉是他多年前屡次被征兵人员拒之门外。他14岁时离开德国，尽管身边的成年人试图保护他，不让他知道在德国的家人发生了什么事。他们在谈论德国的亲戚和犹太人时，悲愤和绝望之情溢于言表。从这些低声的谈话中，他学到很多东西。他恨纳粹，恨日本人，因为他们发动了战争。他决心亲自对这种残忍、不人道的行为予以打击。维尔纳对着镜子打量

第 4 章 朱迪·休曼

自己。他只有 17 岁，一副学生面孔，个子不高。他能冒充 18 岁吗？他练习大步行走，就像一个信心满满、完全成熟的男人。他努力使自己的声音尽可能变得低沉。他能成功吗？

征兵人员笑了，"回家吧！"他说，"你太年轻，个子太矮，甚至还不是公民。"公民？他从没考虑过这一点。"回家做些伸展运动吧！"征兵人员笑着说。维尔纳迈着坚定的步伐离开了办公室。他花了大约 45 分钟时间，走了 4.5 英里来到公共图书馆。几分钟后，他便开始研读图书管理员给他的资料，这些资料告诉他如何成为美国公民。他仔细观察他认识的那些看起来最有"男子气概"的男人，研究他们怎么走路及怎么说话他竭力让自己长得更高。他学习历史，了解成为公民的要求。终于，这一天到来了。他表现完美，成为一位美国公民。当法官宣布他成为美国公民后，他直接去了征兵人员的办公室。时光如梭，大多数符合条件的年轻人已经应征入伍，所以征兵人员不像以前那样挑剔了。他现在只有 17 岁，但很快就要 18 岁了。毕竟他现在是美国公民了，他与任何人一样，有权利打击纳粹。当维尔纳宣誓成为美国海军陆战队的一员时，他心中骄傲无比。随着时间的推移，随着他成为精英组织"卡尔森突袭者"的成员，这种自豪感与日俱增。

虽然参军时的决心跟现在一样坚定,但跟现在的感受相比,那种决心几乎是微不足道的。那时他孤身一人,现在有伊尔丝和他并肩战斗。曾经,他一直在为一项重要的非个人的事业而战斗。现在,他正在为女儿的生命而战斗。他不知道从何下手,伊尔丝也很迷茫。但他知道伊尔丝将与他同舟共济,朱迪也是她的女儿。在某种程度上,比起父亲,朱迪更像是母亲的女儿。18个月来,伊尔丝用摇篮晃着她,给她喂奶,即便怀有8个月身孕也一直陪伴在她身边。毫无疑问,伊尔丝会战斗下去的。

伊尔丝挪动了上百次,试图在那张凹凸不平的病房椅子上找到一个舒服的位置。亲戚们都走了,她终于说服维尔纳回去休息一下。只有唤起他对工作和家庭的责任感,才能说服他回家。8岁的瑞奇(Ricky)需要人照顾,他们还需要维尔纳和弟弟合伙的肉店赚到的钱,现在生意萧条可不行。伊尔丝把胳膊肘支在椅子扶手上,双手托着下巴。他们的未来会怎样?当医生告诉他们朱迪得了小儿麻痹症时,她很震惊。当她抬起头时,她发现维尔纳目瞪口呆。战争结束后,伊尔丝听说过很多关于炮弹休克症的事,维尔纳现在看起来就像她想象中的那些人一样。他看起来好像无法厘清千头万绪,不知道该怎么办。她咬着嘴唇,让自己保持冷静和专注。他们需要做一些事情,需要了解一些事情。她苦苦思索着她应该

第4章 朱迪·休曼

咨询的问题：她能活下去吗？她会走路吗？我们能做什么？似乎现在唯一能做的事情就是等待和祈祷。不知何故，伊尔丝有一种不安的感觉，她的生活刚刚发生了巨变，但她还不明白具体是怎么回事。她需要知道更多，了解更多。伊尔丝极力思索，在她广大的朋友圈里，谁能帮助她呢？对了，家庭教师协会的海因茨（Heinz）夫人，她的丈夫是一名医生，明天可以给她打电话。虽然不知道他的专长是什么，但他很可能知道如何获取更多的信息。尽管不是什么大事，但还是有事情——有事情可做。肚子里小婴儿一阵猛踢，打断了她的思绪。她茫然地揉揉肚皮，低声安慰肚子里的婴儿。这时，她的目光转向了躺在床上的小女儿。"嘘！"她一边用手抚摸着肚子一边说："妈妈来了，妈妈在呢。"

从家到学校

每天早上，当哥哥弟弟匆匆出门时，朱迪总是带着复杂的心情听着门砰的一声关上。她很喜欢他们，真希望能跟他们，以及其他孩子一起去上学。但同时，她又享受哥哥弟弟离开后的那几分钟时间。每天，在这几分钟时间里，妈妈静静地坐在她身边，端着一杯咖啡，慢慢啜饮。此刻，妈妈完全属于朱迪一个人。她知道再过几分钟，妈妈喝完最后一口咖啡后，就要开始她每天都干不完的活。

今天,朱迪吃完麦片后,妈妈边喝咖啡边安排一天的工作。她必须在家庭教师怀特夫人到来之前把家里收拾好,给瑞奇和乔伊(Joey)买新的冬靴,为乔伊参加幼童军会议烤制饼干,作为志愿者为家长教师协会打电话,送孩子们去希伯来语学校,带朱迪去上钢琴课。哦,还要记得给钢琴调音师打电话。钢琴在慢慢地走调,她忍受很久了,但最近谁都能弹出高音F调……这么说吧,终于要花钱请人调音了。无论如何,所有这些事情都必须安排好,不能和当天最重要的活动发生冲突。例如,今晚七点钟,她和一些家长要同教育委员会开会,这次会议是几个月来的工作成果。伊尔丝对自己跟管理人员和委员会成员打交道的能力感到惊讶,她不知从哪儿获得了这种连自己都不曾知晓的"人格力量"。起初,似乎只有几个人聆听她的演讲,后来,越来越多的父母开始加入她的行列。她发现自己渐渐成为一群忧虑家长的发言人,她不太清楚为什么会这样。她只清楚地知道一件事:她要让朱迪去上学。

伊尔丝想了一会儿,事情是怎么一步步走到现在的。思绪回到他们得到确诊的那天晚上,她独自一人坐在朱迪的病房里,下定决心无论如何都要让朱迪活下来。不仅仅是要她活下去,如果有可能的话,要给朱迪

第4章 朱迪·休曼

一个正常的生活。她会做到的。伊尔丝暗自笑了笑,想想自己曾经是多么的天真幼稚。她什么都不知道!她对轮椅、治疗和康复锻炼一无所知;她对那些医生们一无所知,他们心里满是悲观失望,建议把孩子送到收容所;她对那些老师们也一无所知,他们坚持认为她女儿"与众不同",不能在正规学校接受教育。起初,她对所有人说的话都信以为真,毕竟他们是专家,她懂什么呢?渐渐地,她意识到专家们虽然知道得很多,但只有她才是最了解朱迪的人。她知道朱迪头脑敏捷,除了使用轮椅,她和其他正常人一样。显然,家庭教师不可能提供她所需要的高质量教育和社会经验,为什么其他人很难看到这一点?从早期那些天真问题中,她就发现,学校对残疾儿童如何接受教育这个问题,有着固执的看法。这些看法没有考虑到亲生父母对女儿的直观判断。

就朱迪而言,她对现状相当满意。没错,她没上过学,但周围有朋友,她不觉得自己有什么不同。她玩过家家,知道所有的跳绳童谣,对于更多的她不能参加的体育比赛,她担任官方记分员。她知道自己擅长学习,这要归功于爸爸,爸爸坚持不懈地给她上历史课。每次情况一好转,爸爸就会带着她和乔伊或者瑞奇翻阅百科全书查询信息。她知道这套百科全书花了父母很多钱,并且记得他们每次只买一本。当朱迪还小的时候,她总觉得那些并排放在书架上的书卷是那么漂亮。所有书都包裹着白色皮革封皮,印有闪闪发光的烫金字。然而,她对这个叫"学校"的地方有点好奇。孩子们一直在谈论这个地方,它既吸引着她,又让她感到害怕。如果能与小朋友们一起聊天,谈论她不认识的孩子或各式各样的老师当然很好,但她对自己的小世界也很满意。她对周围的环境非常熟悉,在女童子军,她可以和希伯来语学校的同学"一起玩耍"。

当朱迪父母坐下来告诉她来年就要上学的那天晚上,她感到十分震惊。学校!母亲解释说,教育委员会已经决定为轮椅上的孩子们指派一些学校。她还告诉朱迪得早点起床,因为要坐公交车去新学校,路上要花一个半小时。朱迪很困惑,"但是,妈妈,学校离家不就几个街区吗?""不是的,朱迪,"母亲耐心地说,"残疾儿童的学校离家很远,布鲁克林有一所学校开设特殊班级,但是那所学校……嗯,你不能去那所学校。""特殊班级?"朱迪问,她心想自己"特别"吗?"为残疾儿童开设的班级。"妈妈解释说。

朱迪上床睡觉后,伊尔丝把委员会的事告诉了维尔纳。维尔纳说出自己的疑虑,3个小时往返学校的路程,对朱迪意味着什么?她会不会因为路途劳累,而无法共

第4章 朱迪·休曼

享与家人和邻居朋友的美好时光呢？为什么要用巴士把她送出布鲁克林？伊尔丝表情僵硬，她说，当地学校负责人认为朱迪坐着轮椅，是个"火灾隐患"。维尔纳想知道"她为什么不能和健全孩子一起上普通班级？"伊尔丝说："他们认为朱迪既不能自己推轮椅，也不能走路，她需要更多普通教师无法提供的帮助，他们甚至不想听到必须帮助她如厕！"维尔纳叹了口气。伊尔丝说她不得不承认，这是学校董事会所能允许的极限。"这才刚刚开始，维尔纳。"她疲倦地说。维尔纳把她拉到身边，亲吻她的头发。"你做得非常好！"他拥抱着她，安慰她道。

那天晚上，朱迪躺在床上想：学校会是什么样子？"特别"会是什么感觉？好吧，上学之前，她有整整一个夏天的时间来思考这些问题。秋天还远着呢，明天，姑姑、叔叔和表兄弟们就要来参加哥哥的生日会了。她不再想"学校"的事情，她知道哥哥将得到什么生日礼物，现在就好好享受这种美好、略显优越的感觉吧。几个星期来，朱迪一直在嘲笑哥哥，说她知道生日礼物是什么，而他什么都不知道，明天一定会很有趣。到明年，等她长大了，她会把"学校"管理得很好。朱迪迷迷糊糊地睡着了，想着明天和即将到来的暑假。

校园时光

"好吧!"朱迪苦笑着说,"我猜这就是'特别'的含义。"朱迪已经习惯了学校安排的课程和活动。她的课被称为"健康保护课",上课地点在学校的地下室。在学校里,她的新朋友是各种各样的残障儿童。她渐渐明白了"特别"的含义,它似乎意味着你可能无法做很多事情,或者希望在生活中有所成就。当她了解到新学校的情况后,她发现根据残疾程度不同,有些孩子在某种意义上已经被淘汰了。如果像她一样坐着轮椅,那就是个麻烦;如果坐着轮椅,有语言障碍,那就是个大麻烦;如果坐着轮椅,有语言障碍,还有学习障碍,那就是个更大的麻烦。

令人困惑的是,尽管学校是按照这种逻辑运作的,但在家里和在夏令营的情况却完全不同。学校的老师们似乎认为,由于身患残疾,即便没有完成家庭作业或考试得了个"良",他们也不能责怪她,但她父母的教育中似乎缺少这一部分。他们不断地告诉朱迪:她是多么聪明,多么有才华,她不能满足于"良"!老朋友百科全书是她忠实的伙伴。"查阅啊!查阅啊!"她爸爸会说,只学学校里的知识是不够的。爸爸对各种各样的东西都很着迷,每天晚上都读书,跟家人分享他读的书,看的报

第4章 朱迪·休曼

纸，以及在店里跟顾客关于时事的谈话。全家人围坐在餐桌旁，谈论时事、总统选举或令人担忧的共产主义的传播。在这个家里，你不能做一个被动的倾听者，爸爸会说："朱迪，你怎么想？这还不够，我不明白你在说什么。"然后爸爸就会说，你有什么不明白的？哪些你不明白？查阅，查阅吧！他们都笑爸爸的狂热，笑他让所有人都参与其中的方式。朱迪知道其他家庭和她的不太一样，但她为父亲感到骄傲。父亲聪明睿智，大家都喜欢他。他认识附近的每一个人，当他出去遛狗的时候，时常花上一个小时甚至更长的时间，因为他不得不多次停下来，和邻居们一起畅谈世界形势。对此，伊尔丝会心一笑，然后摇摇头。她哥哥的朋友和所有亲戚总是光顾他们家，餐桌上除了家人，经常会有客人一起用餐。

至于伊尔丝，她默默地鞭策着女儿。她没有那么热切地向朱迪灌输自己的期望。朱迪应该做得很好，但不管怎样，她还是把这个信息明确而清晰地传达给女儿。朱迪开始上声乐课，她知道自己的琴技令妈妈折服。伊尔丝总是问朱迪学校的事情，她知道妈妈经常和学校老师一起开会。伊尔丝的宗旨始终如一——你必须给她和其他孩子一样的学习机会；你必须承认她聪明能干，把她需要知道的东西教给她；你不能退而求其次。万变不离其宗——她反复强调这些理念。

这一教育理念不仅仅局限在家里。朱迪开始和其他残疾孩子一起参加奥克赫斯特夏令营,她原以为夏令营会和学校老师一样教育他们,但事实并非如此。残疾带来的"特殊"在这里似乎有了不同的含义。这并不是说你比别人差,或者比别人强,而是说你们都有一个共同点。他们有一种强烈的感觉,把他们联系在一起的"东西"是一件好事。他们都认为自己是"不同的",但他们的不同是可以接受的,也许比可以接受更好。当你有残疾时,你就不用想太多了,这很好。在夏令营,每个人都有残疾,所以这很好!朱迪从中受到启发,她开始意识到,有很多种不同的方式来看待自己的残疾,关键是要找到自己的出路。

伊尔丝垂头丧气,她疲惫不堪、心灰意冷。虽然设法让女儿上了小学,但她发现,上中学时,该市的传统是让残疾儿童回归家庭教育。学校董事会拒绝接收她女儿上中学,理由和从前一样。他们以同样荒谬的理由来解释为什么不能接收残疾儿童。伊尔丝发现上学对朱迪有好处,上学也许不是一个理想的教育经历,但与同龄人的互动对她的社交发展有好处。朱迪有很多朋友,和各种各样的人在一起都很自在。家庭教育意味着与社会隔绝,这是她不想让女儿回归家庭的原因。当学校董事会对她的争辩置若罔闻时,她向出生缺陷基金会寻求支

第4章 朱迪·休曼

持。多年来，她一直在出生缺陷基金会做志愿者，她觉得他们可能愿意支持她的事业。他们同情她的处境，但解释说，出生缺陷基金会不参与政治问题。伊尔丝大失所望，对残疾儿童的父母来说，还有什么能比教育更重要呢？所有人似乎都想防止孩子患上残疾，但没有人想要处理残疾人和他们的家庭所面临的实际困难。除了家属，似乎没有人关心这些问题。伊尔丝想起了那些支持她努力让朱迪入学的母亲们。现在，她认识了更多残疾孩子的父母——朱迪同学的父母。伊尔丝回家打电话召集了一群家长，他们开始游说学校董事会，要求改变政策。他们毫不留情地给学校施加压力，直到学校董事会最终让步。1961年，朱迪终于上了中学。

中学是不同的，不同于以往的小学、夏令营等任何机构。她仍然乘坐公交车到外区上学，但这次是去东弗拉特布什的希普斯黑德贝中学。她和残疾同学仍然有指导教室，老师在这里定期给他们提供指导，但要和身体健全的同学一起上课。与身体健全的同学一起上课是好事也是坏事。你肯定被认为"与众不同"，而这种与众不同不是件好事。此外，与健全孩子相处很具有挑战性的。起初跟他们在一起有点尴尬，过段时间后，他们似乎就接受她了。然而，在课堂之外，朱迪发现自己是一个"局外人"。由于从学校回家颇费周折，她不能参加很多课外活动。家里比以前更忙了,瑞奇去亚利桑那上大学了,朱迪非常想念他,亚利桑那州就像是世界的尽头。乔伊在肉店做兼职,他们俩都参加了很多活动:童子军、钢琴课和声乐课。像往常一样,父亲在餐桌上工作、读书、谈天。不过,话题有所改变。现在,他不再谈论麦卡锡了,开始痴迷于民权运动和反战示威活动。作为一名忠诚的海军陆战队员,他认为孩子们一定要爱国,同时,向孩子传递社会公平和良知也很重要。母亲在父亲的店里做兼职,同时担任犹太教堂姐妹会的主席,还是家庭教师协会的主席。伊尔丝仍然积极地跟中学保持沟通,力争让朱迪接受最好的教育。同时,为那些有同样担忧的家长提供支持。父母经常在他们面前谈论政治,事实上,他们力劝孩子们加入争论。母亲是注册的共和党人,父亲是狂热的民主党人。尽管通常情况下他们观点一致,但是,由于母亲是一个相当开明的共和党人,他们有时也会产生分歧。朱迪不断受到挑战,要思考问题的方方面面,并毫不犹豫地加入讨论。父亲经常分享他的观点,他认为每个美国人都有责任了解政治并采取行动。这就是民主的真谛,对吧?现在,孩子们都长大了,父亲让他们一起去看戏、听音乐会和参观艺术博物馆。"文化至关重要,"他说,"它让人类真正与众不同。如果你想了解人类,了解人性之美,那就学习艺术和文化。"

第4章 朱迪·休曼

朱迪在这种环境中茁壮成长。她对男孩子感兴趣，但很少与他们约会。在学校里，班上的大多数男孩都没有残疾，他们也不愿意跟残疾女孩约会。不过，夏令营是另外一回事。在夏令营，残疾并不是什么大问题，她和几个男孩约会过。快到高三的时候，她开始思考高中毕业后的生活：她会做什么？她会跟哥哥一样去上大学，这已成定局，但要上哪所大学，学什么？她唯一显著的天赋就是音乐。她热爱音乐，也很擅长，但这就是她想要的生活吗？几个月前，她参加了茱莉亚音乐学院的面试，尽管老师们一直在鼓励她，但他们说她年纪太小，就把她送回家了。她可以再次面试，但父母忧心忡忡。朱迪需要一份工作养活自己。虽然他们为女儿的音乐天赋感到骄傲，但他们知道走音乐这条路赚钱并不容易。"接下来呢？"朱迪思索着，"我该怎么办？"

大学时代，开阔视野

朱迪打开信封，太好啦！录取啦！她要去上长岛大学了，就在布鲁克林。至少上大学的问题已经解决了。遗憾的是，她将主修演讲和戏剧。这虽不是她的心仪专业，但国家康复机构将为她支付学费。她本来想学教育专业，但职业康复顾问说，只有当学生证明能找到与专业相关的工作，他们才会支付学费。顾问耐心地解释说，没有人会雇用一个坐轮椅的女孩在公立学校教书。主修演讲和戏剧专业，朱迪可以找到一份言语治疗师的工作。问题是，她想教书，她认为自己很擅长，她不明白自己为什么不能当老师，但顾问的态度坚定不移。"那么，好吧！"朱迪想，"就按她的方式来吧！"但朱迪思索着："我要等一等，也许命运会发生改变。"

大学校园是一个挑战，如厕很困难，而且经常根本无法进入。朱迪遇到重重困难：一级级台阶、狭窄的门道和时不时遇到的心胸狭隘的人。校方用各种老套理由拒绝她住宿舍的请求，但朱迪坚持不懈，据理力争，终于说服校方让步。不过，大学在其他方面很好，同学们通常很乐意在必要的时候伸出援手，作业也不难。学校里有相当多的残疾学生，他们能够分享困难经历和解决实际问题的办法，这些实际问题发生在一个从未考虑过残疾学生需求的大学校园里。朱迪很享受大学的氛围，她喜欢辩论和大学精神，人们热切关注诸如民权、贫困、越南战争这类社会问题。学生们相信，如果某件事是正确的，就要联合起来，鼓励人们做正确的事情。这是可行的，也是将会发生的。当权派顽固地阻止新思想和新行为方式，他们受到了攻击。朱迪开始质疑，为什么当权派也能阻止她进入教学楼去上她想上的课程，这一点也不公平。她质疑相关政策的有效性，这些政策仅仅因

第4章 朱迪·休曼

为她坐轮椅，就拒绝了她所选择的专业，也因此拒绝了她所选择的职业。当听到关于黑人困境的辩论时，她发现自己与他们同病相怜。她知道被区别对待、选择受到限制的滋味。但是，一直以来，她始终知道自己和其他人一样能干。大学教会她有人愿意支持那些敢于挑战体制的人。她得知全国有色人种协会和美国公民自由协会后，就悄悄地跟他们打听怎样才能拿到教师资格证。结果，她惊喜地发现，由于教师短缺，只需要修满12个学分即可获得教师资格证。她不声不响地报名参加了一个教育课程。第一天上课，她等着老师把她挑出来，要她解释为什么来上一个不属于她的课程，但什么也没发生。没有人说一句话，教授、导师、康复顾问都一言未发。然而，朱迪意识到这可能不是因为发生了什么变化，而是因为他们没有注意到。"好吧！"她想："看看我能走多远。"于是她申请进修更多的教育学分。这一次，似乎又没有人注意或关心，但朱迪很担心，她从来没有听说过有坐轮椅的人被聘为教师。朱迪拨通美国民权联盟的电话，他们听了她的故事，建议她沿着目前的路走下去，继续修学分，遇到问题就打电话给他们。她从没遇到麻烦。1970年，朱迪毕业，准备参加纽约州的教学考试。

表明立场

她遇到麻烦了,一个大麻烦,一个实实在在的大麻烦。朱迪以优异的成绩通过了笔试和口试,然而,令她始料不及的是她没有通过体检:小儿麻痹症,坐轮椅不适合当老师,到此为止。

朱迪被击垮了,她黯然伤神、义愤填膺。家人和朋友同情她,他们觉得她受到了不公正的待遇。父母试图帮助她解决问题,为朱迪提出建议并提供支持。他们怎么能坐视不管呢?她顺利毕业,并通过了教师资格考试,这些不是已经证明她能够胜任老师的工作吗?朋友们和她一样感到愤愤不平。朱迪的一个朋友是《纽约时报》的学生记者,他对此非常感兴趣,问了很多问题。他问朱迪:"如果我能找人写一篇新闻报道,你同意吗?"朱迪毫不犹豫地回答:"当然同意啦!"几天后,《纽约时报》一名记者给她打来电话,她把自己的经历又讲述了一遍,并分析其中的原因。毫无疑问,她认为这是不公正的,不仅仅因为它阻碍了朱迪·休曼担任教职工作,而是诸如此类的政策阻碍了所有残疾人获得与其他人毋庸置疑所享有的权利。这是一件不折不扣的歧视案例,他们歧视的唯一依据是她的残疾,她使用轮椅,这是错误的。

第4章 朱迪·休曼

第二天，朱迪读到社论的标题时，她屏住呼吸——《患有小儿麻痹症，你可以成为总统而不是教师》。这篇社论充满激情，句句切中要害，讲的就是她的故事。那天的记忆一片模糊，她只记得接到无数个电话。朱迪感到惊讶万分，似乎不只有家人和朋友关注她，还有无数陌生人打来电话对她表示关心。后来，一个真正令人惊喜的电话打来：全国广播公司的《今日秀》想采访她。鲍勃·赫尔曼（Bob Herman）似乎很同情她的遭遇，对朱迪进行了采访。接着，从全国各地打来更多的电话，还有大量提供建议和帮助的信件，都表达出同样的心声："加油吧，姑娘！"

朱迪仔细阅读了所有信件，考虑下一步该怎么做。人们对她有一种强烈的好感，但她知道，教育委员会将是一个强大的对手。她已经走完所有和平路线，现在意味着要采取强硬手段。她知道，如果采取下一步行动，她就会进入一个新的领域，但她还能做什么呢？她是对的，她知道自己是对的就绝不让步。朱迪搜寻几天前收藏的名片，想找一家专门从事民法业务的律师事务所。她挺起胸膛咬紧牙关，拿起了电话。"说干就干！"她大声说，然后开始拨电话号码。

当教育委员会明显要输掉官司时，他们要求庭外和解。同年9月，朱迪开始在她小时候就读的小学教书。

伴随着法律诉讼而来的喧嚣声虽然渐渐平息下来了,但朱迪身上有一种莫名的东西被唤醒了。争取教师资格证的经历告诉朱迪,除非自己努力争取,否则不要指望得到任何机会。她知道人多力量大。朱迪和朋友们越深入讨论这些问题,他们就越觉得需要做点什么。虽然并不确定需要做什么,但是,与他人交流得越多,她就越发坚定不移地认为,只要团结一致,他们就会改变现状。朱迪和朋友们决定回复她收到的所有信件和电话,看看这些人是否愿意聚在一起共同商讨。他们安排了一次会面,并开始打电话。民众之间的共性令人震惊,他们都面临着同样的障碍,每个人都因无能为力而感到沮丧。随着时间的推移,会议的规模越来越大,这群人开始围绕不同的主题组织起来,并在2月份命名为:残障行动组织。

  第二年9月,朱迪开始了她的新工作。她热爱教学,知道自己擅长于此,觉得自己正在为孩子们的生活增添一些重要的内容。这所学校仍然是一所普通学校,特殊教育班设在教学楼侧翼一个独立教室。在学校教了近一年后,校长走到她跟前说:"朱迪,你来教二年级的普通班,怎么样?"朱迪对此百感交集。她觉得教给学生最重要的东西,就是给孩子们树立一个榜样——一个真正的、活生生的成年残疾人能够做她想做的事情。此外,

第4章 朱迪·休曼

她意识到这件事将具有里程碑意义，如果她有机会给普通班教课，那些学生再也不会把残疾人看作是可怜的、不幸的、不能独立做任何事情的人了，这种成见是又一个需要打破的障碍。校方讨论之后，决定把二年级的班级从二楼搬到一楼。于是，在朱迪教书的第二年，她教的是没有残疾的健全学生。

在这段时间里，朱迪积极参与残障行动组织，帮助协调各方力量努力实现路缘坡，倡导修建便于轮椅通行的坡道和无障碍设施。这个组织的成员变得越来越活跃，他们的倡权技巧也得到了磨炼。他们承担的工作越多，要做的事情也越多。该组织抗议杰里·刘易斯的电视募捐节目，该节目的主题是"捐助贫穷可怜的残疾儿童"。他们努力关闭庇护工场，并推动去机构化。每当礼貌的询问被忽视时，他们就继续采用"咄咄逼人"的策略，包括示威和抗议，这是他们的一贯作风。朱迪对她发现的一些事情感到震惊。面对残疾人在威洛布鲁克治疗中心遭受虐待这一真相时，她遭遇了生命中最低落的时刻之一。残障行动组织在关闭该中心的行动中发挥了巨大作用，这是她最大的成就之一。威洛布鲁克是长岛的一家大型机构，专门治疗智障人士。当一篇新闻报道揭露了该机构内部发生的暴行时，残障行动组织也加入民众的抗议行列。最后，朱迪决定亲自去考察，她和另一位健全女士一起去威洛布鲁克要求参观该机构。朱迪被告知，他们允许那名陪同女士进去，但她不能进去，因为她坐着轮椅，可能会伤到自己。朱迪抗议，他们就让她签署一份免责申明。朱迪拒绝签署，他们断然拒绝她进入。朱迪很生气，这多么具有讽刺意味啊！多年来，该机构一直肆意虐待智障人士，现在却担心她可能会伤到自己。什么垃圾！残障行动组织要继续他们团体的行动主义，他们和社区建立良好关系，在政府里找到几个关键的盟友。这个团体开始政治化，并强烈主张通过立法改善残疾人生活状况。当尼克松总统否决一项为残疾人项目提供资金的开支法案时，残障行动组织成员参加了在华盛顿特区林肯纪念堂举行的示威活动。朱迪和一群越战伤残老兵一起，参加了纽约尼克松连任总部的接管活动，要求与尼克松总统进行公开辩论。

  当她继续工作的时候，朱迪发现她的政治活动越来越多地占据了她的生活。她发现自己擅长倡权，拥有激进分子的激情，还认识到语言的力量不容小觑。年幼时参与厨房辩论对她很有帮助，她能够准确有力地论证自己的观点。母亲的经验教会她要坚持不懈，绝不退缩。朱迪逐渐引起了政策制定者和政治家们的注意，他们支持她的斗争。

第4章 朱迪·休曼

教学仍然很重要，但是，朱迪越来越觉得是倡权而不是教育会让她做出最大的贡献。她决定回到研究生院继续深造，她去了伯克利大学。在研究生院的第一年结束时，朱迪必须安排18个月的实习。她运气很好，在纽约时，她通过残障行动组织认识了参议员哈里森·威廉姆斯（Harrison Williams），一个朋友打电话告诉她，哈里森参议员办公室有个立法助理的职位空缺。当时，哈里森是劳工和公共福利委员会的主席。朱迪得到了那份工作，便马上忙于各种事务。她了解到政治体系是如何运作的（有时也不运作），她在深爱委员会立法行动影响的民众，与实际起草和立法的政治家之间充当桥梁起调节作用。以这种身份，她有机会参与两项对她个人意义重大的立法：《公共法》第94-142条和《康复法》第504条。

《公共法》第94-142条被称为《残疾儿童教育法案》，对于残疾儿童，它承诺纠正公立学校系统的诸多不公平现象，保证残疾儿童享有平等的教育机会，在可能的情况下享有融合教育机会。该法案首次要求公立学校系统照顾残疾儿童，并提供适合他们个人需要的优质教育体验。

朱迪还致力于修改《康复法案》，该法案保障公民在无障碍环境和不受歧视方面的基本权利，保障他们有权进入联邦资金资助的建筑物,有权观看联邦资金资助的电视节目。当1973年的《康复法案》以完整的标题(标题V)向残疾人公民权利致敬,朱迪庆祝了这个小小的个人胜利。该法案的其他部分要求州康复机构积极鼓励残疾职业康复患者,参与制订他们自己的职业目标和康复计划。

伯克利的岁月

1975年,朱迪应伯克利独立生活中心创始人埃德·罗伯茨(Ed Roberts)的邀请去了加州。独立生活中心的创建是为了满足伯克利学生的需要,他们团结起来倡导校园的无障碍环境,但已经开始朝着残障行动组织的方向发展。朱迪在加州有一个重要发现:该州的职业康复服务机构提供了纽约没有的服务,如个人援助服务和货车升降平台。或许更重要的是,朱迪发现那些团结一致的残疾人拥有共同的身份认同。加州的氛围令人兴奋,在伯克利这样的环境中,有很多人支持这种政治行动主义,朱迪认为这是绝对必要的。朱迪成为独立生活中心的副主任。当时,独立生活中心主要帮助身体残疾的成年人。可是,朱迪强烈意识到,还有许多其他残疾群体需要帮助和支持。她努力将独立生活中心的工作范围扩大到残疾儿童、智力和精神障碍儿童以及药物

第 4 章 朱迪·休曼

滥用儿童。显然,国家职业康复机构没有充分满足就业需求,因而她要努力加强就业计划。当埃德被任命为加州职业康复机构的专员时,独立生活中心最终能够对就业产生巨大影响。埃德坚信,独立生活中心有能力推动变革,并决心在加州各地建立独立生活中心。朱迪帮助议员们全面了解独立生活中心,同时,她对华盛顿政界了如指掌。因而,她在联邦独立生活法案的通过中发挥了重要作用。她在公开听证会上的证词为相关人士——残疾儿童、教师和雇主提供有力支持,他们都关心建立一种机制,确保残疾人在获得他人所享有的权利时,有一种相互支持的方式。虽然联邦政府最终在 1978 年通过了《独立生活中心》立法,但更艰难的斗争还在后面。

　　埃德和朱迪发现自己处于政治封锁的中心,对残疾人民权至关重要的立法实施受阻。1973 年的《康复法案》第 504 条在很大程度上被立法者忽视了。当美国卫生教育福利部门开始权衡实施该法案可能引起的后果时,他们估计将要花费数百万美元。福特政府采用拖延的策略来应对这个问题,实施该法律的法规草案迟迟没有发布。吉米·卡特在总统竞选中抓住这个问题,并承诺完善相关法规。这个任务落到了卡特的卫生教育福利部秘书约瑟夫·卡利法诺肩上。在最初的审查中,约瑟夫担惊受怕，开始着手修订法规。但是，修订一再延迟，有传言称，拟议修改的法规草案将大幅削减目前提供的保护。《残疾儿童教育法案》自1975年通过以来，也因类似的原因推迟实施，而卫生教育福利部似乎不愿向前推进。虽然弗兰克·鲍（Frank Bowe）领导的一个名为"美国残障公民联盟"的残障组织在约瑟夫家外举行烛光守夜活动，要求他立即发布法规，但是，约瑟夫还是拒绝采取行动。弗兰克领导的残障组织联系了全国其他残疾团体，3天后，残疾活动人士在华盛顿特区和卫生教育福利部的8个地区办事处举行示威活动。由于约瑟夫对抗议者的行为感到怒不可遏，他严禁为抗议者提供任何食物和信息，华盛顿特区的抗议者在28小时内就屈服了。接着，各地的示威活动接连爆发，抗议约瑟夫愤怒的报复行为。最后，只剩下一群人坚守阵地：朱迪的示威者占领旧金山地区卫生教育福利部办公室的六楼长达25天。朱迪对示威者在其他城市的遭遇感到愤怒，她和示威者决定"顽强不屈，坚持到底"，他们被剥夺了食物、必要的医疗用品和卫生用品。然而，抗议者的困境和勇气引起了媒体的注意，这条消息传遍了全世界，"这些人甘愿冒着生命危险，争取在法律上获得平等待遇的机会。"随着媒体的报道，他们对事业的热情和不顾一切取得胜利的决心与日俱增。他们得到了一些意想不到的支持，其

第 4 章 朱迪·休曼

中包括一名州议员。在示威活动进行大约一周后，他坚持要求给示威者提供食物。旧金山市长提供充气床垫和带淋浴喷头的水管，当地商店、餐馆和民权组织捐赠食物和物资，富有同情心的职员在大楼里偷偷地来回运送食物、传递信息。绝望的约瑟夫试图与示威者讨价还价，主动提出通过一项修改法规，示威者发现完全无法接受。朱迪怒斥法律允许为残疾儿童开设隔离学校，并宣称修改法规令人憎恶。她谴责实行强制隔离的企图，公然表示他们拒不接受。她强烈表示，示威和静坐活动不会停止，除非政府认识到对残疾人的隔离政策现在不能接受，将来也不会容忍。

最后，约瑟夫向示威者屈服，向越来越多支持残疾人事业的民众做出让步，签署了未作任何更改的法规和《残疾儿童教育法案》条例。示威者凯旋，他们知道他们齐心协力，在捍卫基本权利的斗争中取得巨大的胜利。他们第一次认识到自己有能力引起变革。

但是朱迪知道战斗还远没有结束。她坚信，有效行动主义的最佳路径是把各类残障人士联合起来，他们有意愿且有能力为共同的理想而战斗，通过交流沟通、开发支持他们立场的数据以及共享信息来发展壮大行动主义。不幸的是，政治气候正在发生变化。1980 年，罗纳德·里根（Ronald Reagan）成为总统，并开始实施朱迪称之为"刀耕火种"的议程。里根和他的政府决定分散联邦政府的权力,缩小联邦政府的规模,朱迪觉得,他们几乎没有考虑过政府改革会给民众生活带来怎样的剧变。在里根执政时期,朱迪先后被两个委员解雇,她后来认为这是值得骄傲的事情。不过,里根任命贾斯汀·达特开始起草《美国残疾人法案》,这一举动意义重大、影响深远。

朱迪曾与埃德在加州教育部工作过一段时间,但这是一项政治任命。在杰里·布朗卸任州长后,他们的使命也随之结束。朱迪和埃德意识到他们的工作时日不多了,任期即将结束,便开始谋划自己的未来。

1983年,朱迪与埃德、琼·莱昂共同创办了世界残疾问题研究所。世界残疾问题研究所位于加州奥克兰,是一家公共政策研究和培训机构。世界残疾问题研究所在很多问题上开展研究工作,包括为建立个人援助服务提供支持的调查研究,呼吁社会关注老龄问题和残疾问题的倡议研究以及其他研究。世界残疾问题研究所还关注国际残疾人事务。1972年,朱迪视察海德堡残奥会时,对当地富足的生活和先进的社会福利政策感到惊讶。她坚信美国可以借鉴其他国家处理社会和残疾问题的经验,而世界残疾问题研究所的主要任务就是促进国际学习和交流。

第 4 章 朱迪·休曼

然而，世界残疾问题研究所的最高成就可能是它在制定和通过《美国残疾人法案》中发挥的作用。朱迪、埃德、琼与贾斯汀·达特、帕特里莎·赖特和埃文·肯普在内的其他人一起推动了 1990 年的《美国残疾人法案》在国会获得通过。该组织的努力得到了几位议员的支持，其中包括参议员汤姆·哈金（Tom Harkin）和他的助手博比·西尔弗斯坦（Bobbie Silverstein）。为了共同支持这项立法，世界残疾问题研究所和朱迪将不同残疾群体联合起来，他们在这个过程中发挥了重要的作用。朱迪在联合委员会上现身说法，讲述了她在生活中遭遇的各种歧视及切身感受。他们遇到了无数的障碍、推诿和挫折，但在 1990 年 7 月 26 日这天，布什总统最终签署了这项法案。这是一个让所有人欢欣鼓舞的日子，他们对一个允许残疾人全面和平等参与生活各个领域的社会抱有共同的愿景。朱迪像其他人一样，知道该法案通过并不意味着平等立即就会到来，但她知道这是一个真正的历史性时刻，她也知道自己在促成这一时刻的到来中，扮演了怎样的角色。她这个来自布鲁克林的小朱迪，这个曾经把学校管理人员吓得半死的"火灾隐患"，竟然对国会山的许多人直呼其名。当停下来想想这些时，她感到非常震惊！

特殊教育和康复服务办公室

不幸的是,《公共法》第 94-142 条（现已更名为《残疾人教育法》）和《美国残疾人法案》的通过并不意味着立即实现平等，这被朱迪言中了。朱迪一直忙于抵御对立法的攻击，并试图鼓励政府支持监管机构努力确保法规的实施。州长比尔·克林顿即将成为候选人，这让她深受鼓舞。她认为克林顿是一个进步的领导人，似乎能理解普通人所面临的问题。1992 年 12 月，她接到残疾人总统委员会主席鲍比·辛普森（Bobby Simpson）的电话，询问她在新政府中可能对什么样的角色感兴趣。朱迪冥思苦想了很久，她知道，她感兴趣的工作必须通过年长者影响孩子们的生活，必须考虑到政策对残疾人和健全人都起作用。她还必须能够在其他不关注残疾问题的联邦机构内部产生影响。

经过慎重考虑和联邦调查局的广泛调查，朱迪被克林顿总统提名并任命为美国教育部特殊教育和康复服务办公室助理秘书。朱迪接受了任命，开始管理政府办公室，该办公室负责监管国家职业康复项目、《残疾儿童教育法案》（后来更名为《残疾人教育法》）及国家残疾康复研究所。国家残疾康复研究所为残疾和康复领域的研究提供了数百万美元资助。今天，朱迪办公室制定的法

第4章 朱迪·休曼

规是她20年前费尽千辛万苦从美国卫生教育福利部部长约瑟夫那里争取来的。她与政府最高层的立法者和监管者沟通交流，发现自己必须继续扮演积极分子的角色。关键的残疾人民权立法仍在不断受到攻击，要使法律法规更好地适应残疾人不断变化的需求，仍有大量工作要做。担任助理秘书期间，她面临的一大挑战是重新授权《残疾人教育法》。朱迪发表公共演讲和学术论文，不知疲倦地参加活动，确保立法的重新授权，确保《残疾人教育法》的条款保持不变。1997年6月4日，朱迪在签字仪式上向在场的官员和来宾发表了讲话，热情洋溢地阐述了她的办公室及所有助力实现《残疾人教育法》重新授权的人取得的非凡成就。

今天，我们终于结束了"为你的孩子做点什么，就意味着对我的孩子少做点什么"这种有争议的、错误的争论。我们可以看到，未来充满希望。如果美国的经验告诉我们什么的话，那就是扩大机会让我们所有人都振作起来。让我们成为一个令人自豪的国家，为我们所有的孩子负责……我们已经取得很大进步，但我们知道我们可以，而且必须做得更好。取得进步需要坚定的伙伴、积极的合作，以及对所有孩子的关爱。该法案将为残疾青年提供的优质教育资源和工作机会比我们国家历史上任何时候都要多。今天是个灿烂的日子，我们重申，我们承诺……现在，真正的工作开始了。

回顾担任助理秘书所做的工作时，朱迪把想象中的工作和实际情况进行了比较，不由得会心一笑。她发现，这份差事要处理的工作量和问题的多样性超出了她本人或任何人的想象，但却为她提供了一个平台，让她实现了许多目标。朱迪能够以积极的方式影响政府项目，鼓励教育部关注特殊教育和康复服务之外的残疾问题。现在，她的办公室工作人员在其他办公室委员会任职。她成功创建了一个办事处，在这里，不同的支持者感到宾至如归，不同残疾团体可以扮演更"亲力亲为"的角色，更积极参与其中。她认为，家长们越来越多地参与学校改革，这是件好事。此外，她能够跟政府中的其他人在一些与残疾人无关，但对他们很重要的问题上结成联盟。例如，朱迪积极参与筹备美国第一届国际妇女大会。

朱迪认为《残疾人教育法》的通过是她办公室的一次重大胜利。这项立法是由她办公室起草，他们赢得许多重要的战斗，才使这项立法得以通过。该立法带来了许多质的变化，会显著改善残疾儿童的教育状况。然而，她知道战斗远未结束。现在，她的办公室必须起草法规来实施立法，而法规的执行将是一个巨大的挑战。她也知道，《劳动力投资法》还有很多工作要做。

虽然还有很多事情要做，但朱迪知道政府将再次换届，她将不得不再次考虑自己想要做什么。她真的不知道该做什么，这让她有些担心。同时，她知道机遇总会在你最意想不到的时候出现。她相信，机遇会像往常那样再次降临。

真是漫长的一天，到现在还没有结束。她看了看表，现在是下午4点40分，她还有20分钟就得去参加全国康复协会政府事务小组的招待会。招待会结束后，她和丈夫在睡觉前有几分钟的独处时间。朱迪的眼睛扫视着桌子，搜寻有待解决和尚未厘清的问题。还有没有不能拖到明天解决的事情？看到母亲的粉色留言条，她的眼睛亮了起来——紧急！她回想起那天早上，她在电梯里的纠结。一方面，她担心电话会议迟到；另一方面，她真切地感受到电话那头母亲的急切心情，新搬来人家的女儿想学医却走投无路。这对她的母亲来说是急迫的，对她来说也是急切的，对许多人来说也是如此，原因不胜枚举。朋友聪明漂亮的女儿受到了"体制"的不公正待遇，母亲为此愤慨不已，朱迪想到这里不禁笑了。她拿起电话往家里打，"嗨，妈妈，你还好吗？他们叫什么名字？嗯，嗯……他们的电话号码是多少？"

莎拉在朱迪的门外停了下来，她想在朱迪离开办公室之前给她几张电话留言条。但当她听到屋里的对话时，她暗自笑了。她知道朱迪很累，知道她的一天还没有结束，但她也知道朱迪正在做她最喜欢的事情。她关掉外间办公室的灯，把留言条贴在门上，然后打开门，引起朱迪的注意。她指了指那些便条，向朱迪挥手告别，朱迪也挥了挥手，继续她和母亲的讨论。当萨拉离开办公室时，她想起了朱迪曾经做过的一次演讲。在演讲中，她讲述了母亲为让她入学付出的艰辛努力。朱迪指着她的母亲说："她是你所见过的最坚强的女人——一个来自纽约布鲁克林的家庭主妇！"

"母女二人外表迥异，但精神品格毫无二致。"萨拉心想，她关上了门，看到门的周围散发出一圈圈光环。

Frank Bowe

第5章 弗兰克·鲍

布莱恩·T.迈克玛洪 著

惊人发现

弗兰克·鲍（Frank Bowe）的故事始于20世纪30年代末美国这个非同寻常的国家。那是1937年，宾夕法尼亚州的刘易斯堡坐落于萨斯奎哈纳河畔，北距首府哈里斯堡近两个小时的车程。这是一座安静的小镇，常往人口5000人，大多数人都与联邦监狱或巴克内尔大学有关。19岁的弗朗西斯·G.鲍（Francis G. Bowe）来自纽约，米尔顿附近的朋友给

他介绍了一份制造业工作。1941年,他在这里遇到了当地一名律师的女儿凯蒂·温莎(Kitty Windsor),两人于1943年结婚。之后,弗朗西斯乘船前往法国和德国军队服役。1947年,他们的儿子弗兰克出生,1949年女儿罗宾(Robin)出生。

从1岁开始,弗兰克连续两三次感染麻疹病毒,他对这种疾病丝毫没有免疫力。为了控制可怕的高烧,医生开了一种新型"特效药"——可注射链霉素。不久之后,父母注意到弗兰克变得越来越沉默寡言。父亲预感情况不妙,就自己设计听力测试。起初,他会在大清早大声喊叫、制造噪音试图唤醒孩子,小弗兰克没有反应,他想也许孩子睡得太沉。但很快,弗兰克对河上过往船只发出的汽笛声和爸爸开车回家吃午饭的鸣笛声都无动于衷。爸爸用手敲着书,靠近玩积木的弗兰克,然而弗兰克对砰砰的敲击声毫无反应。

在盖辛格医疗中心进行了大量检查后,医生们最终确认弗兰克的听力严重受损,而且是永久性的。他们转诊到位于曼哈顿的哥伦比亚长老会医疗中心,找到小埃德蒙·J.福勒(Edmund J. Fowler, Jr.)医生。埃德蒙医生对弗兰克进行了数天的测试和检查,得出的结论是,弗兰克很可能出生时听力正常,但由于反复感染麻疹,使用链霉素,或者两种因素共同作用导致孩子两岁时失

第5章 弗兰克·鲍

去听力。他对弗兰克产生了浓厚的兴趣,由于父母警惕性高,弗兰克刚刚出现听力丧失,他的语言能力比先天失聪的孩子要强,这让他成为理想的受试对象。埃德蒙医生想进一步测试确定病因,但弗兰克厌倦了医生的反复检查,妈妈只好带他回家了。

弗兰克这样概括自己失聪的经历:

> 失聪意味着孤独,
> 你听不到人们在屋里走动时发出的声音,
> 除非你能看到他们,否则你和他们之间没有任何联系。
> 失聪也意味着,即使其他人和你同处一个房间,你也不知道他们在谈论什么。
> 没有偶然学习的机会,绝对没有。
> 妹妹偷听父母的谈话能学习,边玩玩具边听收音机可以学习,看电视节目和朋友攀谈也能学习。
> 但是,这些你都做不到。
> 你静静地坐在那里,做着自己的事情,对周围正在发生的事情浑然不觉。
> 失聪也意味着,当家人想告诉你或问你一些事情时,这个人必须通过触摸你或在你的视野范围内走动才能引起你的注意。

然后,开始缓慢、痛苦而又消耗情感的沟通过程。

跟你说话要不断重复,直到你明白为止。要使用不同的词语和句子反复表达3次、4次甚至5次。可是,你只能明白一句话里的某些词,其他的意思要靠猜测。

尽管他们爱你,希望你融入家庭的日常生活中,但是很快,你的父母和兄弟姐妹只在必要时才和你说话,没有闲聊,没有谈天说地。

你无法从闲谈中了解他人的点点滴滴,他的性格、个性、兴趣和忧愁等。

你只能从父母和妹妹的行为举止,以及同他们的直接交谈中来了解他们。

慢慢地,自然而然,你就越来越孤立了。(《打破陈规》,1986年,第21页)

父亲的选择,艰难的道路

弗兰克上幼儿园前母亲就开始教他识字了。早在特殊教育和"融合教育"的概念普及之前,像鲍氏这样的家庭就面临着选择普通教育还是"特殊"教育。医生和教育工作者一致建议弗兰克应该去一所特殊学校,但父

第5章 弗兰克·鲍

亲拒绝接受这个建议。父亲坚持认为，弗兰克绝不可以逃避任何困难。弗兰克必须直面他遇到的任何问题，不能以失聪为借口逃避问题或者得到原谅。虽然弗兰克后来质疑这个决定是否明智，但毫无疑问，他的不屈不挠和坚韧不拔部分源自父亲的影响。

一开始，弗兰克就读于公立学校，助听设备和唇读课把他从社交孤立中解脱出来，但手语是严格禁止的。邻近的布卢姆斯堡师范学院一位实习老师开设了唇读课，他上了几百个小时，十分枯燥乏味。这些课程让他对自己的未来感到焦虑，他不知道未来的校园生活会怎样，也不知道离开校园后生活会怎样。他逐渐意识到，一个人的谈话内容只有30%在嘴唇上清晰可见，所以唇读充其量是一项不完美的技能。因此，从小学、初中到高中，直到上大学，弗兰克的许多年都在沉默中度过。

有一天，弗兰克从图书馆借了本童子军手册。他对侦察不感兴趣，但对书中的一页草图非常感兴趣，上面展示了如何用手势来表示字母表中26个字母和一些数字。有了这些手势，聋哑人（及童子军）可以学会"用手语交谈。"弗兰克兴奋不已，他把自己的发现告诉父母。不料，父亲立即打消他的念头：

> 弗兰克，我知道这一天会到来的，所有医生、

> 所有人都极力反对使用手语，因为一旦你学会了手语，你就不会说话了。如果不学唇读，你只能和为数不多的几个懂手语的人交谈。我们把你养大不是要把你扔进贫民窟，我们的选择是这样的：要么把你带到一个有听力的世界，这恰好是我们的世界；要么把你交给聋哑人世界，那就意味着放弃你。你对我们太重要了，我们不能这么做。再说了，艰难的道路才是最佳道路。(《打破陈规》，1986年，第92页）

弗兰克在1986年出版的自传《打破陈规》中，坦率地讲述了许多成长过程中的轶事。有些轶事专门讲述他的失聪，有些则是描述正常的成长经历，时而幽默，时而尴尬，如学校教育、同伴冲突、伙伴友谊、少年联盟、网球运动，以及与女孩约会等。然而，在教育方面，很明显，传记对于弗兰克的失聪几乎没有提到我们现在所说的"适应"。

回首往事，弗兰克说：

> 现在我可以微笑面对，但我的成长岁月是痛苦的，这个世界对我来说没有意义。例如，5岁时，为了上幼儿园，我努力地认真准备——这本身不是很

第5章 弗兰克·鲍

荒唐吗?——结果却发现幼儿园主要是唱唱歌。这是我收到的第一个信号,它告诉我这个世界不会为我做出任何让步,哪怕是1英寸。从入学直到12年级,学校从来没有给我提供过手语翻译、记录员、指导教师或其他任何帮助。

事实上,上初中的时候,我必须上整整两年的音乐课。更糟糕的是,音乐老师考试不发试卷,而是大声说出每个问题让学生回答,这让我一头雾水。至少90%的内容我都没听懂,这是我有史以来最愚蠢无能的一次,我想在学校历史上还没有人音乐课"不及格"!音乐课期末考试居然只考察听录音和音乐赏析。

音乐课毫无意义,荒谬可笑,然而,我们许多成年人在童年和青年时期却不得不忍受这样的事情。我很高兴今天的残疾年轻人成长在一个更加理性的世界里。我认为只有更多地了解失聪,你才能理解这一点。但是,学习英语阅读是最困难的事情。直到九年级,我才学会阅读,学习其他知识。现在我可以告诉你,学习阅读是我必须做的最困难的事情。阅读让我充满信心,因为我做到了!

一个失聪的人在那个时代,那个地方长大,没有手语翻译,没有字幕,没有社交生活。那么多年,在一个陌生的地方做一个陌生人……很难想象我的童年和青春期会如此孤独。

回想起来,那段经历令人窒息。我想我的幽默感,也就是具有讽刺意味的幽默感,正是来自于这种经历。(《个人通信》,1997年)

尽管早年成绩一般,但弗兰克在高中选择了学术型的"大学预科"课程,而不是为残疾学生规定的"职业"课程。小弗兰克在课堂上交流的信息有限,为了弥补不足,他如饥似渴地大量阅读。特别是安·兰德(Ayn Rand)的《源泉》这本书,让他深刻认识到伟大的创举是有可能的,甚至对他来说也是如此。

在巴克内尔大学咨询中心的一个高强度的夏季测试项目中,著名顾问艾伦·艾维(Allen Ivey)证实弗兰克具有在高学术水平上竞争的天赋和能力,这更加坚定了弗兰克的信念。弗兰克在学业上追求卓越。1965年,他在188名毕业生中位列第13名,与他早年的成绩相比进步显著。他还擅长打网球,不论自己单打还是和别人组合双打,他都很受欢迎。当弗兰克找到擅长的领域时,他发现青少年时期经历的社会孤立感开始逐渐消散。

弗兰克决定去西马里兰大学,主修英语、哲学和宗教。作为网球队队长和兄弟会成员,弗兰克结交了很多朋友。他参加的男子领导力协会"奥秘克戎·德尔塔·卡帕"也很有意义。当时社会政治事件对弗兰克的价值观产生深刻而持久的影响。马丁·路德·金(Martin Luther King)和罗伯特·F. 肯尼迪(Robert F. Kennedy)遇刺身亡、对美国加速介入越南事务的抵制情绪日益高涨、围绕性解放和毒品泛滥的"文化革命"以及激进的民权运动,这些事件对他产生的影响长达数年之久。民权成为弗兰克认真研究的课题,他认为民权问题无疑是善与恶之间的斗争。他仔细分析各利益相关者的立场,这些分析为他未来的倡权工作提供了战略和战术的基础。

临近毕业的一天,发生了一件事情,它永远改变了弗兰克的人生。行驶在西弗吉尼亚的高速公路上,他注意到在西弗吉尼亚,临近弗雷德里克的地方有一所聋哑学校。

> 我想,刚好在聋哑学校停一下。
>
> 几分钟后,我发现自己被带到一间满是十一二岁孩子的教室。我单膝跪地,和他们每个人交谈。他们飞快地挥动着手指,舞动双手,这些手势我完全不懂。但他们似乎对我的助听器很感兴趣。
>
> 一个名牌上写着丹尼的男孩走到我面前指指我,

又指指他自己。然后,他做了一个简单的手势,加入我们的行列。

"他说的是你们俩'一样'。"我的陪同翻译道。

我转向丹尼,"是的,我们一样。"我用手语回答他。

他面露喜色。过了一会儿,这群孩子把我围了起来。我的陪同所能做的就是跟上他们的提问:我来自哪里?我什么时候聋的?我做什么工作?我有兄弟姐妹吗?

我回答了所有的问题,然后请求离开。我激动万分,突如其来的强烈亲近感、归属感,以及被需要的感觉令我不知所措。我知道除了我自己,我没有什么能给予那些孩子的。

但是,我知道在哪里学习我必须知道的东西:加劳德特大学。(《打破陈规》,1986年,第164页)

弗兰克当场就发誓要做点什么来帮助这些"小弗兰克们",但他意识到仅有良好的意愿是不够的,他需要具备能力,才能为这些孩子提供良好教育。1969年,弗兰克以最优异的成绩从西马里兰学院毕业,打算接受加劳德特大学的奖学金继续攻读聋人教育硕士学位,他的父母为他感到骄傲。

第5章 弗兰克·鲍

加劳德特大学时代

很快,弗兰克全身投入失聪者语言和文化的研究中。在求学的过程中,一位研究聋人心理学的学者麦凯·弗农(McCay Vernon)把弗兰克安排在联邦康复服务管理局做研究助理。这个机会让他接触到最先进的感官损伤研究,也让弗兰克在华盛顿建立了一些人际关系,包括联邦康复服务管理局的传奇主管玛丽·斯威策(Mary Switzer)。

弗兰克花了将近一年的时间才掌握手语。亲身经历让他深信,手语对失聪儿童没有任何害处。生平第一次,弗兰克能够理解人们之间的对话:

> 我能看到,它就在我面前。
> 我花了几个小时坐在会议室里,观看他们用手语进行一个又一个对话。
> 这是一次美妙而令人欣慰的经历,我终于解开了这个困扰我多年的谜团。一方面,我略感失望:大多数对话枯燥乏味。另一方面,我心驰神往,人们实际表达出来的只是部分意思。我看到两个人彼此很熟,互相打断对方的话,替对方说完。我也能看出,亲密的朋友之间会用简略的表达方式,无须

说太多就能心领神会。(《打破陈规》,1986年,第169页)

与此同时,关于耳聋的研究实际上在大量激增。截至1970年,人们普遍认为"完全交流"(包括说话、唇读、手指拼写和手语)是聋哑儿童最好的交流策略。弗兰克的父母对手语的理解是错误的,他自然想和父母分享他的发现。考虑到父母当时所能得到的信息有限,弗兰克承认他们做出了对他们来说唯一合理的决定。然而,当讨论这个问题的时候,父亲仍然不妥协,捍卫他原来的立场。弗兰克让他们学习一些手指拼法和手语,这样他就可以跟家人分享他发现的所有交流方式的细微差别。但他们拒绝了,尽管弗兰克理性地接受这一点,但他仍然深感失望。

向孩子、学者和导师学习

毕业临近时,弗兰克很想立即攻读博士学位,继续他的学术生涯。然而,他记得自己对宾夕法尼亚州中部孩子们的承诺,这些孩子迫切需要特殊教育服务。布卢姆斯堡师范学院为他提供了千载难逢的好机会,弗兰克被雇来寻找需要帮助的孩子,筛选和选拔前途无量的项目候选人,开发并教授必要的课程,管理项目的各个

第5章 弗兰克·鲍

方面，以提高他们的教育水平。弗兰克第一批招募了7名学生——格伦达、克里斯、克雷格、帕梅拉、史蒂夫、蒂娜和霍普，这个项目开始蓬勃发展。他还给数十名实习教师和治疗师教授手语，并邀请他们为孩子们服务。尽管有无数家庭需要走访，有多场活动需要组织，但这是一份他热爱的工作。弗兰克的工作证明这个项目是有效的。当学区承诺投入必要的资源扩大项目时，他认为自己在那里的工作已经完成，该继续自己的学术生涯了。

1972年，弗兰克考取纽约大学教育心理学博士，全职从事研究工作，并教授耳聋教育与康复课程。他的研究成果丰硕，在全国各地做了几十场专业报告和学术演讲。在纽约大学读书期间，他遇到菲利斯·施瓦茨（Phyllis Schwartz），经过6个月的恋爱，两人步入婚姻殿堂，居住在华盛顿广场公寓村的一套公寓里。很快，他们就有了两个健康的女儿，多兰（Doran）和惠特尼（Whitney）。

当弗兰克以优异成绩完成博士学业时，他与政治斗士、纽约市市长残疾人事务办公室主任尤妮斯·菲奥里托（Eunice Fiorito）成为朋友。尤妮斯是一名盲人精神病社会工作者，极大地鼓舞了弗兰克的斗志。1975年，尤妮斯成立美国残疾公民联盟。她跟弗兰克描绘自己的梦想，那就是发起一场由残疾人自己领导的全国民权运动，目的是在美国生活的各个方面实现机会平等。尤妮斯告诉弗兰克，她坚信现在是数十个残疾人组织走到一起实现所有残疾人目标的时候了。经过几次会谈，弗兰克确信美国残疾公民联盟是实现这些变革的有利组织，他和尤妮斯知道他们应该从哪里开始。

1973年的《康复法案》第504条现在已成为法律，它将成为《美国残疾人法案》的原型，即所谓的为美国残疾人制定的"权利法案"。简而言之，第504条禁止在联邦援助项目中歧视残疾人或精神障碍者：

> 在美国，所有残障人士……在任何接受联邦财政援助的计划或活动中，均不得仅因其残障而被排除参与，被剥夺福利或遭受歧视。（《打破陈规》，1986年，第183页）

由于美国政府资金的广泛支持，这些"计划和活动"惠及学校、大学、州政府、医院、图书馆、公共交通设施、邮局、机场，以及所有其他接受或受益于联邦拨款的机构。第504条措辞强烈、意义深远，它将有可能彻底改变美国残障人士的生活体验。

由于假定成本过高，该法律曾两次被尼克松总统否

第 5 章 弗兰克·鲍

决。第一次否决确实激怒了仍在读博士的弗兰克,因为其他少数族裔的权利从来没有考虑过费用问题。为了鼓励国会推翻这一决定,他和华盛顿特区的同事一起进行游行示威。示威过程中,他结识了国会工作人员,包括当时与参议员哈里森·威廉姆斯(Harrison Williams)共事的丽莎·沃克(Lisa Walker),以及与众议员约翰·布拉迪马斯(John Brademas)共事的杰克·邓肯(Jack Duncan)。一段温暖而持久的友谊由此开始,在未来的岁月里,弗兰克从这段友谊中受益良多。跟这些同事交流的过程中,弗兰克逐渐意识到,民主党控制的国会正在摩拳擦掌准备挑战帝王总统尼克松,他的愤怒情绪因此得到了缓解。他开始把国会看作行政部门的"平等的伙伴",因为它拥有推翻总统否决的权力。"总统提议,但国会做主"已不再是陈词滥调,他要向国会寻求盟友,支持残疾人的权利运动。

弗兰克早期积累了许多经验,其中一条就是运用情感来激发动力和热情,同时用理性和策略来平衡,以取得成效。随后,第二次否决被参议院推翻,但在1976年该法律颁布三年后,美国卫生教育与福利部仍未颁布实施第504条的法规。实际上,这种不作为将第504条"边缘化"到了陈词滥调和一纸空文的地步,没有人认真对待。法律已经颁布,但不起任何作用。

空前活跃

弗兰克和尤妮斯深入研究这个问题，提出各种解决方案并进行评估。为了实现第504条的承诺，必须有人向联邦政府的行政部门施加压力，法规必须完成并立即获得批准。尤妮斯知道如何做到这一点。五月，她邀请弗兰克担任美国残疾公民联盟公司的首席执行官。她坦率地将这个职位描述为每天24小时同假想敌人作战——几乎从零开始为一个全国性组织建立总部办公室，吸纳运营资金，招聘员工，同国家的高级政治官员做斗争，争取备受争议的公民权利。

弗兰克犹豫了。他最近刚结婚，这对年轻的夫妇几个月后将迎来他们的第一个孩子。他曾期待成为一名学习和记忆研究人员。尤妮斯要求的是5年的服务承诺，在此期间，弗兰克有可能改善数百万美国人的生活。尤妮斯认为，当他重返学术生涯时，学习和记忆研究可能几乎没有变化。弗兰克动摇了，菲利斯的热情和全力支持让他接受了这个挑战。

弗兰克迅速采取行动，在首都设立美国残疾公民联盟办事处。要成为一个高效的说客，他需要的是信息。他收集了所有必要的数据，研究了人口统计数据、司法判决、未发表的研究报告、敏感备忘录和剪报等，并搜

第5章 弗兰克·鲍

遍了所有可用的信息来源，以揭露、记载和详细描述美国残障人士遭受歧视的现实。

1977年1月，约瑟夫·卡利法诺成为吉米·卡特总统任内的卫生教育与福利部部长。弗兰克与他进行了友好会谈，但毫无结果。歧视问题成为全国各地数十个自助组织的关注热点，因而大批资金和支持信函源源不断地涌向美国残疾公民联盟。

部长办公室又做出更多的承诺，要求大家保持耐心，但仍未采取任何行动。卡特政府关注的是成本问题及将残疾保护范围扩大到有药物依赖的人。弗兰克意识到这不再是一场法律斗争，而是一场政治斗争。他走遍全国各地发表演讲，目的是赢得当地国会选区基层民众的支持。弗兰克认为，解决这个问题的办法是将来自全国的压力施加给约瑟夫。1977年3月18日，弗兰克给总统写了一封信，并将副本发给约瑟夫。信中宣称，如果在3周后的4月4日前不出台相关规定，美国残疾公民联盟将在全国各地的卫生教育与福利部地区办公室发起大规模静坐示威。3月26日，杰克·安德森（Jack Anderson）在他的联合专栏中发表了一篇题为"残疾人计划——10个城市静坐示威"的文章。甚至有国会议员也加入该行列，要求约瑟夫采取实际行动。

接下来发生的事情完全出乎弗兰克预料：4月4日，

约瑟夫召开媒体记者招待会，宣布他"支持"这次示威活动，并要求所有卫生教育福利部工作人员与抗议者充分合作，行使受宪法保护的言论自由。

示威活动开始了，在华盛顿特区，约瑟夫亲自接待了示威人群，承诺"很快"就会发布相关法规，并表示这些法规将会是"公平的"。他说："感谢今天在场的各位，是你们帮助我让全国人民关注各种不公现象，这些不公现象正是本届政府决心解决的。"然后，他礼貌地要求示威者离开。

在卡特政府执政的头几个月里，可怕的噩梦接踵而至。示威者不愿离开，他们根据约瑟夫的命令，提出要求并接受了甜甜圈和咖啡。直到一些抗议者的健康问题越来越令人担忧，他们才撤出华盛顿特区的办公室。有几个城市，静坐持续的时间更长，比如，在旧金山，静坐持续了整整25个昼夜。在一些城市，抗议者险遭逮捕，由于监狱没有无障碍设施，这些残疾抗议者最终被释放。示威者对卫生教育与福利部总部的撤离感到失望，包括朱迪·休曼（Judy Heumann）在内的一支加州小分队飞到华盛顿。他们在约瑟夫的家门口抗议，跟着卡特一家到教堂，试图重新占领卫生教育与福利部总部，但没有成功。最后，所有的抗议者都回家了。第二天，1977年4月28日，国务卿约瑟夫召开记者招待会，宣布

颁布他在当天早上七点半签署的法规,他说:

> 第 504 条法规抨击了歧视行为、有损人格的行为及困扰国家残疾公民的不公正行为。它们反映了国会的认识,尽管身患残疾,大多数残疾人仍然可以过上自豪和富有成效的生活。它们将为残疾人开启一个平等的新时代,在这个时代,阻碍自给自足和体面待遇的不公平障碍将在法律效力面前开始消失。(《打破陈规》,1986 年,第 193 页)

1973 年,《康复法》第五编的关键部分现在得以实施。第 504 条关于禁止在任何接受或受益于联邦财政援助的项目或活动中歧视残疾人,将在全国范围内产生深远的影响。值得注意的是,这条法规使得无障碍设施几乎遍布美国所有机场及大多数公立学校、学院、大学、图书馆、医院和社会服务机构。第五编第 501 条要求联邦机构在就业方面不得有任何歧视。这表明,残疾人可以在各种工作岗位上有效工作,而且雇主给他们提供的无障碍设施成本相对较低。然而,参与编写第 501 条的任何人都没有预料到,在该要求生效后不久,联邦政府就业率开始停滞不前,第 501 条对降低残障人士失业率的影响也因此大打折扣。

第五编第502条也遭遇了同样的处境。该条款规定残疾人可以进入联邦政府出资的建筑物，但是，该法律颁布后的几年里，新建的联邦建筑屈指可数。第503条要求持有联邦政府合同（如IBM持有向联邦机构提供电脑的合同）的私营公司采取平权行动，其效果与第501号条款十分相似。这说明残疾人可以成为有生产力的劳动者，他们的膳宿费用也不高。然而，在该要求生效后的几年内，大多数受503条款约束的公司却在逐渐"裁员"。

尽管如此，《康复法案》第五编依旧影响重大，因为它开创了历史先河，证明了公平的就业机会和障碍的消除可以通过合理的方式实现，而且两者都不需花费太高，这不能不令人感到惊讶。在确保国会于1990年通过《美国残疾人法案》时，这两点被一再引用。第五编还提出了一套判例法，证明"合格""残疾""合理变通"等关键术语的定义是可行的，可以在现实世界中得以实施。这个判例法连同弗兰克等人汇编的研究结果及联盟政治的复苏，成为1964年以来最重要的民权法案——1990年《美国残疾人法案》——最终获得通过的关键因素。

随着1977年的卫生教育和福利部总部示威活动的进行，30岁的弗兰克成为美国残疾人权利运动的重要发言人。作为美国残疾公民联盟的执行董事，弗兰克成为该

第 5 章 弗兰克·鲍

运动的首批国家领导人之一,他自己也是一名残疾人。他用非凡的研究技能来研究和记录妨碍残疾人平等参与美国社会的公众态度和政府行为;他运用出色的演讲技巧,以独特方式阐述残疾人权利事业的奋斗目标,在某种程度上把残疾人事业推到一个前所未有的高度。弗兰克意识到,他的成功在很大程度上取决于他筹集资金和提高残疾意识的能力。为此,他开始求助于笔的力量。

弗兰克在他的第一本书《阻碍美国：残疾人的障碍》（1978年）中指出了妨碍残疾公民完全融入美国社会的六大障碍：建筑障碍、态度障碍、教育障碍、职业障碍、缺乏法律援助和个人障碍。他认为，美国社会坚持残疾人"不能"的观点，从而强化了这些障碍。

> 200年来，我们为大多数身体健全的普通人设计了一个国家——我们为残疾人创造了一种形象，这可能是他们面临的最大障碍。美国残障人士……正因为如此，我们正在阻碍美国自身的进步。（《阻碍美国》，1978年，第7-8页）

这是一种激进的观点，它挑战了普世理念，即认为残疾问题在某种程度上是残疾人自身的问题，适应社会是他们的责任，而不是与之相反的观点。

1980年，弗兰克公布了他实现残疾人完全融入社会的计划。在《康复美国：迈向独立的残疾人和老年人》一书中，弗兰克有意将残疾人的现状和未来与美国老年人联系起来。他认识到，残疾和老龄化在人口统计学上密切相关。美国婴儿潮一代的老龄化最终会给残疾人和老年人带来巨大的政治影响，这将有助于实现他们的目标。弗兰克再一次运用他的数据和研究知识，有力论证了美国隔

第 5 章 弗兰克·鲍

离残疾人的现有成本远远高于在无障碍设施、融入社会、融合教育和康复方面的必要投资。弗兰克阐述了这些投资最终将如何通过增加就业和扩大课税基础来收回。

这本书很受欢迎，但经常会遭到质疑：我们怎么能负担得起？弗兰克确信，出于经济原因的抵制只是在掩饰大多数美国民众内心对残疾人的不满，以及对旨在"照顾"残疾人的古老制度和政策的不满。

> 我们创造了残疾人的形象，这可能是他们面临的最大障碍。我们看到了残疾：铬金属项圈、皮革牵引带、导盲犬、助听器、拐杖，却对人视而不见。就像我们似乎看不到穿警察制服的男人一样，制服和与之匹配的文化期望令人印象如此深刻，我们也看不到坐在轮椅上的女人。我们没有看到也不想看到她的能力、兴趣和欲望。（《康复美国》，1980 年第 8 页）

1976—1981 年，弗兰克在美国残疾公民联盟任职期间取得了许多辉煌成就。在那段时间里，他领导一个 20 人的小组，成员包括律师、研究人员、培训人员和行政人员。在他的领导下，美国残疾公民联盟在民权、交通、社会保障及住房、教育、康复和辅助技术等领域里的立法和监管取得重大成果。他曾多次担任联盟主席职务，并担任美国国会技术评估办公室顾问。他与美国众议院科学和技术委员会进行磋商，并起草了创建国家残疾与康复研究所和国家残疾委员会的原始立法。但最重要的是，弗兰克负责将残障群体中分散的选民凝聚在一起，成为推动进步的巨大力量。弗兰克完成对尤尼斯和联盟机构服务5年的承诺后，于1981年离开了美国残疾公民联盟。由于残障团体内部存在分歧，美国残疾公民联盟于1986年解散。不幸的是，从那时起，这个国家就再也没有一个致力于残疾人权利的全国性联盟了。

全球事务和笔的力量

1979年，弗兰克担任美国残疾公民联盟执行董事期间，美国国务卿赛勒斯·万斯（Cyrus Vance）任命他为"联合国国际残疾人年"美国代表团团长。总理梅纳赫姆·贝京（Menachem Begin）邀请他访问以色列，为伤残退伍军人和残疾人提供建议。他还在维也纳和纽约同法国、英国、日本、加拿大和联合国代表进行磋商。

弗兰克的国际交流经历促使他收集了一些令人震惊的世界残疾人统计数据。他观察到，全世界有5亿残疾人，其中大约90%生活在第三世界国家。这一现实使得他的态度开始改变：

第5章 弗兰克·鲍

令我一再感到震惊的是，一个可悲的错误观念主宰着全世界5亿残疾人的生活：几乎没有办法帮助这些人，他们能力不足，身患残疾，什么也做不了。结果，数百万人的生活被无情地剥夺了，他们处境困难，而且往往寿命很短……每5个残疾人中至少有3个得不到成为独立自主、自给自足公民所需的最基本的教育、康复或其他援助。我对文字、统计数字和研究报告的力量几乎失去了信心。相反，我开始相信，必须夸大报道残疾人的能力。必须引导人们看到并相信，即使是最严重和最深刻的身心残疾也是可以、已经和正在克服的状况。(《反败为胜》，1981年，第152页）

纽约著名心理学家亚伯拉罕·马斯洛（Abraham Maslow）质疑心理学是对精神疾病的研究这一观点，他认为研究社会上的"生长锥"，也就是那些他称之为"自我实现"的人，我们可以学到更多。同样，弗兰克对患有不同残疾的6名人士进行了深入调查，他们的生活似乎证明了一个简单而显著的事实：残疾人能行。苏珊·丹尼尔斯（Susan Daniels）、南茜·夏普勒斯（Nansie Sharpless）、尤妮斯·菲奥里托（Eunice Fiorito）、史蒂芬·霍金（Stephen Hawking）、罗杰·迈耶斯（Roger

Meyers）和罗伯特·史密斯（Robert Smithdas）是弗兰克1981年出版的《反败为胜：战胜残疾的六位卓越人士》一书中的主人公。弗兰克在他们的成长过程中发现了一些共同之处，这些共同之处促成了他为残疾儿童制定的人权法案。

- 有权利获得帮助，从而成为一个全面发展的人；
- 享有和家庭其他孩子同等的自由和独立的权利（包括失败的权利）；
- 有权利将个人能力而非残疾视为成功的关键因素；
- 有权利把残疾视为一种需要克服的障碍，而不是沉重的责任；
- 有权利从家中移除不必要的环境障碍。

他发现，他们父母的教育方式如出一辙：理解而不溺爱，支持而不压制，引导而不指挥。这6位成功人士严于律己、勤奋好学、坚韧不拔、充满好奇、待人友善、情商极高，他们搜寻有关残疾的信息，使用科技手段，接受优质教育，享受较好的康复服务。最后，每个人都有现实的自我意识和粗犷的幽默感。在《反败为胜》一书中，弗兰克倡导一项国际政策，即发展支持服务，促进世界各地残疾人对以上述特征的发展。

第 5 章 弗兰克·鲍

弗兰克很谨慎,始终以经济学为依据,用事实和数据来而非个人轶事来为自己的立场辩护。在阿肯色州职业康复中心主任拉塞尔·巴克斯特（Russell Baxter）和康复研究和培训中心主任弗农·格伦（Vernon Glenn）的敦促下,弗兰克于1981—1984年接受了阿肯色大学客座教授的任命。在阿肯色大学,他出版了6本著作,包括《人口统计与残疾:康复图表》（1983年）、《美国残疾成年人》（1984年）、《美国残疾妇女》（1984年）、《美国人口普查与残疾成年人:50个州和哥伦比亚特区》（1984年）、《残疾成年黑人》（1985年）和《西班牙裔残疾成年人》（1985年）。在这些书中,弗兰克第一次准确地描述了福利院外的美国残疾人的状况。政治家和政策制定者再也不能逃避以下这些事实。

- 大约1/5的成年人是残疾人;
- 800多万残疾人得不到教育服务;
- 6名残疾人中有5人曾经是健全人;
- 残疾男性多于女性;
- 大多数残疾人处于失业或未充分就业的状态;
- 在南方和内陆城市,大多数残疾人生活在贫困线以下;
- 残疾在非裔美国人中更普遍。

弗兰克撰写编辑了 27 本书籍，部分书籍的国际发行量惊人，他还发表了 75 余篇期刊文章。弗兰克的大部分著作是关于个人电脑的设计和应用、帮助克服残疾带来的障碍、公众利益的倡权、社会政策对残疾人和老年人的影响及残疾人口统计。著作包括《个人电脑和特殊需求》《从出生到五岁：幼儿特殊教育》《有权使用交通工具》《联盟建设》《规划有效的倡议项目》《我也是聋人：12 位美国失聪人士》。编辑作品包括《参与公民》《康复自助团体》和《行动自如》。其中部分作品荣获残疾人就业总统委员会、全国聋人协会、美国图书馆协会和全国基督教徒和犹太教徒大会的奖项。1981 年，加劳德特学院授予弗兰克荣誉法学博士学位。

倡权是一种生活方式

从 1984 至 1987 年，弗兰克担任美国建筑和交通障碍合规委员会的研究主任，负责管理建筑和电信系统的研究合同，旨在造福残疾人和老年人。1987—1989 年，弗兰克在康复服务管理局专员贾斯汀·达特手下担任康复服务管理局第二区（包括纽约、新泽西、波多黎各和维尔京群岛）专员，管理 1.5 亿美元的公式补助金和自由支配补助金，监督 6 个国家职业康复机构、数百个康复设施、培训项目、独立生活中心和其他项目。在此期间，

第5章 弗兰克·鲍

时任霍夫斯特拉大学教育学院院长的洛伊斯·贝林（Lois Beilin）向弗兰克提供一份教职。

弗兰克参与《美国残疾人法案》的工作始于1988年2月，当时该法案的初稿由美国国家残疾委员会的律师罗伯特·伯格多夫（Robert Burgdorf）撰写，并提交给第100届国会。那次会议几乎没做什么，只有124名众议员和26名参议员作为联席保荐人共同签署了法案。到1989年第101届国会开会时，该法案已在罗伯特·西尔弗斯坦（Robert Silverstein）手中进行了重大修改。弗兰克的工作将主要集中在参议院方面，与汤姆·哈金（Tom Harkin）、泰德·肯尼迪（Ted Kennedy）和大卫·杜伦伯格（David Durenberger）等参议院倡议人密切合作。他们定期开会，不断磋商，频繁发传真沟通意见，提出建议，修改具体的法律措辞。虽然就业和公众准入的规定引起普遍关注，但弗兰克对第四编特别感兴趣，这一编历经多次修改。第四编要求为使用聋人通信设备的听障者和语言受损者提供电信服务，建立一个双向中继服务网络，由运营商将文本翻译成语音，将语音翻译成文本，从而使所有聋人和听力正常的人都能进行不受限制的电话交谈。实际上，它将为300万～1100万新客户提供电话接入服务。第四编还呼吁在未来可行的话，要使用先进技术。用今天的术语来说，使用先进技术就是使用语音对语音中继服务、语音合成器和视频电话。弗兰克自己使用的是一台英特尔奔腾电脑（视频进行了优化），这让他可以看到来电者，进行手语交流，或者进行更有难度的唇读交流。

弗兰克再次飞往全国各地发表演讲，鼓励人们（感官障碍者、认知障碍者、艾滋病毒感染者、脊髓损伤者、家长、教育工作者和学生）积极参与制定和支持这项立法。弗兰克确信《美国残疾人法案》会产生深远影响，有助于减少财政预算赤字，缓解劳动力短缺，激励残疾

第 5 章 弗兰克·鲍

人团体。但是,企业联盟和"灰狗"这样的运输公司却强烈反对该法案。这些资金雄厚的特殊利益集团担心遵守新法律会使成本高昂,便歇斯底里地怂恿人们写信给他们的民选官员阻止这种疯狂行为。幸运的是,弗兰克和其他支持者已经做好了准备,并且可以相当权威地引用第501、503和504条的经验。相关企业遵守这些法规,他们的生意丝毫未受影响,依然财源滚滚。事实证明,他们遵守新法的成本极低。

在《美国残疾人法案》立法过程中,弗兰克坚持要把很多重要条款写进法案,这源于他多年的研究经历、在倡权和制定国际政策方面积累的经验以及作为一个残疾人的亲身经历。首先,弗兰克坚持认为,《美国残疾人法案》不能成为一部平权行动法案,这一点至关重要。受其他民权法保护的群体(妇女、非裔美国人和其他少数族裔)将法案的目标和预定计划视为社会进步,但很快他们就把这些目标和计划看作是"配额制度,具有反向歧视效果"。平权行动条款与弗兰克在保守的宾夕法尼亚州中部形成的价值观不一致,更糟糕的是,平权行动的条款在政治上并不可行,尤其在国会和白宫的保守派中行不通。弗兰克确信,如果它们被列入《美国残疾人法案》的一个条款,那么它根本不会在立法上发挥作用。《美国残疾人法案》必须强调非歧视和平等机会,但不得要求优惠待遇。

其次，弗兰克认为，为了取得成功，《美国残疾人法案》必须平等对待各种残疾问题。此时，弗兰克已成为"聋人文化"运动和独立生活运动之间的桥梁，这两个群体关系紧张，不能彼此体谅、相互理解。弗兰克反对为任何单一群体提供专门服务或保护。他认为，重要的是，根据新法律，所有残疾人都应得到同样的福利和保护。

弗兰克在美国盲人联合会主办的颁奖仪式上担任嘉宾，充分展示了他的幽默感和对各种残疾人的关爱。在预定的午餐休息时间，弗兰克用胳膊肘碰了一下联合会主席示意他一起去洗手间，途中他打趣道："这是聋子给盲人带路。"这个故事在两个群体中广为流传。

由于弗兰克的积极参与，1989年的夏天是各种倡导团体、众议院、参议院和白宫之间的"妥协之夏"。"1989年6月，"弗兰克得意地说："我知道它会成功的。"

1990年7月，众议院和参议院以压倒性优势通过了《美国残疾人法案》。1990年7月26日，布什总统在白宫南草坪上签署了《美国残疾人法案》，有3000多名支持者、家长和政府官员出席，弗兰克很自豪地列席大会。但考虑到制定504条款的经历，弗兰克同样渴望参与制定全面实施法律所必需的法规，这项工作要求严格，而且费力不讨好。与504条款不同的是，签署仪式1年后，这些法规及时颁布了。

弗兰克担心的是，残障者在信息时代享受的便利条件，是否能像他最终期待的无障碍建筑那样便利。从1986—1988年，弗兰克担任美国国会聋人教育委员会主席。在1988年的报告《走向平等》中，他呼吁制定一项联邦法律，要求所有新电视机安装微芯片，使其能够播放字幕。这样的话，失聪者、外国人、年轻人或者学习识字的文盲都可以从电视字幕中受益。弗兰克前往东部地区，寻求电视机大制造商的支持。同时，他与参议员哈金合作，促使《美国残疾人法案》的最终版本取消了对电视字幕的要求，以便他们能够单独解决这个问题。哈金的兄弟失聪，这也是促成他们联手的原因之一。他们共同推动了作为公共法律101-431条的《电视解码器电路法案》的制定。该法案于1990年审议通过，1993年7月开始生效。

当前重要议题

这些天来，弗兰克在考虑其他问题。他认为，残障人士需要尽快正视一个可怕的现实：美国没有足够的资源来继续提供给那些许多残障人士一直依赖的福利项目，这包括附加保障收入和医疗补助计划。在弗兰克看来，这些收入再分配计划多年来保证了医疗保健和每月的支出，已经是相当慷慨了。与此同时，美国还投资数十亿美元消除建筑、通信和歧视方面的障碍，让残疾人更好地实现美国梦。弗兰克说："矛盾就在这里。一方面，社会把钱给了美国人认为无法自救的人。另一方面，社会采取重大措施帮助这些人自救。总有一天，选民们会说，'够了！你们该为自己的生活承担责任了！'"

弗兰克认为，总有一天，福利支出在联邦预算中所占的比例会让美国人民无法承受。他相信这天必然会到来，甚至即将到来。因此弗兰克不断警告这些福利的受益者和残疾人权利团体，这一天可能很快就要到来。他还与社会保障局和国会合作，搭建了更多帮助残疾人独立的桥梁，如职业培训、就业安置计划、个人援助服务及其他过渡性服务。弗兰克更喜欢这种未雨绸缪的方式，而不是突然中止目前的资助。当资金不足时，突然中止资助的情况就会不可避免地发生。弗兰克正在努力防止无家可归的现象再次发生，就像19世纪70年代和80年代那样，精神疾病患者离开收容所就会流落街头。

因此，在离开华盛顿特区15年后，弗兰克仍保持着一种"政策专家"的心态。他是华盛顿屈指可数的顾问团成员，掌握着全国残疾人权利组织和数千名残疾人的第一手资料。在会议、集会和演讲中，他倾听利益相关

第 5 章 弗兰克·鲍

者的观点，并与他们交换意见。他们的观点多种多样，他的所见所闻有时会让他烦恼：

> 我不确定残疾人权利运动组织对当今华盛顿的政局了解多少。独立生活中心主任、自助小组负责人和其他积极参与残疾人权利的人继续将联邦政府视为乐善好施的大叔，想要更多的福利、更多的服务、更多的权利。但是，在华盛顿，我看到了截然不同的景象。与我一起工作的大多数国会工作人员在1990年甚至都不在这里，更不用说在70年代《特殊教育法》和《康复法》颁布的时候了。今天的国会议员，主要是共和党人，倾向于把政府视为敌人而不是盟友。随着岁月的流逝，要在华盛顿取得好成绩将越来越难。(《个人通讯》，1997)

弗兰克认为，今天，残障人士的真正希望要寄托于私营企业。更多与残疾相关的服务、通信产品、辅助设备和技术革新都来自私营企业，大多数新的工作机会都来自那里，在那里可以找到更多对残障人士日常生活有意义的事情。弗兰克仍然很乐观：

> 所有这些都意味着实体经济政策——公司的招

聘政策、商店的无障碍政策、万维网设计政策，在20世纪90年代都对我们的生活产生了巨大的影响。这种影响不亚于，有时甚至超过了华盛顿宾夕法尼亚大道白宫的政策。对于许多残疾人权利倡导者来说，这确实是一个奇特的转变。许多人仍然抱着这样的心态"小生意不好做，大生意更糟糕"。如果想在就业方面取得进一步的进展，并获得生活所提供的一切，我们很可能不得不寻求像贝尔大西洋公司、花旗公司、IBM、微软和许多其他公司作为合作伙伴。事实上，如果我们做得好，这些公司可能会把他们有利于残疾人的就业政策和产品设计思维带到其他国家，推动世界范围内的残疾人事业。(《个人通讯》，1997)

弗兰克践行他的理念，与许多财富500强公司密切合作，包括纽约电话公司、贝尔大西洋、IBM、优利公司、施乐公司等。1981年，离开华盛顿后，弗兰克开始从事咨询工作，主要集中在人力资源、公共事务和公共关系方面。他还帮助这些公司使用现在称为"通用设计"的策略开发出易于使用的产品。例如，他协助纽约电话公司（贝尔地区运营公司）实地测试1995年推出的语音电话服务，人们只需说出某人的名字就能拨通电话号码，他帮助他们确定这项服务对那些声音异常的人也有用，如脑瘫或帕金森病患者。

圆梦学术

1988年秋天，弗兰克开始认真考虑贝林院长要他担任霍夫斯特拉大学教职的提议。他与家人的讨论已经持续了将近一年半，菲利斯一直都鼓励弗兰克从事学术研究，因为她知道学术始终是他毕生的职业目标。霍夫斯特拉大学位于长岛亨普斯特德，是全国首屈一指的无障碍大学。数百名残疾学生，从脑瘫患者到肌肉萎缩症患者，从失聪、失明者到学习障碍者，与11 000名身体健全的学生完全平等地坐在教室里上课。这所大学对无障碍环境的承诺和对残疾人的领导力的培养吸引了弗兰克。事实上，早在1964年，霍夫斯特拉的校董事会就承诺要实现全校园无障碍通行。哈罗德·尤克尔（Harold Yuker）是该校的教务长，是一位国际知名的学者，专门研究人们对残疾人的态度。霍夫斯特拉大学的教学理念体现了弗兰克职业生涯的全部追求。此外，他的几位同事，包括曾经的纽约大学同学（现任霍夫斯特拉大学教授）里拉·佩达泽·什未林（Liora Pedhazur Schmelkin）博士都告诉他，霍夫斯特拉大学的教学和学术环境非常好。他无法拒绝这个机会。

弗兰克在霍夫斯特拉大学担任咨询、研究、特殊教育和康复学系的教授。这个新的学系由不同学术领域合并而建，弗兰克对这些领域都很熟悉。对于一个没有学术职务的申请者来说，在名牌大学获得教授职位是一项不小的成就。然而，弗兰克的人生阅历、高水平论著，以及在学系内对多学科交叉合作的推动，最终为他赢得了这样一个职位。3年后，他被聘为终身教授。

作为一名教授，弗兰克以早起而著称，你总能听到他在电脑上敲击键盘的声音。学生们发现他平易近人，可以随时提出学术意见或建议。弗兰克教授大量的研究生课程，他非常喜欢这些课程，所以选择全年授课，包括贯穿整个假期的特别课程。这对一位教授来说是不多见的，很多人已经对教学"烦透了"，更愿意把时间投入到学术活动中。弗兰克因其对残障人士真诚的奉献、深厚的感情和对家庭的忠诚，以及卓越的教学水平受到同事和学生的高度评价。

据同事们说，学生对弗兰克的好评令人难以置信。弗兰克以精力旺盛而著称，他不断挑战学生的潜能。随着学期的推进，学生们都真切感受到他满腔热忱的教育情怀和无微不至的关爱。他不断更新和升级教学材料，从学生那里寻求反馈，了解他们的期望和收获。讨论问

第5章 弗兰克·鲍

题时,他会结合自己的亲身经历和人脉关系来阐述相关的法律和政策。这些人脉资源在课堂上为他提供了非凡的可信度,为他的教学"增光添彩",这在教育界并不常见。

弗兰克认为没有什么是理所当然的,他坚持不懈,努力学习更多的教学理论和方法,提高教学效率。他要求那些有罕见身体缺陷的学生住校,以便他们有更多机会接受指导。他认为,应该由老师而不是学生来努力消除课堂交流的障碍。尽管在教学方面的卓越表现得到了广泛认可,但弗兰克从不满足于此,"我一直在努力。"他说。为了表彰他在教学和学生指导方面的优异成绩,1996年霍夫斯特拉大学授予弗兰克大学年度杰出教师的称号。

弗兰克在多个委员会任职,有传言称,当讨论的问题不具备说服力时,他会主动提出让翻译休息一下。在弗兰克的世界里,这不是白日做梦,而是"选择性倾听"。在国会从政多年,他充满自信,政治悟性高,但有时直言不讳。众所周知,他机智聪明、冷峻而又不失幽默,爱搞恶作剧,时不时画几幅讽刺漫画。弗兰克还担任行政职务,事实上,尽管他的学术扎根于康复和研究领域,但他负责协调学系的特殊教育计划。他以真正跨学科的方式成功地弥合鸿沟,超越地域利益,服务大学的最大利益，服务他的学系和学生。特殊教育是一个大型的研究生项目，致力于为残疾儿童和青少年储备师资。

弗兰克继续以学者的身份进行创作，他是《康复教育》《残疾政策研究杂志》《智障》和其他专业期刊的编委会成员。他著有39本著作，包括两本研究生教材及几十篇期刊文章。

国会兼职

在霍夫斯特拉大学，弗兰克专注于让大学在电子信息方面变得像建筑一样可以自由进入。在他的技术与残疾课程中，他全面探讨了计算机和通信的使用问题。1996年，在霍夫斯特拉，他主持了一次"通往信息高速公路"的全国会议。像往常一样，他认识到他所做的工作对国家政策有潜在的影响力。1934年，通过了具有里程碑意义的《通信法案》，但该法案的修订工作拖延已久。当国会开始修编时，弗兰克发现自己再次处于谈判的中心。他几乎每周往返于纽约和华盛顿之间，与参众两院共同努力，确保《电信法》能够解决《美国残疾人法案》所没有解决的问题：让残疾人能够接触和使用先进的通信技术。

1996年2月，《电信法》由克林顿总统签署开始生效，规定几乎所有新的电信产品和服务都必须向残疾客户开放，包括移动电话及带有语音、数据和视频信号的新型数字电话。该法案还要求大多数广播和有线电视节目必须加上字幕。1996年的《电信法》要求电视节目制片人和分销商必须为他们提供的节目配上字幕，而这正好与1990年通过的《电视解码器电路法》衔接起来，最终实现了字幕功能，当时该法案规定大多数电视机必须具备显示字幕的功能。

1997年，弗兰克致力于修改对残疾人权利至关重要的联邦法律。这些法案包括《残疾人教育法》《康复法》和《聋人教育法》（该法案为加劳德特学院和纽约州罗切斯特市的国家聋人技术学院提供了立法授权和资助）。

国会工作人员称弗兰克是倡导和加强残疾人权利的关键人物之一。他收集事实，有备而来，为积极的变革而努力奋斗。他既是一个倡导者，又是一个实用主义者，他的过人之处就在于此。他对实现特定立法目标所涉及的政治现实有着深刻的理解。他认为，为了推动法案进程，有必要改进方法、美化语言，并在法案的部分内容上做出妥协。弗兰克明白，正是这种现实感，才最终能区分出哪个是作出重要声明的议案，哪个是议案成为法律后被听取的证词。在这一过程中，他非凡的人际交往能力就像润滑剂，让整个倡权的机器保持运转。

浮生一日

在长岛南岸的家中，在霍夫斯特拉的办公室里，大学工作计划和国会日程安排成为弗兰克的日常生活。他通常早上五点半起床，一周七天，每天如此。清晨的宁静时光是他高效写作的最佳时间。他每天早上要阅读和回复几十封电子邮件和传真，然后继续他的写作项目——书籍、文章等等。上午十点钟左右，他出发去大学，处理行政事务、接听电话、为研究生提供咨询、处理委员会工作。周一和周二的晚上很特别——这是他的教学时间，是不能被其他事情占用的。周三或周四，如果国会有会议，你可以在华盛顿找到他；如果没有会议，这两天都会用来做公开演讲或在社区召开顾问委员会会议。到了周五，弗兰克回到霍夫斯特拉大学，做图书馆研究或完成大学的行政管理任务。傍晚时分，他和菲利斯待在家里。

菲利斯·芭芭拉·施瓦茨（Phyllis Barbara Schwartz）在皇后区长大，是一个中产阶级家庭的小女儿。母亲是加拿大航空公司的员工，经常带她去欧洲旅行。父亲是工人，天生具有设计和建造的能力，但却没有机会接受高等教育。菲利斯是高中毕业典礼上的毕业生代表，她的成长经历充实而愉快，这与弗兰克所经历的孤独形成

第5章 弗兰克·鲍

鲜明的对比。

> 菲利斯不得不忍耐很多。作为夫妇,我们会被邀请参加爵士音乐节或观看百老汇音乐剧。菲利斯喜欢这些活动,但因为我听不见,她通常不得不拒绝参加。当我们去当地电影院看电影时,她要用手语给我讲解,这样我才能看明白。当我们和其他夫妇一起出去吃饭时,她还必须给我当翻译。她对所有这些负担有着惊人的耐心,如果换成我,我就做不到她那样。(《个人通信》,1997年)

菲利斯美丽优雅、聪明又有耐心,是弗兰克梦寐以求的伴侣。她和弗兰克都有一种带讽刺的幽默感。她是一个电影迷,能够深刻地剖析人物性格特征和他们的行事动机,为弗兰克增添了观影乐趣。菲利斯弥补了弗兰克30多年来生活中没有电影的缺憾。这对夫妇还一起打网球、读书——菲利斯读小说,弗兰克读纪实作品。菲利斯是当地一个早期干预和学前特殊教育项目的翻译和教师。作为一线专业人员,她经常关注罕见的身体、精神或情感障碍,如"18Q综合征"。两人一起上网、搜索信息。多亏菲利斯,弗兰克的专业发展得到了进一步的提升。

对他们的女儿而言，菲利斯和弗兰克一直都是积极主动的父母，两个女儿多兰和惠特尼正在上大学。多兰渴望成为一名律师，在宾夕法尼亚大学主修创意写作和心理学专业。惠特尼是耶鲁医学院的预科生，在科学和数学方面成绩优异。弗兰克盼望她们常回家，"这俩姑娘是我的生命之光！"

弗兰克童年时期的孤独感和"与众不同"给他的成年塑造了一些有趣的个性特征。例如，年轻的时候，他对"像他这样的人"是否有能力养活自己感到相当焦虑。作为丈夫和父亲，在"大件"物品上，他会毫不犹豫地为家人买最好的，尽管他以精打细算著称；在买生活日用品的时候，弗兰克会带一份购物清单，除非上面明确列出该买什么品牌的物品——否则他就会捡便宜的买。如果一张纸巾够用了，弗兰克就绝不会用两张。曾经是心理学家的弗兰克辩解说，青少年时期的恐惧心理顺理成章地延续到成年时期，从而形成现在的心理特质。然而，对菲利斯和姑娘们来说，他就是个十足的小气鬼。

在"空闲时间"，弗兰克在威斯康星大学麦迪逊分校的塔斯研发中心和北卡罗莱纳州立大学的通用设计中心担任通用设计项目的顾问委员，这些项目专注于电信服务、建筑和家用产品的设计。他继续在美国人口调查局

第5章 弗兰克·鲍

和路易斯·哈里斯联合民意调查公司,从事人口统计方面的工作。之前,他是TJ出版公司的高级编辑,这家出版公司总部位于马里兰州,专门出版手语和耳聋方面的书籍。他曾担任东北残疾和业务技术援助中心顾问委员会主席,该中心是实施《美国残疾人法案》的关键资源。此外,他还为世界康复基金提供咨询。

弗兰克获得了许多荣誉和奖项。他的名字出现在《美国名人录》《美国教育名人录》《公共关系名人录》《计算机界名人录》及许多其他目录中。他曾获得西马里兰学院的理事成就奖、纽约州立大学奥尔巴尼分校的职业成就奖及纽约大学杰出校友成就奖。1991年,美国众议院"美国残疾人权利与赋权特别工作组"授予他"美国残疾人法案奖"。1994年,他被列入国家残疾人名人堂。

1992年,弗兰克获得了由乔治·布什总统签署的美国总统杰出服务奖。颁奖时,贾斯汀·达特(Justin Dart)讲话内容如下。

> 弗兰克让独立成为一种时尚。作为世界残疾问题的主要倡导者,他是现代独立残疾政策之父。《康复美国》和《阻碍美国》一直是指导我们运动的宗旨。

后记

回顾这 50 年的人生,霍夫斯特拉大学教授弗兰克说起话来超脱豁达。当被问及人生中最大的成就时,他毫不犹豫地说:"24 年前,我娶了我梦寐以求的女人,菲利斯成就了今天的我。"当被问及他的第二大成就时,他立即回答说:"养育了多兰和惠特尼这两个出色的女儿,看到她们如此热爱生活。"

之后,他才谈到给自己带来非凡声誉的奠基之作——联邦立法——从 1973 年的《康复法》和 1975 年的《残疾人教育法》的 504 条,到 1990 年的《美国残疾人法案》和 1996 年的《电信法》。

你知道,25 年前,我就打算做一名大学教授。9 年前我终于如愿以偿,我很高兴自己梦想成真。但在此期间,和许多人一起做的事情已经把我的教授生活变成了一种不同的体验,这是我 25 年前没有想到的,我从没想过我会过上今天的生活。25 岁时,我人生中第一次打电话,如今,我每天都要拨打和接听几十个电话,我知道我能做好工作,但我怀疑是否有人会给我机会。事实上,当我第一次申请工作时,我被直截了当地告知:"我们不会雇用像你这

样的人。"今天，这么做就是违法的。用我的一本书的书名来说，就是规则已经变了。(《个人通信》，1997年)

当被问及他经历的最大挫折时，他第一次感到犹豫不决：

> 对有些人来说，这可能是不可思议的，但我想试一试。1972年，在我进入华盛顿之前，国会制定了一项福利计划，保证像我这样的人每月得到一张支票，几乎是终身领取，这在当时还是说得通的。当然，在那些年里，我不是唯一一个找不到工作的人。然而，自1972年以来，我们让这个国家变得更加包容。我们提供了我小时候不敢想象的教育机会，我们让就业成为几乎所有残疾人的务实选择。我们改变了规则，让每个美国人都拥有这样的机会。
>
> 然而，数以百万计的美国残疾人对我们所做的一切工作不屑一顾，仍然选择每月领取这些有保障的支票。有些残疾人确实需要政府补贴，然而，绝大多数残疾人如果能抓住我们不辞辛劳提供的机会，就能够做更多的事情，过上更有意义、更有价值的生活。(《个人通信》，1997年)

弗兰克·鲍的主要出版物

Bowe, F. (1995).*Birth to five: Early childhood special education*. Albany, NY: International Thomson Publishing Company, Delmar Publishers Division. A 600-page college and graduate school textbook.

Bowe, F. (1984). Access to the information age. *Policy Studies Journal*, 21(4),765-774. A first-hand account of the intricacies of advocacy in the private sector involving disability rights groups and large corporations.

Bowe, F. (Ed.)(1991). *Approaching equality: Education of the deaf*. Silver Spring, MD: TJ. Publishers. This book, based upon a government report prepared by the Commission on Education of the Deaf (Chaired by Frank Bowe), led to major changes in education for deaf children, youth, and adults.

Bowe, F. (1986). *Changing the rules.* Silver Spring, MD: T. J. Publishers. Frank Bowe's account of his parents, growing up deaf,and his personal and professional development from the 1950s through the 1970s.

Bowe, F. (1981). *Comeback: Six remarkable people who triumphed over disability*. New York: Harper & Row.

Bowe, F. (1978). *Handicapping America: Barriers to disabled people*. New York: Harper & Row. One of the first books to lay out a social policy that encourages American society to take responsibility for the existence and removal of barriers to inclusion for people with disabilities.

Tony Coelho

第6章 托尼·科埃略

罗伯特·T.弗雷泽 著

前国会议员托尼·科埃略:"癫痫造就了我的命运"

一位身手矫健的中年男子,看上去像二三十岁的运动员,穿过费城第30街车站的大厅,走向一座有翼雕像,那里是我们事先安排好的见面地点。前民主党党魁、华尔街金融家托尼·科埃略(Tony Coelho)当时正准备前往新泽西州属于他的赛马场参加管理会议。出差前,他抽空来给我讲述他的人生故事。托

尼现在正在寻求新的挑战，他现在有能力应对这些新挑战。他粗壮的脖子上戴着一个癫痫识别吊坠，当他穿过拥挤的车站时，他可能正用手指把玩口袋里他最喜欢的念珠。然而，他对残疾问题的关切、他的无私奉献和精神信仰，决不能解读为"菩萨心肠"——因为这些品质是他的精神风骨，在他选择进入的每个领域都赋予他非同寻常的优势。托尼无疑是一个难以捉摸的人，但天主教和癫痫对他生活的影响是显而易见的。虽然他现在是名震东海岸的"举足轻重的人物"，但他曾在加利福尼亚幽静的圣华金河谷度过青春岁月，而且经历过早期癫痫的折磨。

早年岁月

凌晨3点，小托尼的闹钟响起，他要开始工作，准备上学了。这个时间，其他12岁的孩子还在睡梦中，托尼却开始了"比大人更忙碌"的一天。他要去挤牛奶，做农场杂活，然后才能去上学。

1946年6月15日，托尼出生在加州圣华金山谷的农业小镇多斯帕洛斯。家族在葡萄牙农场社区拥有一个奶牛场，托尼是第二代葡萄牙人。母亲来自奶农之家，父亲来自渔民之家。托尼年幼时就知道努力工作、严于律己，从六年级开始他就一直在农场干活，直到上大学。

第6章 托尼·科埃略

家里的300头奶牛需要托尼投入大量时间，付出辛勤劳动，每天都要按时挤奶。他和兄弟姐妹们每天两点半放学回家就开始干活，一直到晚上七点半。干完活，他才吃晚饭、做功课、上床睡觉，凌晨三点钟再次被唤醒，开始新一轮的循环。这样的日程安排渐渐让托尼养成了有规律的生活方式。

托尼出身于天主教家庭，有着"极端的"敬业精神，他把母亲形容为家里的"鞭子"。虽然他还是个年幼的孩子，但已适应了极其艰苦的劳作。不幸的是，这个家庭的大部分辛苦工作被证明是不必要的。当儿子们去上大学或离开农场后，他们最终还是破产了。没有孩子们的帮助，他们根本无法维持农场的运转。

然而，托尼很少有时间娱乐。他记得星期天可以休息，尽情划船，参加镇上的圣诞老人节，并尽可能参加晚间舞会。除了家人灌输的强烈敬业精神外，他特别指出，六年级老师多萝西·古尔德（Dorothy Gould）激励他立志成才、追求卓越。她提议托尼要读大学，并培养他的意志力和使命感以实现未来的教育目标。她是托尼的第一位人生导师。托尼似乎有一种本领，既能引起导师的关注，又能得到导师的悉心指导。

尽管高中时代受到各种限制，托尼还是积极参加学校活动，并当选学生会主席。高中校长唐纳德·伯恩

（Donald Bourne）成为他的第二位导师，也是他的终身导师。唐纳德总是愿意倾听，几乎每天都会和他见面，鼓励他确立目标，要走出社区上一所好大学。在高中期间，唐纳德的指导给托尼带来了极大的信心，让他坚信"失败并不可怕，重要的是要相信自己，抓住机会"。往后的岁月里，他经常拜访唐纳德，跟他讨论职业发展和遇到的问题。唐纳德一直以来既是托尼精神动力的"源泉"，也是给他绘制宏伟蓝图并指引他面向未来的导师。

15岁时，托尼的生活发生了戏剧性的转折。托尼乘坐的一辆皮卡车翻了，他头部受伤，导致反复发作的严重头痛。大约1年后，癫痫发作。癫痫通常在傍晚时分发作，大约下午五六点钟。在他的记忆中，这是一种全身性强直阵挛，俗称"癫痫大发作"。随后的神经学评估表明，这是局部的复杂部分性发作，如果治疗不当，就会转化为大发作。复杂部分性发作通常包括短暂的意识丧失和定向障碍，以及时常发生的行为自动症，如手抓衣服或短时的漫游。虽然会令人不安，但通常可以控制，不像癫痫大发作那样对神经或身体造成损害。癫痫大发作会有几分钟意识丧失、全身抽搐。父母带他去不同的诊所尝试各种治疗方法，喝草药汤甚至接受真正的"巫术"治疗。对他的葡萄牙家庭来说，患有癫痫症（来自希腊语中的癫痫发作）意味着"被魔鬼附身"。在葡萄牙

第 6 章 托尼·科埃略

社区内有传言说,癫痫患者的祖先对动物做出了反常的行为。因此,惩罚"像神一样"不请自来。托尼用的解毒剂包括往头上浇热油、草药疗法、灯火灸,每种疗法都旨在驱除"邪恶神灵"。一位巫医抱怨说,由于托尼不相信这些疗法,他根本无法得到帮助。因此,在高中时,对他的"治疗"以巫术告终。

托尼说,当时"无知或许拯救了我","我认为它(癫痫)真的不会困扰我,并坚定地将它搁置在一边。"虽然父母被告知托尼的医学诊断是癫痫,但是他们就是不愿接受,并有意对托尼隐瞒病情。年轻的托尼决定离开小镇,去洛约拉大学读书。他的病情不明确,癫痫仍会偶尔发作。洛约拉大学是一所耶稣会大学,位于洛杉矶西部海岸附近,学术地位很高。

尽管经济状况不佳,托尼的父母还是设法支付大学学费,他开始积极参与学生会和政治活动。他是兄弟会(Phi Sigma Kappa)的成员,兄弟会是一个团体联谊会。他热衷于与不同群体的人合作,喜欢参与各类事务、关注各种问题。大二时,托尼成为第一位担任班长的非本地学生,大三时成为社团主席,大四时当选学生会主席。他的政治筹款能力最初是在洛约拉大学磨炼出来的。他通过金斯顿三重奏、海滩男孩和其他团体组织的音乐会为学生会募集资金。约翰·F.肯尼迪遇刺以前,他的目标一直是攻读法学院，这个可怕的事件对他的生活产生了深远的影响。

托尼形容自己陷入了 4 天的"恐惧"。他重新评估自己的头等要事，肯尼迪的去世对他产生巨大影响，他要"把自己的生命奉献给他人"。成为一名律师现在已经不那么重要了，托尼在公共服务方面的最终目标从律师转变为天主教牧师。具体来说，他想成为一名耶稣会士。耶稣会在大学里培育了他，并且在天主教会中以神学和哲学的领先地位而闻名。交往了 5 年的女友既震惊又沮丧，但兄弟会的兄弟们理解他的选择。作为洛约拉大学的毕业生，并当选"优秀毕业生"和学生会主席，托尼想不出有什么理由不被耶稣会接纳。然而，生活却跟他开了个玩笑。

癫痫的巨大影响

医学评估是托尼进入耶稣会的要求之一。1964 年 6 月 15 日，当地一位神经科医生老约翰·道尔（John Doyle, Sr.）对托尼解释说，他患有癫痫，是一种反复发作性疾病。他说："好消息是你不必去越南服役，但坏消息是你将无法成为一名天主教牧师——更确切地说，你无法成为一名耶稣会士。"罗马天主教会 1917 年颁布的《教会法典》中有一节规定，癫痫患者或"被魔鬼附身

第6章 托尼·科埃略

者"不能被考虑接受圣职。(多年后,托尼拿着议事日程,带领一个代表团去梵蒂冈,要亲自与教皇讨论这个问题。结果却得知,在20世纪80年代初,这条规定就取消了。)

约翰医生非常清楚地解释这种障碍,托尼心中顿时感到宽慰几分,他说这种障碍就像"一个上紧发条的闹钟"偶尔需要放松。对托尼而言,这种"放松"就是偶发的癫痫。托尼情感上如释重负,但是要面对严酷的现实,他清楚地知道,因为精神障碍耶稣会把他拒之门外。随后,他因医学诊断而丧失了驾驶执照和保险。但是,诊断带来的最痛苦的结果是他父母拒绝接受这一事实。虽然癫痫的诊断他们多年前就知道,但他们就是拒不承认。在与托尼的电话交谈中,老科埃略坚定地说:"我的儿子没有癫痫!"多年后,托尼推断,因为癫痫与"魔鬼附身"有关,迷信的说法是患有癫痫就是替祖先赎罪,所以父母如果接受儿子精神障碍的现实,就意味着承认家庭成员犯下了严重罪孽。

托尼的生活真是一落千丈。他不仅丧失了学习法律的兴趣,也失去了基本的动力和干劲。他放弃了正式的宗教信仰,因为他被拒之门外。他觉得自己失去了一切,认为朋友们都抛弃了他。那是洛杉矶的六月,他白天在格里菲斯公园闲逛,坐在山上喝酒。他有了自杀的念头,打算在车祸中结束自己的性命。他无照驾驶,驾驶证因癫痫被吊销了。托尼感谢希尔达·克劳福德(Hilda Crawford),她是一位德国移民,也是他至交女友的母亲。希尔达给予他莫大的支持,让他相信"事情会好起来的"。尽管如此,情况似乎不能再糟了。他觉得上帝拒绝了他,多日来,他痛哭流涕,彻底迷失了方向。

在此期间,朋友杰克·凯恩(Jack Kane)也在多方面帮助托尼,他们之间交织着复杂的爱恨情仇。他送给托尼一串袖珍念珠,至今托尼还放在他的口袋里。曾是神学院学生的杰克还送给他一本迈尔斯·康诺利(Myles Connolly)的小说《布鲁先生》,主人公布鲁先生历经艰难困苦后更加认清自己。这本书讲述了艰难困苦后玉汝于成的道理。书中提到很多让托尼一直坚信的理念——你要欣赏生活中的小事;朋友永远无法从你那里拿走他曾经给予你的东西;生活太安逸,人就会丧失斗志(当布鲁先生成为富翁之后就犯了这个错误)及其他的道理和信念。托尼至今还用来指导自己的生活。

这是托尼人生遭遇的第一次真正的挫折——随着时间流逝,托尼内心的热情渐渐苏醒,他终于克服了一切困难。一个阳光明媚的日子,托尼在格里菲斯公园里郁郁寡欢,孩子们正在玩旋转木马,他们的欢声笑语驱走了托尼心里的阴霾，唤醒了他以为再也不会有的热情。他意识到是时候让自己"就像这些孩子一样"去相信，去信任，去重新开始。学校里的耶稣会朋友一直大力支持他，现在是时候继续前进，拥抱新生活，而不是躲在旧兄弟会里勉强度日了。

托尼开始每天按规定剂量服用苯巴比妥，这在当时是治疗癫痫的合适药物（今天他服用的是卡马西平片）。他觉得药物很有效，尽管一到中午会偶尔犯困。托尼意识到，他可能得不到父母的支持，然而，耶稣会成员仍在那里帮助他。虽然耶稣会的教条把他拒之门外，但耶稣会成员却没有。他决心不让自己灰心丧气，是时候让他找到一个可以真正为他人服务的领域了。

鲍勃·霍普助力职业和生活的转变

通过艾德·马基（Ed Markey）神父，托尼被推荐为演员兼喜剧演员鲍勃·霍普（Bob Hope）的家庭助理。虽然鲍勃本人不是天主教教徒，但他的妻子德洛丽丝（Dolores）是天主教教徒，而且极力支持教会和洛约拉大学。此外，她还当选为洛杉矶地区的天主教年度母亲。对托尼来说，这是一个激动人心的时刻，这也是一段认真思考的时间。他和霍普一家一起旅行，并参加了《鲍勃·霍普克莱斯勒喜剧时刻》的拍摄。鲍勃花很多时间和托尼在一起——有时和他一起开车走高速公路只是为了帮助托尼评估能够参与哪些服务部门。最后，鲍勃说服托尼进入"政治领域"。鲍勃让托尼相信公共服务部门大有作为，并给圣华金谷的国会议员伯尼·西斯克（Bernie Sisk）写了一封信。当时，伯尼需要一个助手，鲍勃的极力推荐无疑帮了大忙。当鲍勃得知伯尼为托尼提供助手职位时，他鼓励托尼从位于北好莱坞的美国银行申请一笔贷款，作为搬迁到华盛顿特区的"启动资金"。通过银行官员，鲍勃早已为托尼提供了"全权委托"信贷额度。令鲍勃感到吃惊的是，托尼觉得他只需要1000美元就能在华盛顿安家了。虽然这笔钱不多，但能够满足基本需求。1965年4月1日，他先住在华盛顿特区的一家酒店，然后搬进了一套公寓。他最终成为国会议员伯尼的得力助手，他总称其为"老板"。由于伯尼并不真正了解农业需求，托尼让他在农业方面拥有敏锐眼光并占据优势，能够对付那些不懂农民需求的"贵族"对手。托尼成了伯尼的真正财富，最终和他建立了如父子般的亲密关系。托尼找到了另一位重要导师，并与伯尼及他的妻子成为终生好友。

1965年的劳动节刚好是周末，托尼遇见了他的未婚妻菲利斯（Phyllis）。菲利斯是印第安纳州民主党众议员雅各布斯（Jacobs）的助手。尽管她没有接受过大学教育

（他一直认为，对他的配偶来说这点很重要），但菲利斯来自中西部。多年以前，他在一位大学同学的母亲身上，看到鲜明的中西部价值观和清晰的思维方式，托尼认为中西部出生地是一个积极的因素，是他结婚的标准之一。菲利斯满足这一关键标准，此后，他们逐渐发展成为互敬互爱的恋人关系。

当托尼决定向菲利斯求婚时，他开始担心自己的癫痫。他觉得有义务告诉她，这对他来说是件非常可怕的事。他"不想让任何人知道他的秘密"，因为他害怕遭到拒绝，害怕情感上再次受到伤害，就像在他的父母和耶稣会那里遭遇的一样。在菲利斯为他举办的一个惊喜派对上，托尼最终饮酒过量，向她透露了他癫痫的秘密，并做好被拒绝的准备。令他吃惊的是，菲利斯更关心他的醉酒，对他的精神障碍毫不介意。他们于1967年结婚，托尼今天强调说，她不仅是妻子，也是"红颜知己"。她从容接受托尼的癫痫，并且一直做他"坚如磐石"的后盾，支持他追求人生目标。菲利斯不在意他的癫痫，甚至从未学习过任何急救知识。当菲利斯终于亲眼看见他在一家餐馆外癫痫发作时，她保护他的头部，并把手指放进他的嘴里。这种做法没有实际的急救价值，而且非常危险——在这种情况下，咬伤手指会很痛。尽管她现在知道了基本的癫痫急救方法，但她很少遇到托尼癫痫发作——在31年的婚姻中，他癫痫发作的次数还不到10次。

菲利斯一直很崇拜托尼，认为他是一个非常体贴的人，懂得别人的需求。根据菲利斯的说法，托尼可能好斗争胜，"对朋友会态度强硬，但这只是因为他希望他们对自己有一定的标准"。菲利斯说，在我看来，托尼是一个非常"谦虚的人"。菲利斯说，很多时候，她感觉自己就像一个"牧师的妻子"。菲利斯在旁边说，很多人不知道的是，托尼和朋友们一起放松的时候会非常风趣，他真的很喜欢跳舞。对于一个来自印第安纳州贝德福德的中西部小镇的人来说，和托尼一起生活是一段相当难忘的经历。

托尼和菲利斯有两个女儿。大女儿妮可（Nicole）是波士顿的一名歌剧演唱家，同时在一家律师事务所工作。他们的小女儿克里斯汀（Kirstin）毕业于里士满大学拉丁美洲研究专业，目前在一家银行的公共关系部门工作。

1964—1977年，托尼在国会担任助理时平步青云，他成为伯尼的幕僚长，管理着20名员工。他曾是伯尼办公室的农业专家，并最终担任整个加州代表团的农业专家。他成为农业立法的经纪人，为自己在国会中赢得一席之地。他还参与了一些不同的附属委员会，包括棉花、

第6章 托尼·科埃略

广播、体育和停车委员会。托尼觉得伯尼把他视为自己团队的一员,在执政最后5年时间里把他当作接班人来培养。在那些年里,托尼的癫痫仍然困扰着他,几乎没有治疗方面的"重大突破"。在20世纪80年代早期,托尼试图停止服药,但经历了几次癫痫发作后,他吃了苦头,意识到这不是一个好主意。他觉得自己过于自负,便重新开始服药。回想起来,他特别懊恼的是,自己可能在癫痫发作时正在开车。在大多数情况下,癫痫没有影响他的日常活动。

然而,有一天,作为华盛顿特区代表团成员,托尼跟随代表团其他成员,包括市长伯尼·西斯克和其他市政官员,一起飞往圣地亚哥,试图为哥伦比亚特区购买圣地亚哥教士棒球队。在飞机上,托尼出现了复杂部分性癫痫发作,伴随继发性全身抽搐。同伴松开他的领带,给他找药,用冰敷额头。托尼永远不会忘记同伴们对他的尊重,也不会忘记自己没有任何反应能力,完全接受了同伴的照顾。这也证实了他对同事的信任和尊重,尤其是对他的导师伯尼的尊重。1978年,伯尼下台,托尼有机会竞选国家公职,代表一个由50多个种族组成的地区,该地区地处圣华金河谷,位于弗雷斯诺和莫德斯托之间。西斯克夫妇成为托尼和菲利斯的终生好友,托尼有幸在他们的葬礼上致悼词。作为导师,伯尼为托尼竞选国会议员做了充分的准备。

国会议员和政治大亨的成长经历

1978年，在伯尼的支持下，托尼代表加州第15选区参加竞选。他觉得自己在竞选中进展顺利，直到对手提出他的残疾问题。对手质疑他的"突发情况"可能会影响工作，比如，当托尼代表圣华金河谷的农民利益给总统做一个水资源问题的正式报告时突发癫痫。托尼机智回应了好奇的媒体，似乎让他占了上风。托尼只是简单地说："很多人向总统提出独特问题和特殊要求，他们离开椭圆形办公室的时候会大发脾气……至少我还有个借口！"这个坦率而幽默的回答深受好评，托尼轻松获胜，获得了62%的选区选票，终于成为国会议员。

托尼在国会连续任职五届，并当选第六届议员，于1989年夏天辞职。他和他的幕僚建立了一个组织严密、高效运转的政治机构。人们普遍认为托尼是一个严厉的上司，但他听从助手们的专业意见。他总是要求助手汇报他们的活动内容，并对他们的计划和成就进行详细点评，他们经常开会到深夜。当他觉得助手在这个问题上更精通时，就交给助手来组织讨论，他本人和国会议员同事或企业家参与讨论。托尼把老员工视为家人，尽管要求他们每周完成进度备忘录，严格按时间表行事，但他总是能帮助他们排忧解难。他确保每个助手都能得到反馈意见。他每年都在华盛顿地区为数百名老员工举办聚会，建立通讯录，鼓励他们保持联络。他曾经的员工目前在众议院、参议院和克林顿政府中担任重要职位。托尼一直擅长维护社会关系，促进朋友之间的联络。他待人忠诚，曾被人提携，帮助同事达成目标的同时也实现了个人目标。这既为权宜之计又能利己利人，这种待人处事的风格自然让他善于维护社会关系。托尼建立和维持政治同僚（甚至是跨党派的同事）及老员工的人际关系能力，在"国会山"都是有口皆碑的。

1981—1987年，托尼担任民主党国会竞选委员会主席。他负责把筹款活动的规模扩大了10倍，并建立了哈里曼通信中心，这是一个多媒体通信和制作中心，在全国范围内支持民主党的竞选活动。在1980年的选举周期中，该委员会从13 000名捐赠者手中筹集到微不足道的120万美元。截至1986年的选举，在托尼的领导下，该委员会史无前例地筹集到1500万美元，捐赠者人数增至30万人。他通过政治行动委员会机构的内外部资源拉拢商界，甚至在一些重要问题上跨越党派界限，鼓励商界人士向民主党捐款。托尼成为民主党内部一个非常引人注目的人物。托尼的一位密友、国会议员斯坦尼·霍耶

（Stenny Hoyer）回忆了托尼担任民主党国会竞选委员会主席时的情形。斯坦尼当时正在竞选马里兰州乔治王子县的众议员席位，托尼指导他如何开展竞选活动，并通过竞选委员会为他提供资金支持。斯坦尼声称，起初自己内心经历了一场"斗争"，但托尼的专业精神很快赢得他的尊重，两人成为亲密无间的朋友。"共和党人，"斯坦尼说："当时已经走在我们前面了。"托尼的领导能力和组织能力是民主党迫切需要的。托尼和斯坦尼成为终生挚友。国会议员永远不会忘记当斯坦尼失去妻子时，托尼的体贴和后来的善举。斯坦尼说："托尼具有非凡的同理心。"

托尼的组织才华和专注党内需求的能力，把民主党国会竞选委员会的工作效能提升到高级水准。斯坦尼将托尼的成功归因于他对技术细节的关注（如邮件列表、媒体、不同利益集团的行动逻辑），以及他筹集资金或主持活动为政党充实金库的能力。斯坦尼表示，他全力以赴，既有远见卓识又专心致志，"非常出色"。只有像托尼这样"智力超群"又"风度翩翩"的人才能做得到。

1986年，托尼在60多个国会选区露面，支持民主党同僚。自1985年以来，托尼通过自己的政治行动委员会和硅谷教育基金向民主党同僚捐赠了110多万美元。这

第6章 托尼·科埃略

个极具"领导力"的政治行动委员会是国会同类委员会中规模最大一个。托尼在民主党国会竞选委员会的工作如此成功,以至于在1994年党内危机期间,他被白宫召回担任顾问。他再次前往全国各地支持同事和年轻的民主党人的竞选活动。

1986—1989年,他担任众议院多数党督导员,在众议院民主党领导层中排名第三。托尼为自己高票当选而感到特别自豪。因为关注细节,他亲自反复核对他在众议院民主党人中的选票数,直到与实际投票数一致为止。这不仅包括那些"持中立态度的人",还有他自己的竞选经理、加州众议员维克·法齐奥(Vic Fazio)及他的密友斯坦尼·霍耶。因为关注细节,所有选票他都统计得一清二楚。当其他议员的投票支持者"退出"竞选时,他奋勇追击,争取他们的选票。托尼当选众议院多数党督导员后,在这个职位上表现得非常咄咄逼人。在众议院,每当他觉得自己和其他年轻的民主党人需要在众议院拥有更大的影响力时,他就会挑战众议院议长蒂普·奥尼尔(Tip O'Neill)和民主党在众议院的领导阶层。

在取得巨大政治收益的同时,托尼还致力于为癫痫患者筹集资金。托尼"公开宣称"自己患有癫痫症。现在,随着他政治生涯飞黄腾达,他越来越努力地提供财政支持，推动美国癫痫基金会的倡议。作为美国癫痫基金会的董事会成员和终身董事，他举办了一系列的慈善活动和"烧烤野餐会"，并通过这些活动为基金会募集数百万美元。在华盛顿特区的一次烧烤野餐会上，一盘晚餐 500 美元，他为癫痫基金会的全国就业计划筹集了 50 多万美元。曾经的对手蒂普称他是"一个能力超群、富有才华、心地善良的人……我从没见过像他这样精力充沛的人"。就连托尼的共和党对手也称赞他政治坚定、思想敏锐。里根－布什竞选团队的新闻秘书吉姆·雷克（Jim Lake）说："托尼不会让任何事情阻挡他的道路……他的癫痫，他那些无礼的共和党朋友都不能阻挡他。他是我们最强大、最厉害的对手。我很高兴你是我的朋友，我只希望你是我们中的一员。"

国会议员斯坦尼就托尼的民众影响力表达了他自己看法。斯坦尼表示，托尼"竞争意识强"，但却真正建立了"跨越党派界限的亲密友谊"。托尼似乎能够在一些问题上针锋相对，但从不会针对个人。斯坦尼表示，他觉得自己与托尼有着非常亲密的关系，但"至少有 50 人觉得和托尼有同样亲密的关系……很多人都把他当作挚友"。

通过托尼的努力，资金继续源源不断地汇入美国癫痫基金会的项目——不仅用于美国各地癫痫组织机构的就业项目，还用于公共教育和家庭支持计划。1993年，仅他的《邻里的孩子们》木偶剧就对7万多人进行了癫痫教育，其中大多数是学龄儿童。电台里播放木偶剧，自行车安全日安排现场演出等。得益于科埃略基金的资助，美国癫痫基金会的50多个分支机构都得到了《邻里的孩子们》的玩偶。这个木偶节目通过精心编排的戏剧短剧来呈现癫痫的相关信息，短剧之后是患有癫痫的木偶人物与儿童之间的问答互动。演出结束后，孩子们学习用木偶示范癫痫急救。对这些小学生来说，这既是一个了解残疾的过程，也是一种教育体验。

《美国残疾人法案》：托尼国会生涯的巅峰之作

国会议员托尼一直对自己的癫痫残疾非常坦率。随着他越来越多地参与美国癫痫基金会的事务，他对癫痫的态度愈发开放。通过参与各种基金会，他开始为实现变革提供依据，特别是关于对癫痫患者产生负面影响的各种过时的国家法律（如结婚权利），并成为全国公认的残疾人士倡权者。

由于托尼频繁公开露面，里根政府的残疾问题顾问桑迪·普里诺（Sandy Purino）和残疾人就业总统委员会的成员罗克珊·维埃拉（Roxanne Vierra）找到了他。罗克珊的丈夫弗雷德（Fred）是电信公司的首席执行官，他们有一个残疾的儿子。虽然托尼最初并没有编写《美国残疾人法案》，但他全程参与了法案的完善，并力促该法案在国会获准通过。他的好朋友斯坦尼议员在众议院鼎力相助。参议员洛厄尔·维克尔（Lowell Weicker）也给予帮助，他向参议院提交了这项法案。为了使这一强有力的法案在政治上更加可行，它的完善最初需要与残疾人和康复专业人士进行协商。从1987年到法案通过，托尼一直在努力使该法案成为他留给这个国家和那些每天必须面对残疾问题的人们的主要遗产。

从战略角度来看，该法案是在参议院提出的，因为众议院有7个附属委员会想要否决它。犹他州共和党参议员奥林·哈奇（Orrin Hatch）对该法案表示大力支持，奥林为该法案进行辩护，试图让它在参议院获得通过，在辩护过程中，奥林流下了真诚的泪水。参议员泰德·肯尼迪（Ted Kennedy），汤姆·哈金（Tom Harkin）和鲍勃·多尔（Bob Dole）在推动该法案获得通过的过程中也发挥了作用。总体来说，该法在参议院顺利通过。

托尼认为，除了众议院的各种附属委员会之外，该法案还将面临来自政府的反对。布什总统的幕僚长约翰·苏努努（John Sununu）和他的国内政策顾问波特（Porter）都反对这项法案。托尼试图采用"迂回"战术，与布什总统直接接触,并设法让总统对该法案做出承诺。布什总统有一个残疾女儿去世了,托尼觉得他的承诺是非常真诚的,相对容易赢得。众议院内部还有一些担忧,众议院议长汤姆·福利(Tom Foley)认为,《美国残疾人法案》作为一部法律会"困扰"国会。巴德·舒斯特(Bud Schuster)是交通委员会的高级议员,对此非常担心。巴德与灰狗巴士的支持者们有密切的联系,这项法案被认为有可能对交通运输业产生一些非常不利的影响。这个策略变成了先在容易通融的委员会通过该法案——首先是教育和劳工委员会——然后在难以通融的委员会通过,即商业、司法、市政工程和交通委员会通过。

在这个节骨眼上,有可能出现负面宣传,再加上托尼从德崇证券购买的债券或许要受到调查,托尼决定从众议院辞职。布什总统和其他人在生日那天给他打电话祝贺,并感谢他多年来作为一名忠诚而精明的公务员所做的所有工作。布什离开办公室时问他是否可以"为他做"什么,托尼毫不犹豫地答道,"想让《美国残疾人法案》获得通过"。最终是布什总统两次扭转该法案的局面,但却遭到政府官员约翰和波特的阻挠,他们认为政府不应该监管残疾人的就业问题和其他无障碍问题。正如托尼所说:"为了让《美国残疾人法案》成为一部法律,我需要从总统还有其他国会议员那里讨回我所有的债务。"托尼确实为法案的通过感到骄傲，但他很快又强调："《美国残疾人法案》的通过是个好消息，但也是个坏消息。"总而言之，他说，我们不能坐享其成、松懈怠慢——《美国残疾人法案》在工作场所和整个国家的实施将继续面临挑战。随着其他国家开始接受该法案的精神和法律主旨，这一挑战将变得更加艰巨，并真正具有国际性。

祸福相依

如前所述，1989年，托尼被指控挪用资金用于购买德崇证券10万美元的"垃圾债券"，包括可能挪用德雷克塞尔（Drexel）为托尼上次竞选提供的竞选资金。为了购买债券，托尼实际上是从一位在洛杉矶管理一家储蓄和贷款银行的民主党捐助人那里借来的钱，而这笔贷款与竞选资金毫无关系。尽管他及时还清了贷款，但他（或他的会计师）却疏忽了，没有及时公开这笔贷款，这看起来好像是不正当行为——托尼利用政治关系获取不正当利益。这显然是揭发华盛顿政坛丑闻的猛料，托尼不得不迅速做出决定。

托尼决定辞职，他不愿意让家人经历一场漫长而痛苦的调查，并暴露于媒体之下。这并不是因为他做了不道德的事，购买债券的贷款实际上是用他的部分房屋净值作担保的。他了解政治,他知道复杂的程序接踵而至,这才是大麻烦。他认为这对民主党,对他试图促成立法的法规及他的家庭来说都没好处。他将勇往直前,通过正当法律程序洗清自己的罪名,并寻求新的挑战。他的朋友国会议员斯坦尼力劝他不要辞职,因为他对民主党来说举足轻重。他的家人,比如他的女儿妮可,也同样悲痛欲绝。托尼断言:"我做的每件事都可能在事后遭到质疑,该离开了!"

对大多数人来说,这似乎是非常困难的一步。然而,托尼凭借他一贯清晰的思路,看清问题的本质,绝不瞻前顾后。他描述了几个令人心酸的时刻:有一天,在车库里,他突然意识到,自己要离开几十年来尽心尽力的政治活动,离开这个国家非常重要的职位。骚动已经平息,记者和同事们也不在身边了。这时,眼泪夺眶而出,胃里一阵剧痛——难道他毫不反抗就轻言放弃了吗?然而,激动的情绪在20分钟内就平息了。焦虑消失了,内心不再痛苦,他安慰自己做出了正确的决定。几年后,托尼被查实没有任何违法或不道德的行为。然而,在调查结束之前,他的法律辩护费已高达40万美元。托尼觉得他从未真正经历过任何情绪崩溃,他还有家人的全力支持,他相信自己在法律上或道义上没有做错任何事,只是以体面的方式行事。几天之内,他的办公桌上就摆放了超过 80 份私营企业的工作机会。这似乎是寻找新挑战的时候了。菲利斯怀着复杂的心情回顾那段时光,那是一段情感备受煎熬的时光,但她认为经历这段时间之后"我们重获新生"。她不记得托尼在国会期间曾与家人共进过工作周晚餐,痛苦消退,取而代之的是丰富多彩的生活。

泄露贷款信息的人无疑是托尼的一个国会朋友,但他却矢口否认。直到今天,托尼仍然不理解他的动机(如嫉妒托尼或觊觎他的职位的机会等)。他从未真正回应托尼关于泄密的质疑,俩人依旧是好朋友。妻子菲利斯认为这是因为托尼具有牧师情怀,近乎"圣人"。虽然菲利斯践行一套个人价值准则,但她还是不能完全理解托尼的宽仁之心。这也是托尼人际关系哲学的一部分,他回想起在大学毕业后的那个夏天,阅读布鲁先生的书。托尼从心底里原谅了他的朋友,这是他待人的一贯态度。

前国会议员名震华尔街

托尼从国会辞职后,得到的工作机会是担任总部位于纽约的国际投资公司——韦特海姆施罗德公司的合伙人或者经理。托尼刚加入公司时,公司的投资成本正在不断萎缩。时年 40 岁的史蒂文·科特勒(Steven Kotler)

第6章 托尼·科埃略

被任命为总裁,他曾是该公司的总经理、执行委员会成员和投资银行业务负责人。他的愿景是建立一个团队,将公司的业绩恢复到以前的水平。托尼的前助手詹姆斯·莱克(James Lake)把他介绍给这家公司,詹姆斯实际上与共和党关系密切(例如,他曾在1988年共和党全国代表大会上担任通讯主管)。托尼第一次见到史蒂文是在他为癫痫项目筹集资金的时候。史蒂文回忆说,他是一个非常积极和有能力的人。他认为,托尼在国会获得成功的管理经验可以直接轻松地应用于公司。在他上任后的几个月内,这位前国会议员就被任命为公司新成立的投资服务子公司首席运营官。公司总裁史蒂文要求托尼协助扭转公司局面,当时公司投资成本4亿美元,正在亏损。史蒂文还要求托尼对商业市场有一个真正的了解,于是就拨给他10万美元的年度奖金,让他每天从头到尾阅读《华尔街日报》,作为金融"速成课程"的一部分。

托尼学习能力很强,他的组织才能、卓越的人际交往能力和全国关系网让他在新的职位上大展身手。他灵活地将自己的时间分配在资产管理、企业客户开发、公司的营销及公共关系工作上。在四年半的时间里,该公司的资产基础增长到50亿美元。托尼将美国通信工人协会和国际电气工人兄弟会等国家级协会和工会都纳入韦特海姆施罗德公司麾下。因为与托尼的长期合作关系及该公司卓越的基金业绩，他们"留下来"了。托尼对细节的关注，他的孜孜不倦，他的目标设定及电脑系统的升级，这些都是至关重要的因素。他不再回首自己的政治生涯。

1990年1月，托尼被任命为公司总裁兼首席执行官，开始担任几家公司的董事。1994年，公司准备合并时，托尼正计划领导一个新的投资银行部门，他停下来认真思考了一下。该公司为托尼提供200万美元的年薪，聘期14年，外加奖金。他很享受在华尔街的经历，得意于自己制订的五年计划和为公司设定重要的财务目标，但公司合并后，给他精心安排的职务让他感到不安。托尼的家庭开支和孩子教育资金已有充分保障，是时候继续向前走了。他很遗憾地把自己的决定告诉了史蒂夫。1994年10月，他创办了自己的公司。

在很短的时间内，电信公司要求他启动他们新的子公司——教育技术和通信公司，托尼能够应对挑战。在几年的时间里，他把新公司建成了一个提供高质量教育软件的高利润运营公司。公司规模从7名员工增加到500多人。1997年春季，教育技术和通信公司出售。母公司电信公司出售两家子公司给托尼带来了另一笔可观的经济收益，但他再次面临挑战，再次需要寻找新的方向。

总统委员会的新挑战

随着教育技术和通信公司在华盛顿特区的发展,托尼发现自己在首都的时间越来越多。1994年3月,克林顿总统任命他为残疾人就业总统委员会主席。委员会现任执行董事约翰·兰卡斯特(John Lancaster)表示,"全局战略家"托尼总会带来"惊人的变化"。当时,该机构在"模糊的白皮书"模板下提出了41项举措,处于相当混乱的状态。托尼对董事会进行了新的任命,从而有效地融合了国家雇主、劳工领袖、退伍军人代表和残疾人倡权组织代表、媒体代表,以及地方或联邦政府的成员。这对员工的影响是立竿见影的,因为出现了很多人事变动。在为现任董事安排好新工作后,兰卡斯特被招募来担任执行董事职位。自此,该机构的目标变得清晰而明确。

今天,总统委员会机构精简优化,12个严格管理的项目在目标预算内均有具体的目标和可衡量的结果。机构的工作范围已扩大到被忽视的残疾群体(如有精神或学习障碍的人)。发展方向不再模糊不清,取而代之的是一些具体的项目,如与私营企业建立就业伙伴关系、残疾人工作日远程办公项目、对西弗吉尼亚大学全国就业安置网络建设的大力支持,以及残疾人自主创业或小型企业的重点扶持。将科技与学生需求联系起来的高中高科技项目正在为残疾学生提供带薪高科技实习机会。目前有20个这样的网站，每年还会增加3～4个。

兰卡斯特指出，所有专业工作人员都要负责向托尼提交月度报告，而他每周和执行董事进行一次电话交流。"一些员工觉得他的电话会议寡言而无礼，"兰卡斯特说："但我很喜欢，因为托尼说话言简意赅，我在几分钟的会议上领会的内容比几小时的会议都多。"毫无疑问，托尼为一个难以维持实质性行动的组织提供了目标感和明确的方向。托尼真正让克林顿政府"认清"了残疾人的就业形势。兰卡斯特谈到了2002年总统特别工作组，即残疾成年人的就业行动的发展情况，并指出托尼担任这一工作组的副主席。这充分证明了托尼对残疾人高失业率的关切。

托尼将何去何从？关于平衡的问题

今天，托尼脑子里有很多关于新角色的想法。"滚石不生苔"，托尼显然会不断尝试新的挑战。托尼与合作伙伴一起成为新泽西州两家赛马场和拉斯维加斯一家赌场的大股东。他积极参与多个公司董事会，包括奇思乐航太公司、电信公司服务公司、万花筒国际、恺撒国际有限公司和施巴罗尼斯公司，并担任多个董事会的主席或副主席,他是国际纯种马育种协会的董事会主席。托尼对施巴罗尼斯公司的董事会活动特别感兴趣。施巴罗尼斯公司是迷走神经刺激器的制造商,该设备对降低癫痫发作具有显著作用。他已被招募,与其他几个北弗吉尼亚商人一起"兼职",试图再次把棒球运动带回大首都地区。我们很难找到像他这样商业兴趣如此多元化的人。

这位前国会议员也没有完全远离政治或政府任务,他曾是民主党任命的美国2000年人口普查监测委员会成员,克林顿总统还任命他为葡萄牙里斯本世博会大使。托尼觉得他可以每个月拿出一周的时间处理这些"离岸"责任,但问题是"这周要花多长时间来处理政治事务"?

葡萄牙种族背景、"奋发努力"的家庭理念、天主教世界观,以及癫痫病所带来的使命感造就了今天的托尼。所有这些变数都以某种方式对他发挥作用,促使他在"营利"企业和"非营利"领域面临新的挑战。他把每天的每一分精力都投入到生活中——高效忙碌是一种灵丹妙药,工作和休闲之间没有界限。他唯一为人所知的爱好是举重:一项每周5天每天早上做两个半小时的活动。50多岁的时候,他可以轻松地仰卧推举比他165磅的体重高出30磅的重量。他锻炼的习惯与他的天主教信仰一样"根深蒂固"。今天,菲利斯为他们重获的闲暇时光,以及在弗吉尼亚州老亚历山大港和特拉华州伯大尼海滩的家中自得其乐而感到激动不已。他们在海边的时光对菲利斯和托尼来说弥足珍贵。

这位前国会议员接受了私营企业的挑战，并取得了巨大成功。在接受私营企业的挑战时，他是否忘记了为癫痫患者和其他残疾人服务的使命？一位支持者显然是这么认为的。在最后一年，他收到了一封来自一位追随他事业的癫痫患者"粉丝"的来信。"粉丝"指责这位前国会议员由于私营企业的诱惑而抛弃癫痫患者群体。这让托尼难以接受——他不是还在担任国家残疾组织、国家康复医院和其他有意义的非营利组织（例如，国家经济适用房解决方案基金会和非常特殊艺术基金会）的主任吗？托尼把信又仔细读了一遍，再次对自己质疑，但他还是把信放在了桌边。几周后，当他再次"重读"这封信，托尼便联系了癫痫基金会要求参与更多的工作。现在，他在咨询和筹款方面有了进一步的投资。也许这个支持者说的有道理，身为癫痫基金会的终身理事，一定要不辱使命。他的癫痫支持者们永远不会被遗忘。

结语

1997年，托尼离开了教育技术和通信公司的总裁职位，他认为现在是该反思的时候了，以便为自己选择下一步的行动方案。他表示，如果可以的话，他仍然想成为一名"牧师"。也许一个令人满意的职业是担任教育大臣、外交大使，或者他可以在国内或国际社会找到真正能做出贡献的另一个方向。

现在看来，托尼不太可能有这个"静修"的时间来制订他的个人和个性化发展方向。私营和公共服务部门不断给他提供新的机遇并赋予他新的职责。除了晨练之外，他还必须将休闲活动纳入他多样的商业和公共倡导活动中来。毫无疑问，癫痫"影响"了托尼，它塑造了他，使他在情感上坚强起来；它引导着他，同他的天主教信仰一道，为他所在的政治地区的居民、民主党和公众的利益服务，这其中包括康复社区内外的公众。托尼说："我将始终致力于改变世界……我们在这个地球上的时间并不多。"在这个关键时刻，他在时间上保持平衡，把精力均衡地分配到追逐商业利润和满足康复社区的需求上，这种平衡感因挂在脖子上的癫痫奖章和放在口袋里的他最钟爱的念珠而得到了进一步增强。

A call to revolution
附录A 革命的召唤

2000年民主运动议程——为所有美国人赋权的革命

美国同胞们,各位同事们,你们创造了奇迹般的进步,造福了健全人,也造福了残疾人。感谢过去的爱国志士们,谢谢你们!因为你们,美国才成为历史上最富有、最民主的国家。美国经济达到历史新高,犯罪率下降,联邦赤字消失。残疾人社区工作者几乎在一无所有的情况下,已然为残疾人享受社会各方面的基本权利初步打下了基础。我们人类终于有能力消灭歧视,摆脱贫困,消除仇恨、犯罪、战争的潜在根源。

然而,我们似乎也不能太过于乐观。尽管美国社会繁荣发展,贫富差距依旧不断扩大。千百万低收入群体苦苦挣扎,却仍难以获得最低生活保障,鲜有社会尊严。千百万穷人食不果腹、住房不足、医疗条件差,在其他国家还存在饥饿、种族屠杀、战争频发的现象。尽管我们不断抗议且已经取得了历史性胜利,但残疾人仍然处于受压迫的最底层。

强权势力破坏了民主。在我们童年时期，民主之智尚未开启，长期专制的家长式作风让我们容易固守比较原始落后的观念。这就给了政客可乘之机，他们利用我们对改变的恐惧，大肆宣扬逃避主义，加深我们内心的偏见，让我们内部分裂。我们的民主是开国元勋托马斯·杰斐逊、解放奴隶制的林肯总统、黑人领袖马丁·路德·金、克林顿总统共同倡导的民主，他们却妄图破坏这样的民主，妄图让我们回到只有少数人享有特权的时代。

他们扼杀了全民医保、病人权利法案、杰夫兹－肯尼迪法案。1990年，他们反对《美国残疾人法案》，现在仍在反对。他们反对《残疾人教育法案》《社保法案》、民权运动、平权运动、净化环境、枪支管控、个人性取向选择自由、宗教信仰自由、生育自由等。他们反对福利住房法案，阻止社区服务项目的推广。他们企图为富人减税，还要减少为人民大众的投资。他们企图弹劾带领美国走向辉煌的总统、赋予残疾人史无前例的权利的总统，他们计划在2000年占领白宫。

所有捍卫民主的人们，我要为你们庆贺。是你们捍卫了正义——《美国残疾人法案》《残疾人教育法案》，罗斯福总统纪念公园，1996年、1998年选举，杰夫兹-肯尼迪法案，总统弹劾，凡此种种。我们在个别领域取得了进步，但在许多领域我们仍在徘徊不前，在有些领域我们还退步了。奇迹般进步的时代已经结束了，千百万人民依然被抛在美国梦之外，民主正面临着威胁，民主岌岌可危。

大多数美国人民都渴望看到美国社会能为所有美国人民负起责任！我们可以创建这样的社会！

现在，对民主而言，是走出防御开始进攻的时候。我们必须说服心怀梦想的人们加入到我们的革命中来，让所有都能发挥上帝赋予的潜能。

- 消除人们对权利和特权的原始象征的崇拜，代之以对所有生命一律平等的仁爱之心。
- 创造新文化氛围，集中科学和民主的力量，系统地、个性化地赋予每个人权利。
- 赋予所有人充分利用自己天赋的权利进行自我管理、治理社会，尽最大可能为自己、为所有人改善生活质量。
- 为家庭、倡议人员、服务人员提供培训，以便为孩子和暂时不能完全为自己做主的人们创造赋权环境。

只有通过这样深刻的革命，才能实现我们的目标：让世界充满爱、尊严、和平，让所有人都能过上好日子。

关键是"所有人"。只有所有人——无论是健全人还是残疾人，穷人还是富人，年轻人还是老年人，主要民族还是少数民族，都拥有充分参与建设美好生活的权利，我们的美好家园才会出现，真正的美好生活才会实现。只有美国政治积极为所有人争取权利，才能揭穿民主敌人的真面目，消灭精英主义，真正实现"所有人的美国"这一目标。

美国是所有人的美国！制定一份赋予所有美国人权利的革命纲领！

人人参与的政府：政府管理，有你、有我、有每一个人。我们都要肩负责任，建立并维护一个为所有人赋能的政府。为了每个人都拥有自治和参与治理社会的权利，我们都要提供具体支持，贡献力量。

人人肩负责任：务必重建税收法规，让所有人都缴纳自己应付的税款。务必在各个层次上大刀阔斧地调整政府预算，削减不必要的开支，减少赤字，精简政府体制，削减特权精英阶层拨款，大幅增加赋权服务项目投资。我们应该考虑要求青年和成年人为社会服务，至于以何种形式为社会服务，每个人都可以自主选择。

附录A 革命的召唤

人人享有人权：各层级政府一定要全力确保人人——不管是健全人还是残疾人，享有不可剥夺的生存权、自由生活权及身体和尊严被保护不受束缚和侵犯的权利。

人人机会均等：一定要全力确保人人享有自由、平等且有效选择参与每项文化活动的权利。一定坚决拥护、强力推动美国残疾人法案及所有民权法案。男同性恋、女同性恋及其他所有群体，必须得到充分保护。

人人享有医疗：务必确保所有人终生享受全方位高质量的医疗，人们有权利选择主治医生和治疗方式。所有必要的医疗服务都要覆盖到，费用上限不随意变更，没有强制医疗。医疗保障并不是文明社会可有可无的配置。要用深度的教育和技术为所有人赋权，让每个人在医疗关系中成为高级合作伙伴——在家中就能提供简单医疗服务。必须确立并保证病人的权利，包括受到不公正待遇后采取法律手段保护自己的权利。在短期内，必须保护并加强医疗补贴计划、老年保健医疗制度及其他全国、州、地方各个级别加强医疗的项目。

人人享有真正选择权：必须保证每个人都享有终生自由选择并使用文化资源的权利，包括在综合机构提供的以消费者为中心的文化服务。必须赋予所有人自主、自由选择自己的生活方式及参与社区活动方式的权利。让独立生活的价值观成为文化的主流，让所有美国人不再被强行安置在某个机构、养老院、小黑屋或者其他什么地方。每个人都有权利且有能力去创造并持续开发一系列个性化的政府或私人赋权支持计划，该系列支持计划必须弘扬我们文化的动态多样性。必须鉴别出被胁迫的一致性，将它列为典型类别，为所有人提供真正自由的选择权。将来，人与人之间没有区别，没有任何理由将人以高低贵贱来区分。你是有资格的，只因为你是人。

人人享有教育权：必须保证每个人都享有包括高等教育在内的终生教育权，每个人都可以在琳琅满目的公共和私有信息资源中做出自己的选择。当下时代瞬息变化，错综复杂，全民覆盖的终生教育是绝对必要的。家长、青年、成年人都必须有能力去创建个性化的系列教育项目，在政府和私营部门创造更多的实习岗位。必须保护和巩固《残疾人教育法案》及其他保证人人享有优质主流教育权的提议。

人人享有工作权：必须保证每个人享有终生服务的权利，每个人都能够在工作上充分施展自己的才华——体面的工作、丰厚的收入、高品质的生活、工作晋升的机会。必须巩固康复法案，研发出新项目，为所有有需要的人提供自由选择的服务，和以消费者为中心的服务。

人人都有尊严：必须保证每个人都活得有尊严。必须重构公共福利制度和其他社会支持项目，扫除工作上的障碍，设计能够激励所有人努力奋发的项目，同时保障所有失去工作能力的人、在工作却赚不到钱的人也能过上高质量的生活。必须恢复残疾儿童特殊津贴。

人人有房住：必须和私营企业合作，保障所有人都买得到房、买得起房、买得到好房。所有的房子设计都要具有舒适性。

生活就像超级碗，人人都是大赢家！

人人都享有的通讯科技：必须保证所有人都用得上、用得起所有通信系统和其他科技。让技术为公共事业和私营企业服务，将每个客厅变成工作室、大学、剧院和一站式购物中心。

人人都享有的交通：必须保障公共和私营交通，让所有人用得起、用得上、用得方便。无论是大城市还是郊区，抑或者是乡村，都应该大力建设方便高效的公共交通。拥有汽车、开汽车，不应该视作进入主流社会的要求。

人人都享有的社区：必须与私营企业合作，开发全新、高效且住得起的社区——每个人都负担得起社区所有公共区域和公共服务，并且方便快捷，几分钟就可以到达想去的地方，而不必花上几个小时。我们建立了购物中心，现在该到建立生活中心的时候了。

人人都享有的世界：必须敦促联合国全力贯彻关于残疾人的标准规则，让联合国成为为所有人赋权的强大推手。为了给每个国家的人民赋权，我们必须提供政治、科技、经济方面的支持。美国政府、企业中每一位代表、每一个美国游客，都要成为赋权的使者。

美国是所有人的美国！你们是有力量的，去领导他人吧！

如果你去领导他人，如果你能带动身边的人行动起来，我们就能赢。你有力量、有责任领导这场拯救民主的革命，让所有人都实现自己的梦想。你不需要任何名头，也不需要任何人的许可，只要去做就好。我们要告诉你的是：你可以开启一个人的革命——就在今天，在你自己的客厅和社区就可以。去找你的家人、朋友、政府，特别是和你一起倡议的人们。你的所作所为会瞬间改变社会，因为你就是社会。

> 让我们团结起来，一起呐喊："美国人民，世界人民，你们是有力量的！加入我们，加入到这场革命中来，为所有人赋权。"

请成为赋权政治家吧!

- 追求有作为的政治。每个人都可以有所作为,从非暴力抵抗到市政服务,从动员市长到动员你的母亲。权力从来不是别人赋予你的,而是有行动意愿的人争取到的。
- 追求团结所有正义之士的政治。加入并支持他们的组织和政治活动,贡献自己的力量。团结一致,我们就能取得胜利;一盘散沙,我们就会一败涂地。
- 追求真实的政治。将欺诈留给那些蛊惑人心的政客吧!真相这个有魔力的词语,会推动积极的改变。
- 追求坚定不移的政治。历史证明,坚决不认输的人是打不败的。这就是成功的真正秘诀:永远、永远、永远都不放弃。
- 追求有爱的政治。爱是直抵人的头脑、心灵的终极力量,是改变生命的终极力量。所有人都可能是我们的盟友。摒弃坏的想法,去爱拥有这个想法的人。
- 追求当下的政治。每一天都是行动起来的日子。每一天都是选举日。被动等待官方正式选举活动和选举日的到来,只会大大削弱自己的影响力。2000年选举活动现在已经在决议之中了,今天就在你的社区中建立一个"所有人的美国"团体。

全世界都在关注我们的行动；全世界都在注视着美国。全世界都在跟随着我们行动。失败是不堪设想的。尽全力为赋权而奋斗，就像你的生命全部仰仗于它。我们的生命的确仰仗于赋权斗争，21世纪全人类的生命都仰仗于它。

让我们彼此拥抱，彼此赋能。让我们拒绝相互敌意，绝不自我放弃，永不退却。让我们携手向前，共同传承伟大的传统。杰斐逊、林肯、甘地、马丁·路德·金、曼德拉、艾德·罗伯特、韦德·布朗克和伊丽莎白·博格斯，这些伟人共同拥护的传统。让我们以勇气去对抗威胁，用爱对抗恨，用真实对抗谣言。让我们用美好的愿景战胜恐惧和谬论。让我们团结起来一起呐喊："美国人民，世界人民，你们是有力量的！加入我们，加入到这场革命中来，为所有人赋权。"

美国是所有人的美国！你是有力量的！今天就行动吧！

- 今天就行动起来，在客厅里、在社区里、在你所在的州，发起2000年"所有人的美国"运动吧。你不需要法律条文，不需要任何名头，也不需要任何人的许可。如果有必要,你可以开启一个人的革命。

- 经常去做志愿者,为好的运动做服务。你可以成为早期领袖,去领导选举活动,支持"所有人的美国"运动。去候选人的办公室工作,带上"所有人的美国"活动条幅去参加他们的会议。去敲开他们的门,去商场里分发资料,去捐款,哪怕只是一小笔钱,都会让你成为不一样的自己。

- 去影响身边的家人、朋友、商人、教友、倡议同胞,让他们都来支持"所有人的美国"运动。破坏民主的人们让所有人的政治看起来高不可攀。请记住,基督教是由13个身无分文的人建立的,他们甚至连一间开会的房间都没有。

- 去找到那些能成为"所有人的美国"运动的坚固同盟的组织。民权组织、倡议组织、专业组织、独立生活中心、残疾联盟、美国残疾人护理项目组织、残疾人教育权利和维权基金会、残疾选民联盟组织、国家独立生活委员会、残疾人倡议领袖组织、美国盲人委员会、国家聋哑人协会、"为自己代言"组织、精神病康复者协会,还有很多其他组织,加入他们,支持他们。虽然他们都会有自己的活动安排,但是,如果你支持他们,他们也会支持你。去说服这些组织中的一些成员，让每个人都来支持我们这么好的政治运动，至少要借用一下他们的名字。

各位倡议同胞们，我爱你们！
携起手来，我们所向披靡！

贾斯汀·达特 & 良子·达特

National Disability Policy:
A Progress Report

附录 B 国家残疾政策：进度报告

为全国残疾人委员会提供
主席马卡·布里斯托
最后更新日期：1999 年 2 月 16 日
本报告中包含的观点不一定代表政府的观点，因为本文件不受 A-19 行政部门审查程序的约束。

一、导语

国家残疾人委员会是一个独立的联邦机构，负责就影响残疾人的公共政策问题向总统和国会提供咨询。根据这项任务，国家残疾人委员会需要每年汇报联邦残疾人政策的进展情况，并就公共政策如何更好地满足残疾人群体的需求提出建议。鉴于残疾人群体的多样性和庞大规模及影响该群体的一系列公共政策问题，国家残疾人委员会一直试图关注影响美国大部分残疾人群体的主要问题。

如标题页所示，以下报告时间范围从1997年11月1日开始，至1998年10月31日结束。根据之前的报告和建议的准则，国家残疾人委员会对公共政策的多个领域进行了评估。主要报告是1996年的《实现独立》，该报告以国家残疾人委员会政策分析为框架，收集了来自全国各地的300多名残疾领导人于达拉斯峰会上采纳的各个群体的共识建议。为了帮助读者，以下报告文本中使用斜体字标明国家残疾人委员会对总统和（或）第106届国会的建议。

二、概述

1990年7月26日，当乔治·布什总统签署《美国残疾人法案》时，他说道："《美国残疾人法案》的强大之处在于它的简单性。它将确保残疾人享有长期以来奋力争取的基本权利：独立自主、自由选择、主宰自己的命运、完全平等地融入美国主流社会。"

布什总统后来表示，"如果把联邦政府、各州政府、地方政府以及个人投入的资金加在一起，每年要花费近200亿美元来资助美国残疾人，实际上是让他们保持依赖性。"正如布什总统所认识到的那样，我们的公共收入支持体系和相应医疗保健福利体系的依赖性模式与《美国残疾人法案》的自由选择和平等就业机会的愿景背道而驰。假如你在工作时必须失去医疗保健和个人援助服务，这是平等的就业机会吗？

为了解决残疾人公共福利项目中长期存在的妨碍就业的问题，国会议员在去年参与了一项两党两院行动计划，该计划允许残疾人脱离残疾福利名册，在就业时保留他们的医疗保险。该计划的另一个重要内容是针对享有社保残障保险和社会补助保障金的人群，扩大他们获得私人职业康复的机会。当重返工作岗位法案通过电子邮件、传真、电话和信件送达残疾人和他们的家人时，该法案引起他们高度关注。通过倡导者和法案主要发起人的艰苦努力，众议院的《工作和经济自给自足法案》和参议院的《工作激励改善法案》获得了政府的支持，使之几乎成为法律。第105届国会在这一问题上取得的进展，将为第106届国会两党的成功合作奠定坚实的基础。

在第106届国会中，不受返工法案努力的影响，社会保障和医疗保险计划的改革将是两党的重要议题。与学校现代化、管理保健改革、医生协助自杀或人类基因组计划的影响等其他重要政策一样，社会保障偿付能力和医疗保险未来得到解决的方式将对残疾人产生巨大影响。然而，尽管如此，参与正在进行的关于如何保护社会保障信托基金偿付能力或未来医疗保险计划等问题讨论的就业残疾人及其倡导者的人数仍然很少。随着越来越多的残疾人、他们的家人和倡导者就社会保障和医疗保险问题发表意见,他们面临的挑战将是捍卫基本联邦收入支持计划,以及为那些无法工作的人提供公共资助的医疗保险,同时扩大寻求就业的残疾人获得负担得起的健康和长期服务及资助的机会。这一挑战在当今公共政策的许多领域都存在。残疾人是否应该努力保护那些重要的受到高度审查但设计拙劣、管理不善的公共项目,还是应该积极推动公共项目现代化,从而真正促进工作和经济自给自足?

1998年3月13日,克林顿总统签署了一项行政命令,成立了全国残疾成年人就业工作队。当时,克林顿总统认识到,有必要对促进残疾人就业的联邦政策进行现代化革新与协调。他任命劳工部长亚历克西斯·赫尔曼为主席,残疾人就业总统委员会托尼·科埃略为副主席。在全国残疾委员会1996年的《实现独立》报告中,总结了来自全国各地300多名残疾群体领袖参加的一次峰会的建议,全国残疾委员会建议总统签署一项行政命令,指示劳工部长通过制定国家目标促进残疾人就业。这项提议在整个政府中由政治任命的残疾人士加以扩充,最终成为克林顿总统于1998年3月签署的行政命令。

正如行政命令所表明的那样,该工作组的目的"是制定一项协调和积极的国家政策,使残疾成年人获得有偿就业率尽可能接近普通成年人口的就业率。"这个高级别工作组包括赫尔曼、科埃略及教育、卫生和公共服务部部长、财政部部长、商业、运输和退伍军人事务部部长,以及社会保障专员、人事管理办公室主任、就业机会均等委员会主席、小型企业管理局长和全国残疾委员会主席。该工作组下设分组,为1998年11月提交总统的报告做准备工作。在发布报告后,工作组将开始征求残疾领导人对工作组的初步建议和进一步发展的意见。与总统的种族倡议一样,残疾成年人就业工作组提供了一个让所有美国人了解为什么残疾人的就业率如此之低,以及将采取什么措施增加这一类群体的就业机会。同样重要的是,多重机构工作队的存在意味着残疾成年人的就业问题不仅仅是一个职业康复问题,而是需要对公共和私营部门进行系统改革的问题,改革的目的是确保残疾儿童和成年人成功实现并保持就业。

　　交通系统是成功实现引导残疾人工作的系统之一。交通部一直积极参与残疾成年人就业总统特别工作组的工作。在过去的一年里,交通部采取了重要的举措,发布了关于公路巴士无障碍性的规定,保障残疾旅客在必要时能够进行更方便、负担得起的城际交通。这要求主要运营商在该规定生效日期后购买的每一辆新型的公交车都必须完全可供坐轮椅的乘客使用。这项规定还要求，随着时间的推移，旧式的公交车将被新型的公交车取代，实现完全无障碍通行。

与交通一样，为那些在日常生活中需要帮助，找到和保持就业的残疾群体提供以家庭和社区为基础的个人援助服务，并且这些服务必须是他们能够负担得起的。1998年3月，商业委员会健康小组委员会举行了一次关于《医疗补助社区助理服务法》的听证会，与会者人数众多。国会今年收到了有必要制定立法的证词，为需要长期服务和资助的儿童、成年人和老年人在社区中提供真正的选择。1998年7月，美国卫生保健融资管理局致函各州医疗补助主任，告知他们《美国残疾人法案》要求最大限度地提供医疗补助服务，包括长期服务。这两项发展可能预示着下一届国会将做出广泛的努力，消除当前体制中的偏见，让残疾人及其家庭有能力选择在哪儿居住，在哪儿获得他们需要的长期服务和资助。

各项返工法案、克林顿总统关于残疾成年人就业的行政命令、各项公路巴士条例、《医疗补助社区助理服务法》听证会和美国卫生保健融资管理局致函都表明公共政策的进步。然而，去年也有人试图通过削弱《残疾人教育法》对残疾儿童及其家庭的民权保护，使国家倒退。由于不满于在纪律问题上达成的妥协，1997年，这一妥协产生了足够多的选票,重新授权了《残疾人教育法》。有权势的国会议员试图修订新法律,使学校更容易大范围停止向残疾儿童提供教育。如果这些努力取得成效,学校将有可能无限期地停止对一些学生的教育,遵守旨在确保学校公平和问责的现行正当程序而不受惩罚。

尽管在家长、残疾倡导者、《残疾人教育法》的国会支持者和政府部门的强烈反对下,提议的修正案最终被否决了。但许多学校董事会、学校管理者、其他参与制定教育政策的人显然认为,残疾儿童的民权法妨碍了学校维持秩序和有效教育所有学生。直言不讳的学校董事会及其盟友营造了一种氛围,让接受特殊教育服务的儿童成为美国公共教育中失败的替罪羊。如果《残疾人教育法》的批评者成功地将对残疾儿童的保护进一步限制在1997年法律所体现的妥协之外,那么受害最深的将是那些行为不良的残疾儿童,即来自低收入家庭的儿童,有色族群和少数族裔的儿童、寄养儿童、少年司法系统中的儿童,以及生活在农村地区无法获得法律保障的儿童。这些儿童最容易受到学校单方面的纪律处分,因为这些儿童及其家庭往往缺乏财政来源和信息,来应对不公平或寻求适当的替代教育。公民权利保障在观念上的弱化将是美国儿童和家庭公共政策的一个失败。

此外,由于最近取消了10万多名低收入残疾儿童及其家庭的补充保障收入福利，如果《残疾人教育法》修正案获得通过，这一变化的负面影响将变得更加严重。在经济繁荣时期，有残疾儿童的低收入家庭正在失去保障，而社会的许多方面都在进步。这份报告更新了1997年发布的国家残疾人委员会进展报告，将详述去年重大政策的发展，并向总统和第106届国会提出建议。

三、进展、关切和建议

（一）残疾人口统计和残疾研究

1. 人口统计

1998年，教育部国家残疾与康复研究所出版了《美国工作与残疾图表册》。该文件有纸质版，在国际互联网上有摘录[1]。该图表册从多个来源收集数据，包括收入和项目参与调查、全国健康访谈调查、当前人口调查、10年一次的人口普查及职业伤残和疾病年度调查。如下所示。

- 大约3200万人（占美国劳动适龄人口的18.7%）报告有一定程度的残疾。1500万人（占美国劳动适龄人口的8.7%）报告患有严重残疾[2]。
- 图表册还报告了按种族和族裔来源划分的残疾患病率统计数据。在18—69岁年龄组中，报告了以下数据。

种族群体	工作限制（%）	无法工作（%）
美洲原住民	17.3	10.4
黑人西班牙裔	15.9	13.2
黑人（非西班牙裔）	14.3	10.3
白人（非西班牙裔）	11.6	6.2
白人西班牙裔	9.5	6.3
亚洲或太平洋岛民[3]	5.7	3.4

- 据图表册显示，劳动适龄男性和女性残疾人口的比例几乎没有很大的差异。大约 840 万男性（占美国劳动适龄人口的 10.1%）有残疾。约有 900 万妇女（占美国劳动适龄人口的 10.4%）有残疾。具体数据如下。

年龄组（岁）	男性（%）	女性（%）	占总人口的百分比（%）
16—24	4.2	4.3	4.2
25—34	6.3	6.9	6.6
35—44	9.4	9.2	9.3
45—54	13.2	13.3	13.3
55—64	23.1	23.3	23.2
总占比	10.1	10.4	10.2

- 与无残疾的工人相比,有残疾的工人的月收入要低得多,如下所示。

	月收入中位数(美元)	
	男 性	女 性
无残疾	2190	1470
非严重残疾	1857	1200
严重残疾	1262	1000

教育部国家残疾与康复研究所1996年的一份图表显示,470万18岁以下活动受限儿童(占所有儿童总数的6.7%)[4]。活动受限的年龄细分如下。

活动受限儿童的年龄百分比(%)			
年 龄	小于5岁	5—13岁	14—17岁
仅限于非主要活动	0.7	1.9	2.4
仅限于主要活动	1.4	5.1	4.5
无法进行主要活动	0.6	0.6	0.7

2. 研究挑战

如上所示,残疾人群体的人口统计数据表明,鉴于残疾人群体的规模和范围,残疾人政策问题应该是决策者高度关注的问题。随着婴儿潮一代的老龄化和新的残疾人的出现,残疾群体不断壮大,残疾政策将影响越来越多的美国人口。尽管近年来残疾人的就业率受到了越来越多的关注,但这一群体的就业率不像女性、黑人和西班牙裔那样按月计算。作为残疾成年人就业总统特别工作组工作的一部分,劳工统计局正在与美国人口普查局、教育部国家残疾与康复研究所、国家残疾人委员会和其他机构合作,制定一种定期衡量残疾人就业率的方法。

令国家残疾人委员会感到欣慰的是,联邦研究实体正在共同努力,提高有关残疾儿童、成人人口和经济信息的及时性和准确性。然而,随着残疾人口的人口结构变得更加复杂,研究界仍然面临着重大挑战。为了使残疾数据和研究能够满足决策者的需要,他们必须衡量残疾人口及与之互动的环境[5]。

鼓励教育部国家残疾与康复研究所与联邦研究界合作,开展测量残疾人特征和环境特征的工作。例如,公共资助的城镇住宅和单户住宅中,可供坐轮椅的人探访的比例是多少?公共图书馆为聋哑人和听力受损的用户提供文本电话服务的比例是多少?盲人和视力受损的计算机用户不受限制访问联邦机构网站的比例是多少?获得辅助传输服务所需的平均时间是多少?健康维护组织允许患者将专家视为他们的初级保健医生的数量有多少？这些问题具有重要的政策意义，单凭残疾人口统计信息是无法回答的。

（二）民权

在 1996 年达拉斯国家残疾人委员会峰会上，加强现有民权法的执行成为许多工作组的一致主题。尽管自 1996 年以来，联邦执法力度有所提高，但仍需要更有力、更具战略性和更可见的执法。继 1996 年有关执行力度的担忧之后，国家残疾人委员会对 4 项民权法的执行情况进行了详细分析，具体包括《美国残疾人法案》《残疾人教育法案》《公平住房法案》《航空承运人准入法案》。这些报告将在第 106 届国会第一次会议上发布。在以下章节及本报告的教育、交通和技术章节中，国家残疾人委员会分析了本报告所述期间民权法和政策的具体进展情况。1999 年国家残疾人委员会发布的针对法规的报告中，将有对联邦执法工作的更详细分析。

1. 美国最高法院就《美国残疾人法案》表态

去年，美国最高法院审理了两起有关《美国残疾人法案》的案件。在第一个案件"布拉顿诉爱博特"中，法院裁定，一名艾滋病毒呈阳性，但尚未出现艾滋病相关症状的女性仍属于美国残疾人协会残疾定义的范围。

因此，当牙医拒绝在办公室为其补牙时，该女性因遭到歧视而应受到保护。国家残疾人委员会对这一结果表示赞同，并鼓励就业机会平等委员会和司法部利用最高法院的分析发布执行指南，以重申法院支持《美国残疾人法案》案件原告符合《法令》对可转让性的定义的适当方式，这应该有助于改变下级法院将残疾定义缩小到乳腺癌、癫痫、糖尿病和轻度智力迟钝患者及艾滋病毒检测呈阳性的人，不在美国残疾人协会保护范围之内。

在第二个案件"宾夕法尼亚州惩戒部诉耶斯基案"中，法院裁定，《美国残疾人法案》第二编的确适用于国营监狱。国家残疾人委员会也对这一结果表示认可。为了回应耶斯基的决定，国会中的一些人提出了一项法案，称为《州和地方监狱救济法》，该法案将修订《美国残疾人法案》和《康复法》，使运营监狱的州和地方机构免于遵守这两部法律的民权要求。这项法案在上届国会没有通过立法，但可能会在新一届国会重新通过。国家残疾人委员会鼓励总统和国会反对《美国残疾人法案》或《康复法》的任何修正案，这些修正案将缩小为他们提供的保护范围。新当选的州长和总检察长并没有像许多州所做的那样，对《美国残疾人法案》第二编的合宪性提出法律挑战，反而取得了一些成功。州长和总检察长应该接受《美国残疾人法案》的民权要求，寻求符合成本效益的方法，使州和地方政府的文书得到遵循。

尽管最高法院在"布拉顿案"和"耶斯基案"的判决应有助于纠正联邦法院根据《美国残疾人法案》做出的一些令人不安的判决，但联邦法官仍需要进一步了解《美国残疾人法案》和其他残疾民权法的原则。这可以通过继续教育项目来实现。此外，总统和国会需要共同努力，寻找、任命合格的残疾人律师和法官，并充分理解残疾人民权运动在法律和哲学上对联邦法院的影响。

2. 仇恨犯罪

1998年，国会就仇恨犯罪的民权问题采取了行动。1997年11月13日，一项仇恨犯罪法案被提出，该法案将加重惩罚对残疾人实施仇恨犯罪的人。这项法案最终没有通过，但另一项法案已经颁布，要求收集针对残疾人的仇恨犯罪数据。新法律要求的数据将更容易证实其必要性，类似于1997年11月通过的法案，并将有助于保护任何此类立法免受宪法挑战。国家残疾人委员会赞同国会和总统认识到有必要收集针对残疾人的仇恨犯罪数据，并鼓励第106届国会和总统通过一项法律，重新审视这一问题，该法律包括更严厉地惩罚和适当改造此类对残疾人的仇恨犯罪行为。

3. 民权实施

(1) 美国就业机会平等委员会：在一定程度上，由于与种族倡议相关的活动和建议,国会批准将美国就业机会平等委员会的预算增加3700万美元。这是美国就业机会平等委员会自接受《美国残疾人法案》的额外执法责任以来,首次大幅增加预算。这是向美国就业机会平等委员会提供资助,以便及时调查索赔,并向其众多利益相关者提供急需的外联和技术援助所迈出的重要一步。国家残疾人委员会赞同国会和总统增加了美国就业机会平等委员会拨款,并鼓励美国就业机会平等委员会利用增加的拨款加强现场的客户服务,并根据《美国残疾人法案》对调查人员进行快速培训。

(2) 住房和城市发展部:同样作为种族倡议的一部分,总统提议并经国会批准大幅度增加住房和城市发展部的公平住房执法预算,用于1999年年度财政预算。公平住房计划的批准预算为4000万美元,高于1998年的3000万美元。国家残疾人委员会称赞总统和国会认识到加强公平住房执法的必要性。国家残疾人委员会建议住房和城市发展部利用增加的公平住房拨款,代表残疾人加大对《公平住房法》和《康复法》第504节的执行力度。例如,如果住房和城市发展部将加强执行《公平住房法》,国家残疾人委员会建议住房和城市发展部也加强执行第504条。

1998年初夏,住房和城市发展部下属的公平住房和机会平等部对修订标准合规性进行程序审查，审查内容首次包括公平住房合规性评估的一部分的第504条。*国家残疾人委员会赞扬住房和城市发展部将第504条合规性审查纳入一般公平住房合规活动。*

1998年初，住房和城市发展部开始了大规模的检查工作，系统地审查住房和城市发展部资助项目的实体工厂，以评估是否符合各种安全和保障标准。作为这项工作的一部分，住房和城市发展部检查员评估无障碍法律法规的遵守情况，如《康复法》第504条。*国家残疾人委员会赞扬住房和城市发展部的此类做法，并鼓励其公开审查结果。*

1998年夏，住房和城市发展部下属的政策制定和研究部门与公平住房和机会平等部一起与一家私人研究公司签订合同，对1991年3月（公平住房法新建筑指南的生效日期）以来新建的所有多户住宅（有4个或4个以上相邻单元）进行全国性调查。这项调查将收集数据，提供是否符合《公平住房法》的建筑物数量、类型和位置等信息。*国家残疾人委员会赞扬住房和城市发展部认识到有必要掌握这一领域的全面信息，并鼓励住房和城市发展部公开调查结果。*

1998年4月，住房和城市发展部发布了《公平住房指南设计手册》，旨在进一步说明新建住房需要符合《公平住房法》的建筑要求。一些开发商指出，该文件发布于1998年，《公平住房法》于1991年生效，因而他们不应为未能遵守《公平住房法》而在1998年《公平住房指南设计手册》发布之前建造的住房承担责任。国家残疾人委员会赞扬住房和城市发展部发布了这些重要的指导方针，并强烈鼓励住房和城市发展部抵制任何于 *1991年至1998年4月发布《公平住房指导方针设计手册》期间建造多户住宅的开发商逃避责任的行为*。

(3) 司法部：随着美国就业机会平等委员会与住房和城市发展部预算的增加，国会批准预算略高于100万美元，司法部民权司将根据《美国残疾人法案》加强执法和调解活动。国家残疾人委员会赞扬国会和总统增加了美国司法部执行《美国残疾人法案》的拨款，鼓励美国司法部继续贯彻，协调所有部门的《美国残疾人法案》执法，尤其是第二条中的最为完整的设置要求；第二条和第三条中的技术获取问题；以及第二条中的小学、中学和高等教育的合规性。

4. 强烈抵制民权

去年，强烈抵制残疾人民权的现象持续出现。评论员和专家继续抱怨一些不道德的人从《美国残疾人法案》中受益，以及雇主承担特别费用，尤其是诉讼费用。批评人士认为，《美国残疾人法案》是一个失败，因为自该法案生效以来，残疾人的就业率并没有显著增加，而且该法案含混不清，难以明确予以解释。以上所有的这些论调都经不起认真推敲，然而，它们的声音却不绝于耳。

全国残疾委员会鼓励《美国残疾人法案》的执法机构，如美国就业机会平等委员会、交通部，其部分职责必须包含纠正对《美国残疾人法案》的误解或不当解释，因为这些只会助长公众强烈抵制的情绪。当一篇文章发表时，如果明显误解了《美国残疾人法案》，最有能力做出回应的机构必须及时有效地纠正。否则，误解就会被允许伪装成事实，成功执行法案的环境就会受到破坏。

5. 参与选举进程

选举权是民主国家最基本的公民权利和人权之一。然而，许多残疾人无法充分行使这项权利，因为他们无法参加地方选举。1984年，国会试图通过颁布《老年人和残疾人投票法案》来解决这一问题。虽然这项法律在承认和解决投票问题方面迈出了重要的一步，但它并没有消除残疾人在投票地点和投票方法（如投票亭和选票）方面遇到的基本问题。该法律没有为因无法进入投票站而受到伤害的残疾人提供有效的补救措施，也没有制定任何无障碍准入的国家标准。

尽管《老年人和残疾人投票法案》存在缺陷，但在确保残疾选民的准入方面，一些司法管辖区比其他司法管辖区更积极主动。例如，在罗得岛州，州选举委员会与州长残疾人委员会合作，使该州94%的投票站能够在1998年9月的初选前投入使用。该州官员还为居住在无法进入投票站的社区的残疾人提供援助。

全国残疾委员会敦促总统和国会认识到，残疾人的投票能力不应取决于州选举机构的善意，而应作为一项受联邦保护的公民权利得到保障，在权利受到侵犯时会产生实际后果。因此，全国残疾委员会鼓励总统和国会颁布立法，修订《老年人和残疾人投票法案》，承认所有残疾人独立投票的权利；确保选举过程的所有阶段（从选民登记到选举日程序）都可以进入；要求建筑和运输障碍合规委员会为投票站、投票方法和登记材料的无障碍性制定标准；加强执法机制，确保残疾人能够行使自己的权利；并要求联邦选举委员会或其他相关实体定期对残疾人参加选举的情况进行有意义的监督。

6. 未开发地区准入性

《美国残疾人法案》第507（a）条要求全国残疾委员会确定与残疾人未开发地区准入性相关的重要问题。1992年12月1日，全国残疾委员会发布了一份题为《残疾人未开发地区准入性》的报告，其中包括在听证会和初步研究后提出的建议。报告中的一项关键建议是，负责未开发地区管理的联邦机构应更好地协调其有关残疾准入的政策和管理实践,并使其符合联邦非歧视法的要求。1997年10月,联邦未开发地区管理机构和一个名为未开发地区调查的非营利组织签署了一份谅解备忘录;在第105届国会举行的最后几天,协调其政策,以"在机构和荒野调查之间建立合作的总体框架,增加所有人使用和享有机构的计划、设施和活动的机会",通过相关立法,要求农业部长和内政部长进行全面研究,以改善残疾人获得国家森林系统联邦土地的机会,如国家公园系统、国家野生动物保护区系统和土地管理局,向公众提供的户外娱乐机会(如钓鱼、狩猎、猎捕、野生动物观赏、徒步旅行、划船和露营)。

(三)教育

1.《1999年度财政综合预算法案》

由总统签署的最终预算法案在第一年计划使用12亿美元雇用10万名新教师,将低年级的班级人数减少到全国平均数18人。这项倡议旨在帮助学校招聘优质教师,并确保学生获得更多的个人关注,为基础教育奠定坚实的基础,加强课堂纪律。全国残疾委员会赞扬总统和国会为雇用新教师和缩小班级规模提供资金。全国残疾委员会鼓励总统和教育部确保新教师得到适当的培训,以满足主体教室中残疾儿童的特殊需求。此外,全国残疾委员会鼓励总统和国会继续合作，在即将到来的2000年度财政预算讨论中，为雇用更多新教师提供资金。最后，全国残疾委员会鼓励教育部确保使用资金雇用的新教师能够代表他们服务的多元而复杂的社区，包括残疾人。残疾教师和其他被剥夺权利群体的教师一样，代表模范榜样，可以通过他们的事例改变学校文化。

最终预算法案还包括为课后项目、儿童扫盲、大学对中学生的指导、教育技术、托儿质量、教师招聘、提前教育、特许学校、拉美裔教育计划、佩尔奖学金和暑期工作提供新的资金。全国残疾委员会赞扬总统和国会扩大针对儿童和青年项目的投资。全国残疾委员会强烈鼓励这些新基金的管理机构确保基金授予者采取措施，将残疾儿童和青年纳入其活动范围。例如，教育技术资金应该用于所有学生都可以学习的技术，包括视觉、听觉、学习和行动障碍学生。同样，特许学校资金的授予者应该有必要证明他们有能力在主流环境中为残疾学生提供服务。

2. 学校现代化

在国会召开的最后几天里，克林顿总统在推动学校建设资金方面未能取得进展，因此，他可能会再次寻求通过税收抵免，来借贷收购近220亿美元的债券用以建设和翻新学校，从而实现全国公立学校的现代化。全国残疾委员会强烈支持总统提出的学校现代化计划。它鼓励总统和国会共同努力寻找资金来支持这一倡议，然后确保新建或翻新的学校代表了通用设计的典范，以便所有学生、教师和家长能够充分参与未来学校的各个方面。

3.《残疾人教育法》建议

1997年6月4日，在签署《残疾人教育法》修正案后不到5个月，教育部发布了一份制定拟议法规的通知，计划在1998年1月20日前，征求公众对拟议法规的意见。截至1998年10月31日，尚未发布最终法规。1997年颁布的《残疾人教育法》是两党妥协的成果，此前两党为阻止重新授权，进行了长达几个月之久的激烈政治斗争。正如本报告导言中所指出的，众议院和参议院今年采取了一系列旨在阻止或削弱法律关键条款的措施，试图以学校要求更大的灵活性的名义限制《残疾人教育法》对公民权利的保护。我们将在稍后总结这些修正案。

几项修正案提出了影响学校纪律程序管理中正当程序保护的修改建议。如果学生携带武器到学校，在学校犯下与毒品有关的罪行，或独立听证官发现学生极有可能伤害自己或他人时，现行法律只允许将学生转移到临时替代教育环境中，且时间最多不超过45天。导言中提到的一项修正案建议，允许学校单方面开除故意表现出暴力行为的学生，因为这些暴力行为已经或可能对自己或他人造成伤害，即使这种行为是残疾的表现。修正案将用学校单方面的事实调查和决策取代公正和独立的听证官员的客观决策。最后，这项修正案提议删除将学生排除在正常课堂之外的45天的时间限制，这将免除对未经审查就无限期开除学生的保护。尽管有这样的想法，该修正案的更极端的一个改变是，州和地方教育机构可以制定并实施适用于其管辖范围内所有儿童的统一纪律政策。学校工作人员将可以无视《残疾人教育法》的条款，被允许单方面驱逐具有破坏性行为的残疾儿童，即使这种行为与残疾有关。

第二项修订的目标是被监禁的残疾成年人获得教育服务的权利。这一领域的拟议修正案将使教育部无法减免或扣除各州对被监禁的未成年人，年满18岁之后提供特殊教育和相关服务的拨款。按照提议，这项规定将免除许多州的青年囚犯获得适当教育服务的机会。

最后，《残疾人教育法》规定向根据该法案第615节提起的诉讼或胜诉方的父母支付律师费用。哥伦比亚特区众议院拨款法案中的措辞将包括两个方面：①取消行政听证的律师费，行政听证占特殊教育案件的大部分；②将提交法庭的案件的律师赔偿限制在每小时50美元，每个案件的最高赔偿金额为1300美元。

这些修正案中的每一项都直接质疑了《残疾人教育法》的核心前提：每个残疾儿童都有权利在符合这一目标的限制性最小的环境中，接受适当的免费公共教育，有权获得防止学校进行单方面行动的正当程序保护，并在学校未能履行其义务时获得有效的补救。经过一场激烈的争辩，纪律修正案被搁置，接下来将对联邦特殊教育成效进行9个月的研究，保护学校维持纪律的能力。这项研究将由美国总会计师事务所进行。除了哥伦比亚特区律师费用的上限外，其他所有修正案均被搁置，仍保留在国会批准的最终拨款法案中。许多人担心华盛顿特区的这项措施，是对规定更广泛的律师费用上限做出的试探性尝试，这将使一个有残疾儿童的家庭更不可能在法庭上维护自己的合法权利。

倡权者今年投入了大量精力和资源来反对这些削弱法律的企图，并鼓励教育部加强拟议的法规，尽快发布最终法规。虽然拟议规则制定在很大程度上反映或加强了1997年《残疾人教育法》的规定，但其仍然存在明显的薄弱环节。其中包括短期离开学校后暂停教育服务、缺乏完成重要行动的具体时间表、通知家长并将其纳入关键会议和决定的要求不明确，以及仅部分纳入早期干预计划的要求（C部分）。在收到数千条关于拟议规则制定的意见后，教育部将最终法规的发布日期从春季末推迟到1998年12月。

国家残疾人委员会建议教育部及时发布实施1997年《残疾人教育法》的最终法规。这些规定将作为州和地方各级教育体系的保障和指导方针。国家残疾人委员会强烈鼓励地方司法机构以联邦法规为模式，制定自己的指导方针，以贯彻实施《残疾人教育法》，并借鉴当地的成功经验，将最佳实践纳入其中。

随着国会的反对和教育部的拖延，《残疾人教育法》继续遭到州和地方各个层面的不遵守和强烈反对。来自全国家长网络的反馈表明，反对《残疾人教育法》及其提供保护来五个核心观念：①残疾学生需要的教育资源超过了他们的公平份额，这使得学校更难教育其他学生；②学校不受限制地排斥有挑衅性行为的儿童是确保学校安全的必要条件；③个人教育计划转移了教育儿童的资源；④个人教育计划剥夺了州和地方教育机构的控制权；⑤学校不想在主流环境中应对问题儿童。

全国各地的家长报告说，学校工作人员和管理人员强烈抵制为孩子提供适当的服务。与此同时，强大的教育协会游说地方学校人事部门，在没有正当程序的情况下停止对残疾学生的教育。在许多学区，家长必须不断争取《残疾人教育法》所规定的必须服务，这表明违背法律法规的行为可能很普遍，而且基本上未受质疑。

国家残疾人委员会建议教育部和司法部认识到并纠正当前联邦合规监督活动的不足。未能提供《残疾人教育法》所需服务的学校系统正在损害残疾儿童的未来。联邦当局必须制定更有效的监督机制，以识别和应对未能遵守法律法规的行为。一旦发现不符合规定的学校系统必须在规定的时间范围内纠正不当行为，否则其将面临制裁。在缺乏充分实施这一意愿的情况下，制裁必须与积极激励措施相结合，以改变对最终行动的抵制。

为所有儿童提供免费公共教育需要对我们现有的教育体系进行许多改革。免费公共教育要求家长和学校工作人员合作，满足每一个孩子的需求，而不是期望所有孩子都能在相同的条件下取得成就。它需要一种系统的方法来支持每个孩子的个人能力和卓越表现，这意味着一种分配教育资源的替代性方法。它需要获得并将以前没有的辅助技术融入课堂；它需要利用各种来源的专业知识，而不是期望教育者满足残疾儿童的所有需求。实现这一理念需要致力于变革，以及在国家、州和地方各级部门增加和重新分配资源。

联邦政策必须支持旨在将资源用于创造安全、包容的教育环境的解决方案，健全全面可管理的信息管理系统，加强家长与州和地方学校工作人员之间的合作，以满足所有学生的教育需求。

国家残疾人委员会建议总统和国会履行1975年的承诺，将贯彻《残疾人教育法》所需资金的40%分配给各州。今年国会批准了12%的拨款，这是迄今为止的最高水平，但仍远远低于实际所需的水平。此外，鉴于联邦政府在过去3年中为《残疾人教育法》增加了约15亿美元的资金份额，国家残疾人委员会鼓励教育部评估地方学校是否有效使用了这些额外资金，教师是否接受了更好的培训，以满足残疾儿童的需求？针对残疾婴幼儿的早期干预计划是否已经开展？资金是否被用于通过提供家长培训和《残疾人教育法》信息来增加残疾儿童家长的自主权？

国家残疾人委员会建议州教育机构协助地方学校系统组织，将《残疾人教育法》的信息要求简化和标准化以便于合规，并开发有意义的数据来衡量实施的结果。

最后，国家残疾人委员会敦促全国各地的教育工作者将《残疾人教育法》视为教育所有儿童的承诺，不管他们的情况如何，接受并重塑当地教育体系以满足个体学生的需求。开发学校工作人员、家长和学生之间的互动协作模式，将是创造这种反应能力和消除所有残疾学生免费公共教育障碍的关键策略。

4. 特许公立学校

政府普遍支持特许公立学校作为美国公共教育的创

新实验室。如前所述，最终预算法案包括增加联邦对特许公立学校的资助。政府和许多国会议员都表示希望看到特许公立学校在联邦政府的支持下继续增加。

国家残疾人委员会担心的是，一些司法管辖区正在创建特许公立学校，但实际上没有确保教师和管理人员在残疾儿童寻求入学时遵守《残疾人教育法》《美国残疾人法案》和《康复法》第504条。国家残疾人委员会鼓励教育部向越来越多的特许公立学校提供技术援助、监督、监测和执行以上法律法规，为残疾学生提供最佳的教育实践。

5. 初等和中等教育法

第106届大会议程上的一个议题将是对《初等和中等教育法》重新授权，这是一项重要的法律，为所有学生特别是低收入家庭的学生制定了联邦教育政策。《初等和中等教育法》目前要求各州为所有学生制定高标准，创建质量评估，以衡量学生达到这些标准的程度，并为学校建立问责制，以确保学校在培养学生达标方面取得的进展。根据《初等和中等教育法》，学校必须提供丰富和有效率的课程、有效的教学方法、高水平的专业人员、高质量的专业发展，以及为努力达到标准的学生提供及时和有效的个人援助。学校必须在与家长合作开发的项目中满足以上所有要素。

国家残疾人委员会鼓励总统和国会利用《初等和中等教育法》重新授权提供的机会，解决主流教育政策的需求，以整合残疾学生和低收入家庭学生的需求，从而改善所有学生的教育成果。例如，国家残疾人委员会鼓励总统和国会重新授权，以确保残疾学生被有意义地纳入基于标准的改革，并有望达到高标准，提供适当的住宿，扩大家长培训和信息工作，建立并促进与《残疾人教育法》资助的基于社区的家长培训和信息中心的联系，以便所有家长能够共同努力，促进满足所有学生个人需求的高质量计划，改善教师培训和专业发展，更好地满足主流环境下学生的多样化需求。

6. 1998年《聋哑人教育修正案》

作为国会通过并经总统签署的1998年高等教育修正案的一部分，《聋哑人教育法》经修订，要求初级和中级教育项目需要遵守《残疾人教育法》的相关要求。该法案还要求教育部长研究并向国会报告聋哑人的教育情况，认清聋哑人生活中与教育相关的因素，这些因素会阻碍或有助于他们成功获得高等教育和就业机会。国家残疾人委员会赞扬总统和国会认识到对公共教育中阻碍或促进聋哑学生中学毕业后取得成功的因素进行研究的重要性，并鼓励教育部长迅速采取行动，完成研究和报告。

(四）医疗保健

1. 管理式护理中的保护

与教育系统一样，医疗保健系统也是一个重要的基础设施，既可以促进残疾人的实用能力和选择，也可以致使残疾人难以实现其目标。随着绝大多数人参与私人保险，越来越多的医疗补助人口参与管理式医疗，残疾人在为管理式医疗系统中的患者创造权利的努力中有着巨大的利益。去年，总统和许多国会议员努力通过了一项法案——患者权利法案，其包括患者保护，如确保获得专家服务，建立强有力的急诊室保护，持续护理条款以防止治疗突然改变，公平、及时、独立的患者申诉程序，以及使这些权利成为现实的执行条款。国家残疾人委员会强烈鼓励总统和第 106 届国会将努力克服党派分歧，共同制定一项强有力的、可执行的法案，为残疾患者及其家属提供充分的保护，以确保他们能够获得所需的优质医疗服务。此外，国家残疾人委员会建议总统和国会共同努力，解决医疗改革中管理式护理带来的独特问题，残疾人被迫提前离开康复医院，无法获得医疗康复专业人员在管理式护理发展之前提供的一系列必要服务和支持。

2. 医疗保险改革

医疗保健议程上的另一个重要项目是医疗保险计划的未来。如同关于社会保障偿付能力的辩论一样，围绕医疗保险未来的讨论主要是在残疾人很少或根本没有参与的情况下进行的。尽管许多在职残疾人士依赖医疗保险及社会保障残疾保险福利提供的医疗保健，但迄今为止，在医疗保险讨论中，这一群体几乎被忽视。国家残疾人委员会鼓励总统、国会和两党医疗保险未来委员会让残疾患者和他们的倡导者参与讨论医疗保险计划。该委员会至少应与参加医疗保险的残疾人士接触，以获取他们对该计划如何更好地满足他们需求的意见。就目前而言，因为它的结构考虑到了老年人的需求，医疗保险更有效地满足了老年参保者，而非劳动年龄残疾人。在考虑改变的范围内，国家残疾人委员会鼓励总统和国会考虑使医疗保险的覆盖范围更符合劳动年龄残疾人所需的服务和支持类型。

3. 购买医疗补助

1997年，国家残疾人委员会报告了当年《平衡预算法》中的规定，该法案创建了一个可选方案。根据该方案，各州允许收入高于贫困人口250%的残疾人购买医疗补助。在过去的1年里，卫生和公众服务部部长唐娜·沙拉拉亲自致函各州，鼓励实施这项规定。迄今为止，国家残疾人委员会了解到，仅俄勒冈州执行了这项法规。俄勒冈州在美国卫生保健融资管理局的批准下修改了医疗补助计划，并正在编写行政规则和实施程序。俄勒冈州的计划与1619（b）类似，但向非劳动收入、较高收入水平和其他收入的工作人员提供医疗补助。该计划将允许个人参加工作时，获得并保留医疗补助，即使他们的收入超过4万美元。*国家残疾人委员会赞扬俄勒冈州是美国第1个执行1997年《平衡预算法》条款的州，并鼓励其他州效仿俄勒冈州，让更多残疾人口享受到医疗保护。*

4. 协助自杀

此外，密歇根州1999年发生了一起试图效仿俄勒冈州做法的将医生协助自杀合法化的事件。尽管国家残疾人委员会承认残疾群体在这一问题上存在意见分歧，但它反对医生协助自杀合法化，因为残疾人士将会被此种方式歧视。截至1998年10月31日，杰克·凯沃基安所在州的选民准备拒绝一项可能使密歇根州成为第二个医生协助自杀合法化的州的措施。

根据民意调查，这项在当地被称为提案B的措施不会通过。在选举前几周的民意调查显示，资金雄厚的反对者（包括密歇根州医学会、罗马天主教会和密歇根州生命权）发起的数百万美元广告宣传活动中，其支持率正在下降。残疾人权利团体，尤其是"尚未死亡团体"

等组织，也表达了对这项措施的反对意见。

反对意见还来自凯沃基安（病理学家，美国推行安乐死合法化的第一人），他说他已经处理了120多起死亡病例的案件，但其认为提案B限制性和监管性太强。他称这是一个"疯狂的"提议。

该措施将允许医生在某些情况下，为希望自杀的绝症患者开出致命剂量的药物。它是通过"梅里安的朋友们"的努力而进入投票的，该组织是以一名因凯沃基安的参与而死亡的女性命名的。

国家残疾人委员会赞扬密歇根州的选民认识到医生协助自杀合法化的固有问题，并鼓励总统和国会反对公开医生这种危险的角色和不必要的宣传。医疗保健应该是治疗，而不是杀戮[6]。

这方面的另一个重要进展发生在国会。为了回应司法部未能根据联邦管制药物法，对开致命药物处方的医生采取行动，一些国会议员提出了1998年《致命药物滥用预防法》。尽管该方案没有颁布，但它确实在众议院司法委员会宪法小组委员会接受了听证会。残疾人权利组织"尚未死亡"成员黛安·科尔曼在听证会上作证。国家残疾人委员会赞扬宪法小组委员会认识到在关于协助自杀的讨论中纳入残疾权利观点的重要性，并鼓励总统与国会合作制定一项联邦法律，保护残疾人的人权，限制医生开致命药物的权力。

（五）为个人和家庭提供长期服务和支持

有效的急症护理系统的必然结果是为个人和家庭提供负担得起的长期服务和支持。从残疾儿童和成人及其家庭的角度来看，当前制度的最大问题是缺乏真正的选择，它为需要长期支持的人提供了选择。由于医疗补助法中的制度偏见，在每个州，养老院护理都是强制性的，而家庭和社区护理是可供选择的。因此，约80%长期服务和支持的资金被用于机构服务。尽管绝大多数各个年龄段的残疾人士及其家人都希望在家庭和社区环境中提供服务，但这种情况仍在继续发生。

1. 联邦立法努力

正如本报告导言中所述，1998年3月，众议院医疗补助管辖小组委员会举行了一次关于《医疗补助社区助理服务法》的听证会，该听证会是与残疾人权利组织ADAPT共同开发的，吸引了众多支持者。大约50个国家残疾和老龄群体表示支持《医疗补助社区助理服务法》。在听证会上，议长纽特·金里奇和少数派领袖理查德·格普哈特都证明了立法的必要性，这将使残疾人能够选择在养老院和其他机构环境之外生活。许多证人就当前体制中的机构偏见，以及联邦和地方立法的失败提供了令人信服的证词,尊重《美国残疾人法案》中阐述的整合环境的州政策及为提供州和地方服务的目标。尽管如此,在上一届国会中,几乎没有推动国家立法,以消除医疗补助制度中的制度性偏见。参议员拉塞尔·费恩·戈尔德的法案效仿了克林顿总统的《健康安全法案》中的长期护理条款,同样没有得到参议院财政委员会(即管辖权委员会)的关注。国家残疾人委员会鼓励第106届国会实施一项大幅增加消费者在长期护理方面选择的战略。随着人口老龄化,许多需要日常生活援助的老年人和残疾人目前感受到的危机只会变得更加普遍。

2. 行政努力

更积极的方面是,政府去年采取了提醒人们关注《美国残疾人法案》规定的措施,家庭和社区服务与其他政府资助的服务一样。在综合环境中提供"适当的"服务,以便残疾人不必在隔离环境中获得不必要的服务。正如总检察长珍妮特·雷诺在5月份举行的全国委员会就"独立生活"演讲所言:

"我们认为,各州有义务在最适合残疾人需求的综合环境中为残疾人提供服务。我们用法律来争取这一点。许多残疾人被安置在养老院或其他机构,即便他们真的不需要在那里。"

同样,负责美国卫生保健融资管理局医疗补助计划的萨利·理查德森在 7 月底美国残疾人协会周年纪念活动期间，向州医疗补助主任发布了一项指令，指出美国残疾人协会要求州和地方服务，应在最佳综合环境中提供该服务。国家残疾人委员会赞扬总统、沙拉拉部长、美国卫生保健融资管理局的主管南希·安·敏·德帕尔、美国卫生保健融资管理局医疗补助和州运营中心主任萨利·理查森及卫生和公众服务部负责残疾和长期护理政策的副助理部长罗伯特·威廉姆斯。他们共同向医疗补助主任发布关于《美国残疾人法案》在医疗补助服务领域影响的指令。国家残疾人委员会还鼓励美国卫生保健融资管理局坚定支持，并抵制国家以使其能够以他们已经习惯提供服务的方式阅读信件的努力。国家残疾人委员会鼓励 HHS 向各州提供技术援助，帮助他们遵守医疗补助计划中最全面的设置要求。与此同时，国家残疾人委员会鼓励政府资助一项提议，作为其 2000 年财政预算的一部分，该提议将使各州能够实现从侧重于机构系统到侧重于家庭和社区服务系统的过渡。

3. 家庭支持

与残疾成年人一样，许多残疾儿童家庭也倡议为他们的孩子和家庭照顾者提供长期服务和支持，使家庭能够在家和机构之外照顾他们的孩子。1994 年，国会在《残疾人教育法》中增加了一个新的内容，授权卫生和公众服务部资助州政府努力促进州一级的制度改革，以加强对残疾儿童家庭的服务和支持。该授权于1998年10月1日有效期满，未经重新授权。然而，克林顿总统在1999年度的财政预算中批准了一个项目，拨款400万美元用于家庭支持。这些资金将用于提供117笔有竞争力的赠款，以开展家庭支助领域具有国家意义的项目。

因此，总统和国会首次认识到需要为残疾儿童家庭的家庭支持计划提供资金。*国家残疾人委员会赞扬总统和国会拨款支持州一级的制度改革，这将提高家庭在家和机构之外照顾子女的能力。同时，国家残疾人委员会鼓励总统和国会在法规中重新授权由HHS管理的正在实施的家庭支持计划，这可能是《发展残疾援助和权利法案》重新授权的一部分。*

4. 儿童保育

在第105届国会结束时批准的公共汽车预算法案中，儿童保育和发展整体补助金获得了1.72亿美元的资助，专门用于提高儿童保育服务的质量。这笔款项过去已经使用过，将来也可以用于技术援助活动，以支持将残疾儿童纳入主流儿童保育计划领域的做法。此外，国会和总统还追加了1.4亿美元的课后护理预算。该款项可能用于增加所有儿童，包括残疾儿童的课外活动。*国家残疾人委员会赞扬总统和国会为改善残疾儿童及其家庭的*

儿童保育提供资金。国家残疾人委员会鼓励HHS和教育部与州和地方政府合作,确保残疾儿童融入利用新资金开发的儿童保育和课后保育网络。此外,鉴于目前有24个州的儿童进入优质儿童保育项目的候选名单,国家残疾人委员会鼓励总统和第106届国会继续保持联邦承诺,确保所有儿童都能获得优质的、负担得起的、可获得的儿童保育服务。

(六)移民、种族和少数族裔残疾人

多年来,国家残疾人委员会一直致力于在我们的政策工作中解决少数群体残疾人的独特需求。不久前,国家残疾人委员会在亚特兰大、新奥尔良和旧金山就来自全国不同地区的少数族裔和农村社区的残疾人所面临的问题进行了讨论和听证会。1998年10月1日,国家残疾人委员会发布了一份报告,收集了1998年1月在新奥尔良举行的听证会的信息,重点关注路易斯安那州少数族裔和农村社区的残疾儿童和青年及其家庭[7]。该报告就一系列问题提出了建议,包括教育、职业康复、少年司法、获得医疗服务、独立生活、家庭和个人支持及社区参与。1999年初,国家残疾人委员会将发布一份报告,收集了1998年8月在旧金山举行的听证会的意见。国家残疾人委员会渴望与总统和国会合作,加倍努力,调整联邦政策和方案,适当解决少数族裔社区残疾人面临的独特问题。

1. 总统的种族倡议

在过去的 1 年里，种族倡议赞助了全国各地的研究和讨论会，以促进美国在种族问题上的教育和合作。9 月，种族倡议咨询委员会向克林顿总统提交了最终报告，报告详细介绍了为减少种族社会和经济分化而开展的活动及制定的政策建议。总体而言，与残疾有关的种族问题（包括 8 月与国家残疾人委员会共同赞助的在旧金山举行的社区领袖讨论）很少被关注，听取和评论残疾少数群体面临的独特问题的努力不够，错过了重大机会。*国家残疾人委员会希望，总统将在他根据这一倡议向美国人民提交的预期报告中寻求纠正这种情况。*

研究结果一致表明，包括之前引用的全国健康访谈调查统计数据，由于生活条件的限制，如医疗覆盖率较低、更多地接触暴力犯罪、营养问题及环境污染物的增加，来自以上文化社区的人的残疾率较高。残疾率较高的问题因包括教育和就业环境在内的残疾支持系统较弱而变得更加复杂。这些环境不太了解残疾人的无障碍需求，也不具备满足残疾人无障碍需求的能力。因此，倡导公共政策和资源，促进残疾人的个人独立、社会融合和经济赋权，使残疾人至少与其他人一样，符合种族和少数民族的利益。

除了所有种族的残疾人面临的问题之外，一些问题尤其影响到种族和少数族裔群体的成员。例如，如果一个人的残疾影响了他通过标准教学方法学习英语的能力，一个没有手指的人因为这个问题被推迟入籍许多年，或者影响一个人宣誓效忠的能力，那么他在移民和归化过程中可能面临更多的困难。尽管民权法保护残疾移民不受适用于公民身份要求的严格限制，但国家残疾人委员会已经听到了许多关于移民归化局拒绝为残疾移民提供住宿的报告。另一个例子是，一些文化尚未发展出关于残疾的语言，这有助于他们的自我认同，请求并接受政府干预，如民权执法和康复服务。通过与残疾人社区的对话和研究，种族倡议可以进一步了解这些领域，并帮助鼓励为少数群体残疾人制定更多扶持政策和实践。

国家残疾人委员会赞扬种族倡议在其报告中认识到地方一级的一种模式，即给少数族裔背景的残疾儿童贴上特殊教育标签，这导致他们中的许多人受到不必要的污名化，并与主流教育环境分离。教育部将发布实施1997年《残疾人教育法》修正案的法规纠正这种做法。国家残疾人委员会还赞扬总统在7月采取行动，指示联邦民权机构加强在不同文化社区的推广和实施工作。*国家残疾人委员会敦促联邦民权执法机构共同努力，为少数族裔和少数族裔社区的联邦民权法律和程序的推广培*

训开发具有文化能力的模式。

2. 少数族裔社区的与健康相关的资助

在第 105 届国会结束时通过的最终预算法案中，有 1.5 亿美元被用于解决少数族裔社区的艾滋病毒问题。这项投资将用于改善高危社区的预防工作，增加获得尖端艾滋病毒治疗和艾滋病毒所需的其他治疗的机会。此外，国会批准了政府的请求，为社区提供资金，制定新的战略，解决少数族裔和白人之间疾病流行率的差异。例如，在 65 岁以下的非裔美国人中，心脏病的发病率是该年龄组白人发病率的 2 倍。另一个例子是，美洲原住民的糖尿病发病率几乎是全国平均水平的 3 倍。作为总统消除种族健康差异倡议的一部分，国会还批准增加其他公共卫生项目，如疾病控制中心的心脏病和糖尿病预防项目，这些项目已被证实对消除这些差异有效。国家残疾人委员会赞扬总统和国会认识到需要特别关注少数族裔社区的残疾问题。随着总统和国会继续推进这些新的举措，国家残疾人委员会鼓励他们解决残疾少数群体和其他群体在劳动力参与方面的巨大差异。

（七）社会保障工作激励和社会保障偿付能力

1. 工作激励

正如前文中提到的，本次国会在促进领取社会保障残疾福利的人重返工作岗位方面取得了重大进展，但最终国会两院都没有通过任何法案。1997年9月24日，国家残疾人委员会向总统和国会提交了一份清除工作障碍的行动倡议清单[8]。这些提案是在与全国各地的残疾人、他们的家人、倡导者和政策专家广泛协商之后制定的，包括采取行动，为残疾工人提供医疗保险，以逐步减少福利的方式取代社会保障残疾保险收入差距，确保人们不会仅仅因为工作而失去补偿，失去与残疾相关的工作奖励及其他项目。国家残疾人委员会还支持创建票证或代金券计划，使补充保障收入受益人和社会保障残疾保险受益人能够选择和购买就业服务，并为遇到某些特殊住宿费用的雇主创建财务报销机制。

1999年6月4日，众议院以410票赞成、1票反对通过了《工作和自给自足法案》。该法案将制定一项类似于国家残疾人委员会提议的罚单计划，旨在增加消费者在职业康复方面的选择。它还将授权一个示范项目，在该项目中，选定的一组受益人将损失现金福利，损失率为他们每赚2美元就损失1美元，数额由社会保障专员确定。众议院的法案不包括国家残疾人委员会支持的全国二对一提案，因为该提案得到了国会预算办公室和SSA精算师的高分，他们都担心人们会被这一福利诱惑而榜上有名。

参议院的《工作激励改进法案》包括一个类似于国家残疾人委员会和众议院法案的一部分,并包括一个类似于众议院法案的"二对一"示范项目。此外,它还为补充保障收入和社会保障残疾保险受益人提供了重要的医疗保护,使他们能够在返回工作岗位时享受医疗保险。参议院法案的另一个重要组成部分是个人援助服务的定义,该定义本应属于医疗保险的一部分,包括读者和往返工作的交通工具方面的个人援助。最后参众两院的法案都包含了一些条款,这些条款本可以阻止社会保障局通过持续的残疾审查来惩罚那些试图工作的人。

伴随着第105届国会接近尾声,一个重要的共识出现了,那就是认识到残疾群体对一项没有为脱离社保名单的人提供保护的重要医疗保险的工作激励法案不感兴趣。由于医疗保险部分的成本远远高于立法的其他部分,因此它必然是最难实现的。国家残疾人委员会鼓励总统、社会保障专员和国会在去年取得进展的基础上,通过一项工作激励法案,该法案包括获得基本的医疗服务,以及类似于《工作激励改善法案》的消费者在康复服务中增加更多选择。国家残疾人委员会鼓励政府和国会为法案中的医疗保健部分提供资金,以足够的吸引力促使各州选择参与。

2. 社会保障偿付能力

正如前文中提到的，迄今为止，残疾人在有关社会保障信托基金偿付能力的讨论中没有发挥重大或明显的作用。因此，许多美国人认为社会保障只针对退休人员，而关于偿付能力的辩论几乎完全集中在社会保障退休问题上。然而，第106届国会将做出改革努力，对依靠残疾保险福利社会保障生存的残疾人产生巨大影响。超过1/3的社会保障福利支付给非退休人员，即残疾人、儿童和丧偶人士。对于有家庭的普通工薪阶层，社会保险福利相当于30万美元的人寿保险或20万美元的残疾保险。

随着辩论的进行，国家残疾人委员会对总统和国会给出以下建议。

- 确保残疾人及其家人有意义地参与关于信托基金预算短缺的讨论。
- 维护《社会保障法》第二条残疾保险计划中固有的保障及对老年遗嘱和残疾保险计划的保护。
- 保护所提供福利的完整性，使其处于合理的支持力度，并保护福利的价值，使福利的购买力不会随着通货膨胀而降低。
- 在评估任何改革提案的影响时，考虑对补充安全收入计划的任何潜在影响。例如，根据现行法律，如果退休人员和残疾人的福利减少，补充保障收入计划将不得不介入，以支持许多将被迫进一步陷入贫困的人。

（八）就业

1. 职业培训和职业康复

1998年8月7日，总统签署了《劳动力投资法》，其中包括1998年的《康复法》修正案。在《劳动力投资法》中，就业和培训条款及成人识字条款明确规定，将残疾人视为优先提供服务的人群。国家残疾人委员会赞扬国会和总统要求主流就业、培训和扫盲系统优先为残疾人提供服务。这将提高残疾人脱离贫困家庭临时助理人员与补充保障收入和社会保障残疾保险名单的可能性，使他们能够获得并保持竞争性就业所需的服务。

国家残疾人委员会还赞扬国会领导人，他们使法案的重新授权过程具有两党性质，并将残疾人群体包括在内。国家残疾人委员会赞扬国会和政府通过的这项法律在职业康复系统和一般劳动力发展系统之间建立了良好的关系。残疾求职者将通过主流工人培训和安置系统，以及针对残疾人的虚拟现实系统获得更好的服务。美国劳工部一直在向一站式职业中心网络提供宝贵的技术援助，帮助他们为残疾人提供无歧视和无障碍的服务。虽然这些初步努力已经是一个良好的开端，但主流就业和培训网络应实施一个全面的培训模块，使一线员工充分了解可供残疾人求职的资源，并为满足残疾客户的各种需求做好充分的准备。

《劳动力投资法》对《康复法》最好的改进是显著加强第 508 条，本报告后面的技术部分将对此进行详细讨论。美国访问委员会已开始制定无障碍法规，行业设计满足美国联邦采购要求的产品，预计将对无障碍技术的市场可用性产生重大影响。

《康复法》中的其他一些改进措施值得关注。个人就业计划是个性化书面康复计划的新术语，它让消费者在制定虚拟现实服务计划时拥有更多控制权。虚拟现实计划现在可以由个人或外部倡导者制定，只要文件由合格的康复顾问签署即可。国家虚拟现实机构有义务向客户提供可获得服务的知情权，包括州内外其他组织提供的服务选择，这一措辞得到了加强。鼓励机构通过试用体验来评估潜在客户是否会从虚拟现实援助中受益。尽管如此，国家制定优先选择顺序政策（根据该政策，较严重的残疾人优先获得援助）仍应向与该国机构所有残疾人提供核心信息和转诊服务。鼓励将调解作为一种解决客户—机构争端的方法，而不损害正式裁决的权利。康复委员会前身为康复咨询委员会，它在制定机构政策和计划方面发挥了更大的作用。

尽管如此，1998年的《康复法》修正案在某些领域没有取得进一步进展而令人失望。为视觉残疾人士提供的虚拟现实服务与为所有其他残疾人士提供的虚拟现实服务之间不合逻辑的区分没有得到根本解决。为了满足传统上得不到优质服务人群的需求，应该做出更有力、更深思熟虑的努力，包括来自不同文化社区的人、精神残疾者及印第安人保留地等农村地区的居民。州康复委员会应该获得类似于州范围内独立生活委员会在独立生活计划上的签署权。客户援助计划应独立于国家虚拟现实机构，以便他们能够在虚拟现实系统之外进行有效的宣传。

总之，1998年《康复法》的重新授权做出了一些重大改进，但放弃了进行一些重要的额外改革的努力。国家残疾人委员会鼓励康复服务管理局与残疾成年人就业总统特别工作组密切合作，制定多机构示范和研究计划，以显著提高残疾人的就业率，并为《康复法》的重新授权提供政策选择，该法案包括对阻碍残疾人成功就业的一系列抑制因素的回应。此外，国家残疾人委员会鼓励总统和国会认识到，虚拟现实项目多年来一直获得水平资金，并将需要额外资金，充分满足从福利到工作，以及从社会保障残疾项目到工作者的需求。

2. 总统残疾成年人就业特别工作组

正如前文中所述，克林顿总统于1998年3月签署了一项行政命令，成立了一个由劳工部长担任主席的特别工作组，为总统制定政策建议，使残疾成年人的就业率尽可能接近其他人口的就业率。在本报告所述期间，工作组举行了两次会议，并成立了一系列工作组，解决行政命令第2条所列举的具体就业问题。随着本进度报告所涵盖的时间接近尾声，一份报告正在编写中，其中包括工作组努力的成果及向总统提出的建议。

国家残疾人委员会赞扬总统认识到有必要广泛召集联邦内阁秘书和机构负责人，来解决这个多层面和具有挑战性的显著问题。随着工作组工作的推进，国家残疾人委员会鼓励工作组认识到，残疾人就业的最大障碍包括我们公共福利系统中的就业不利因素：缺乏可获得的、负担得起的、以家庭和社区为基础的长期服务和支持，住房和交通基础设施不足，以及目标人群缺乏教育证书和工作经验。此外，残疾学生高中辍学率是正常同龄人的两倍。我们将继续看到残疾年轻人令人失望的就业结果。同样，必须特别注意种族和少数族裔残疾人在教育、职业培训和康复系统方面的独特需求，以便工作队能够惠及所有的残疾成年人。

简言之，国家残疾人委员会鼓励工作组利用总统提供的机会，制定基础广泛、跨领域的举措，从根本上改变美国残疾人的公共政策格局。工作组被要求解决的问题只能通过戏剧性的、有远见的方法来解决。对现有项目进行渐进式修补，不会产生总统和残疾人社区想要的根本影响。

（九）工作福利

1. 联邦或州的努力

去年，越来越多的州在联邦的支持下，认识到需要解决当地福利人口的残疾问题，以实现福利改革的预期结果。具体如下。

- 华盛顿州最终确定并发布了一个验证筛查工具，用于识别福利人群中的学习障碍者。
- 阿肯色州成为第一个在全州范围内使用华盛顿州审查机制的地区。
- 堪萨斯州实施了一项全州计划，将成人扫盲和残疾人福利改革工作结合起来。
- 劳工部发放的"从福利到工作"自由裁量补助金中，有6笔（约2000万美元）发放给了当地申请人，他们将用这笔款项满足当地福利人口中残疾人的需求。

- 1998年,美国国家扫盲研究所与美国教育部职业和成人教育办公室资助了4个成人学习障碍问题区域培训和资源中心,并要求这些中心为目标人群优先考虑福利改革问题。

2. 增加联邦资金

作为第105届国会结束时批准的最终预算的一部分,一些旨在将福利扩大到工作活动的措施获得了资助。例如专门为需要住房援助的人提供5万张新的代金券,最终预算为2.83亿美元,以便他们顺利从享受福利过渡到工作。此外,该预算还包括7500万美元用于帮助各州和地方开发灵活的交通替代方案,如面包车服务,方便福利领取者和其他低收入工人上班。其他还包括增加工作福利,为雇主提供税收抵免,作为激励他们雇用、投资培训和留住长期福利受惠者。类似地,预算增加了工作机会税收抵免,鼓励雇主雇用处境不利的年轻人、领取福利者和合格退伍军人。国家残疾人委员会赞扬总统和国会认识到解决住房、交通和其他障碍的必要性,使享受福利的人能够获得就业机会。国家残疾人委员会鼓励总统和这些新项目的管理机构认识到,脱离贫困家庭临时助理人员中,有很大一部分人有学习障碍、精神障碍和药物滥用问题。因此,其中许多人必须满足与残疾有关的需求，才能实现长期就业的目标。此外，国家残疾人委员会还鼓励总统和国会认识到，当前推动人们从领取福利转向工作的努力，可能会对推动人们从依赖残疾人福利计划转向就业，有重要的借鉴意义。如果要成功过渡到工作岗位，补充保障收入和社会保障残疾保险人口的住房、交通和医疗保健等问题也必须得到有效解决。

（十）住房

残疾人要想实现最佳就业效果，就必须能够找到无障碍、负担得起的住房，以及无障碍、负担得起的交通工具，将他们带到工作地点。去年采取了一系列重大行动，推进了残疾人住房政策。

1. 残疾人住房的定义

住房和城市发展部告知接受社区发展整体补助和住房机会均等（家庭）基金的大城市和各州，居住在养老院和其他服务中心设施中的人应被视为需要永久住房，而不是"住房"。这一声明很重要，因为它承认，机构生活并不构成残疾人的真正住房。它还将使住房和城市发展部获得真正需要住房的残疾人人口进行准确真实的统计。值得注意的是，即使在评估居住者的住房需求方面没有这种变化，住房和城市发展部已确定，在所有机构中，残疾人是最迫切需求住房的人群。

国家残疾人委员会赞扬住房和城市发展部采取措施准确追踪残疾人的住房需求。与此同时，国家残疾人委员会鼓励住房和城市发展部根据其现有数据采取行动，重新调整住房资源，更充分地应对社区中残疾人负担得起的、无障碍住房严重短缺的问题。此外，国家残疾人委员会建议住房和城市发展部向所有住房和城市发展部资金的接收者发布一份政策声明，并将该声明发布在公平住房材料和网页上，从而进一步表明其对残疾人住房需求的立场。

2. 购房和装修

1998年4月28日，房利美（Fannie Mae）宣布出版《居者有其屋指南》，这是第一本专门为残疾人提供购房指导的入门手册。1998年初，住房和城市发展部将残疾人权利组织（住房残疾人权利行动联盟）纳入了一个由居者有其屋政策的主要利益相关者组成的工作组，实施一个可行且有效的居者有其屋计划，满足所有美国人的需求。此外，1998年初，安德鲁·科莫部长发布了一项指令，鼓励社区使用接受社区发展整体补助资金为残疾人修复住房。国家残疾人委员会赞扬房利美和住房与城市发展部为促进残疾人的住房购买和住房修复而采取的这些措施，国家残疾人委员会鼓励住房与城市发展部在这些措施的基础上，为低收入残疾人（包括租房者和业主）设立一个全国住房修复基金。如此，住房和城市发展部将使更多的残疾人能够成为社区环境中的房主或租户。

3. 可造访性

在最近的住房和城市发展部资金可用性通告中，当开发商试图建造或修复包含 3 个或 3 个以下单元的建筑时，该机构为他们提供了奖励积分，这些单元包括残疾人的可造访性。这个可造访性概念要求所有此类新住房至少有 1 个无台阶入口和 1 个 32 英寸的门道，以便残疾人可以造访住在那里的朋友。此外，与此同时，科莫部长向所有司法管辖区发出通告，鼓励它们对所有新的建筑项目，包括城镇住宅和独户住宅，采用可造访性标准。

去年春天，HOPE Ⅵ 项目（住房和城市发展部资助的一个项目，旨在替换公共住房项目被拆除时毁坏的住房资源）发布了一份资金可用性通告，强烈鼓励申请人将可造访性和第 504 条标准纳入《公平住房法》未涵盖的新项目。根据 NOFA 提交的包括可造访性及第 504 条可造访性标准的所有申请，国家残疾人委员会赞扬住房和城市发展部将可造访性作为住房和城市发展部资助住房的一个目标，并认识到如果鼓励开发商在设计阶段建造此类功能，基于该项目的住房到城镇住宅和其他独立住宅的迁移并不意味着无障碍性降低。

4. 基于租户的租赁援助

国会在第 8 条中为残疾人提供了 4000 万美元的资金，部分用于抵消因仅限老年人居住的公共住房被指定为残疾人居住，而可能导致的流离失所问题。国家残疾人委员会赞扬国会认识到需要替代资金，使低收入残疾人能够在社区找到住房，但认为住房和城市发展部和国会必须进一步加大对基于租户的租赁资格的资助。过去，住房和城市发展部将其第 811 节项目资金（残疾人支持性住房）的 25% 用于基于租户的租赁资格。国家残疾人委员会建议将 811 节项目资金的 100% 用于个人住房资源，而不是项目住房资源。这一变化符合《康复法》和《公平住房法》第 504 条的要求，即住房资源应在最佳的综合环境中提供。

5. 隔离和与住房有关的服务工作队

残疾人住房政策的核心辩论之一是，在某些情况下，残疾人是否可能被要求与其他有能力和（或）接受服务的残疾人士单独居住，以符合获得公共资助住房的资格。这场辩论的解决对残疾人民权具有重要的影响，他们中的许多人希望生活在综合环境中，能够寻求独立于他们选择居住地点之外的服务。例如,《公平住房法》和第 504 条禁止基于残疾状况的特殊条款和条件和（或）隔离。从内部讲，住房和城市发展部今年秋天成立了一个与住房相关的隔离和服务工作组，该工作组将研究如何最大限度地让残疾人融入和个人选择住房。国家残疾人委员会感到欣慰的是，根据《康复法》和《公平住房法》第504条，隔离和与住房有关的服务问题得到了妥善解决。因此，除非住房和城市发展部专注于实施既定的民权政策，否则国家残疾人委员会不了解这个新工作组的目的。

6. 应住房和城市发展部的要求，遵守《康复法》第504条

根据《康复法》第504条的规定，公共住房当局必须确保任何包含5个或5个以上单元的建筑中，有5%可供行动障碍者使用；有2%可供视力或听力障碍者使用。不久前，随着越来越多的公共住房管理部门将重点从住房项目转向低密度住房，如造访困难的城镇房屋，残疾人可进入的单元数量大幅减少。

国家残疾人委员会建议住房和城市发展部根据《康复法》第504条对其补助金接受者进行评估，以确保他们的所有项目和服务符合要求。在进行评估时，鼓励住房和城市发展部超越百分比思维，促进满足所有人需求的住房开发和修复。

最后，国家残疾人委员会建议住房和城市发展部对残疾人获得住房援助的项目进行改革，如811条项目，确保这些计划反映了第504条最完整的设置要求和残疾人权利运动倡导的独立生活理念。

（十一）运输

与住房一样，无障碍性和负担得起的交通在残疾人及其家庭参与社区主流经济、社会和文化生活方面发挥着至关重要的作用。

1. 长途运输的公共汽车条例

在过去的一年里，交通运输部在1998年9月发布了实施《美国残疾人法案》关于长途运输的公共汽车无障碍性规定的最终法规，这标志着交通政策向前迈出了重要的一步。该法规要求大型固定路线运营商在2006年10月前，50%的公共汽车实现无障碍性，并在2012年10月前达到100%。该法规被残疾人士普遍视为一项强有力的规定，它的一个重要优点是，它为歧视行为提供了一个监管定义：拒绝运输、未经乘客同意使用或要求使用非雇用人士提供日常协助，以及要求乘客改变行程时间。如果实施得当，自《美国残疾人法案》颁布以来，该法规将首次为行动障碍者提供长途运输的公共汽车交通。然而，如文中所述，该规定既支持也有损于美国残疾人协会"完全无障碍、无歧视的日常服务"的总体目标。

小型固定路线运营商和提供需求响应或混合服务的

运营商没有被要求最低无障碍。相反，从 2001 年 10 月（大型运营商）或 2002 年 10 月（小型运营商）开始，这些运营商只需提前 48 小时通知可提供无障碍的巴士。大型固定路线运营商在 2000 年 10 月之后购买的新型公交车务必投入使用，而小型运营商则没有相应的要求。在 3500 家长途运输的公共汽车服务提供商中，除了 21 家外，其余均类属小型运营商。然而，主要的固定路线公司承担了为较多的乘客提供服务。

免除大多数运营商的最低无障碍要求，实际上保证了在国内许多地区向残疾人提供的服务将永远不会与正常乘客提供的服务相同。这一结果不符合《美国残疾人法案》的宗旨。国家残疾人委员会鼓励交通部为小型运营商寻找替代方案，在更长的时间内实现完全无障碍服务要求，而不是以实现无障碍服务为目标。

交通部加强了监管，包括规定长途运输的公共汽车运营商单独和集体负责提供无障碍服务。在涉及多次换乘的行程中，为残疾乘客提供服务的每个运营商需负责沟通，确保所有行程段实现无障碍服务。未能提供所要求的无障碍服务的运营商，需要赔付的赔偿金为 300~700 美元。国家残疾人委员会赞扬交通部明确包含其对成功实施该法规承诺的条款。

国家残疾人委员会指出，交通部从 2006 年 10 月开始对所有服务要求监管审查的规定有积极和消极的影响。从积极的一面来看，交通部已经列出了重新评估的要求及将要使用的数据。而不利的一面是，测量数据可能无法定期准确地维护。如果没有可靠的数据，交通部无法公平评估该法规对交通行业的影响，或者该法规在多大程度上使长途运输的公共汽车交通真正为残疾人提供方便。国家残疾人委员会敦促交通部积极探索各种方案和实施系统，以确保其分析所依赖的数据的可靠性。

2. 航空承运人准入法

1986年颁布的《航空承运人准入法》禁止航空承运人在提供航空运输服务时歧视残疾乘客。该实施条例于1990年通过。今年，国家残疾人委员会对交通部执行《航空承运人准入法》进行了一项研究。调查结果显示，交通部的执法模式，在很大程度上依赖于航空公司对投诉进行审查并是否自愿遵守。与其他联邦民权执法机构类似，这种方法并不强调对投诉的传统调查和起诉。

因此，国家残疾人委员会认为交通部在合规监控、投诉处理和领导层等关键领域监管不足。没有定期的《航空承运人准入法》监控计划，可以确保航空公司日常运营的合规性。交通部的非正式投诉处理流程更多的是作为一种监督行业的工具，而不是作为一个解决个人歧视索赔的系统。即使是正式的投诉程序也只关注涉及公共利益的问题。因此，除非航空公司自愿合作，否则个人投诉没有可依赖的行政手段来获得满意的解决。国家残疾人委员会的研究表明，交通部在解决困难的合规问题（例如，提供电梯和其他登机设备、定期培训航空公司人员、确保新投入使用的飞机符合无障碍标准）方面的领导能力不足。

美国交通部执法机制和法律本身的缺陷导致了《航空承运人准入法》的执法出现问题。与其他民权法不同，《反腐败法》没有明确确立私人诉讼权，也没有关于律师费用和损害赔偿的规定。由于外国航空公司在美国的航空共享法也未能延长其不歧视的授权。国家残疾人委员会敦促交通部为《航空承运人准入法》的实施寻求额外资源，并针对具体领域采取行动，与残疾人社区、航空业和其他利益相关者团体合作，纠正持续存在的实施和合规问题。国家残疾人委员会还鼓励国会增加交通部的《航空承运人准入法》执行预算，修改法案，将非歧视规定扩大到所有服务于美国市场的航空公司，加强交通部的执法授权，并授权那些公民权利受到侵犯的航空承运人获得适当的法律补救。

（十二）技术

在过去的一年里，几项重大活动提高了残疾人使用互联网获得工作、接受教育和独立生活所需设备的潜力。最重要的是对1998年《康复法》修正案第508条的修改，加强了联邦机构向其雇员、客户和利益相关者提供可访问技术和信息的义务。

1.《康复法》第508条

当《康复法》第508条最初于1986年颁布时，它要求联邦机构购买员工可以使用的办公设备。然而，没有任何机制强制执行这一要求。此外，只有技术制造商而不是个人可以提出投诉。现在，第508条已被修改，授权访问委员会发布无障碍条例，该条例必须在2000年2月7日（修正案立法后18个月）前完成，联邦机构必须在该修正案立法后6个月内遵守。此外，联邦雇员以及接受该机构服务的公众成员有权根据类似于《康复法》第504条所述的程序提出投诉。

严格遵守这些法规将对为联邦政府工作或接受联邦政府服务的残疾人及整个残疾人社区产生重大影响。联邦政府可以利用其强大的购买力来影响私营企业，使其开发出人人都能够使用的通用设计技术。联邦政府对技术开发影响的一个例子是教育部拒绝购买Lotus Notes集成性办公软件，直到其修改了访问权限。根据美国教育部与无障碍软件标准专家协商制定的软件采购政策，美国教育部不会购买任何不符合最低无障碍标准的软件产品供其员工使用。例如，为了满足这些标准，软件必须完全可以通过键盘命令操作，而不需要鼠标导航；必须与屏幕阅读器和语音输入程序兼容；并且必须有可访问的产品支持，包括可访问的文档、培训材料和技术支持。教育部对可访问性的坚持促成了更容易访问的Lotus产品的开发。国家残疾人委员会鼓励其他机构以教育部为榜样，在制定第508条可访问性标准期间采用其可访问性软件采购标准。

2.《电信法》第255条

1999年的另一项重大技术进展是颁布了实施1996年《电信法》第255节的拟议条例。该法案要求残疾人在可实现的情况下使用电信设备和服务。6月，联邦通信委员会提出了实施该法案这一部分的规则。虽然国家残疾人委员会很高兴联邦通信委员会提出了这些逾期的法规，并且主席威廉·肯纳德公开表示支持无障碍技术的发展，但国家残疾人委员会对联邦通信委员会正在对电信行业进行如此狭窄的定义感到失望。令人震惊的是，语音邮件、传真、电子邮件和其他常用的电子通信工具可能不包括在内。如此狭隘的定义似乎与国会的意图，以及20世纪90年代及之后的对电信的常识性理解不符。即使是最常用的电信形式，如果监管不力，也会导致感官和其他障碍的人被排除在基本通信设备和服务之外，更不用

说那些尚未从快速变化的信息时代诞生的人了。

3.《美国残疾人法案》和《康复法》第 504 条

在本报告所述期间之前，国会颁布了其他法律，以确保残疾人有权获得信息，包括《美国残疾人法案》第二条和第三条及《康复法》第 504 条。不幸的是，拥有这些法律执行权的联邦机构在合规监控方面表现得比较落后。特别是美国司法部没有发布任何关于访问州和地方政府部门运营的信息亭的咨询指导，也没有发布与技术访问相关的重要指导或许可法令。直到 1998 年 9 月，美国司法部才从其残疾人权利科指定一名具体人员负责开发技术问题方面的专门知识。国家残疾人委员会敦促司法部在实施《美国残疾人法案》时优先考虑技术获取问题。

4. 辅助技术法案

在过去 10 年中，教育部资助了州一级的项目，以促进系统变革和宣传活动，从而增强残疾儿童和成人获得辅助技术设备和服务的机会。这些项目是根据《残疾人技术援助法》批准的。1998 年 10 月，国会通过了一项名为《辅助技术法案》的法律。这项法律继续向各州提供与辅助技术产品和服务有关的公共教育和宣传拨款。此外，该法案还批准了一项新的小额贷款计划，以鼓励开发和购买可访问技术的相关产品和服务。令国家残疾人委员会感到失望的是，与辅助技术或附加可访问技术相比，没有更多地推广通用设计或内置可访问性。快速的技术变革使得辅助技术兼容越来越难以在相关主流产品的新版本开发之前在市场上发布。此外，国家残疾人委员会建议采取更多措施来促进互联网使用培训，如公共图书馆，因为它具有变革的潜力，可以在教育、就业和公民活动中赋予各类残疾人权利。还应该特别鼓励对技术进行独立的、由消费者驱动的评估，因为消费者面临一系列令人困惑的选择，并且难以根据产品营销文献做出明智的决策。最后，由于残疾人及其家庭极度贫困，如果残疾人社区要跟上信息时代的步伐，就必须负担得起技术资源，或者在免费、无障碍的公共场所提供技术资源。

（十三）国际问题

由于《美国残疾人法案》继续成为世界各国民权立法的典范，因此，国际社会对《美国残疾人法案》的实施过程有着浓厚的兴趣。国家残疾人委员会仍然相信，《美国残疾人法案》监测项目的结果将继续吸引人们的兴趣。在此期间，去年在国际舞台上出现了重大发展。

1. 美洲国家组织

美洲国家组织继续审议《美洲消除基于残疾的一切形式的歧视公约》。该公约一旦通过，将为美洲国家组织履行确保其所有成员国遵守该公约的重大责任创造机会。国家残疾人委员会鼓励美国常驻美洲国家组织代表团努力确保《公约》通过强烈反歧视的条款，并倡导《公约》在通过时由每个成员国充分实施。此外，国家残疾人委员会再次赞扬国务院，包括美国美洲国家组织，努力让国家残疾人委员会和其他残疾社区利益相关者参与审查政策拟议草案。

2. 美国国务院

国家残疾人委员会鼓励国务院采取措施，确保美国外交政策和援助的各个方面都承认所有残疾人的人权和公民权利，确保美国大使馆、领事馆、使团和其他美国在国外拥有或租赁的财产遵守《建筑障碍法》、《康复法》第504条和《美国残疾人法案》；将国外残疾人状况的相关信息纳入美国政府编写的国家报告；通过分享促进包容、独立和赋权的美国法律和政策，促进民主；并根据《康复法》对所有活跃在国外的美国政府机构进行自我评估，辨别有资格的残疾人参与的障碍，并制定过渡计划以消除这些障碍。

同样，国家残疾人委员会鼓励国务院和美国国际开发署确保所有外国援助制定或援助所服务地理区域内的所有残疾人及其家庭充分参与和无障碍准入。如果遵循这一做法，美国最近就不会允许波斯尼亚，利用美国的

援助购买价值数千美元的无障碍通行的公共汽车。最后，国家残疾人委员会鼓励国务院采取措施，确保残疾人在处理国际活动的美国机构国内和国际业务的各级工作队伍中发挥重要作用。

结论

提高残疾人的就业率，以及增加家庭和社区长期服务和支持的选择机会，是当今残疾政策中最重要的两个问题。这两个问题都不需要快速廉价的解决方案。两者都需要总统和国会采取大胆的措施，都需要多方面的解决方案。在就业方面，必须认识到，早期干预和人力资本的终身发展是解决方案的一部分。对于残疾儿童来说，就业目标应该在他们接受教育的早期确立，并且必须在课堂和半工半读安置中强调市场技能的发展。成年后残疾的人必须及时获得所需的全面医疗和职业康复，同时获得无障碍准入和负担得起的交通和住房，以及有利于向就业过渡的技术基础设施。

关于长期服务和支持问题，包括消费者指导的个人援助服务和家庭支持，如临时护理。总统和国会必须认识到，如果我们消除医疗补助制度中的制度偏见，并要求各州尊重其残疾公民在其居住地享有的人权，那么严重残疾的儿童和成年人及其家庭可以为经济做出更大贡献，并享受其他人口中许多人认为理所当然的基本生活水平保障，在大力支持下充分参与社区生活。最后，在有效解决就业问题和长期服务与支持问题方面，总统和国会必须共同努力，消除我们的社会保障、医疗补助和医疗保险体系中的工作障碍。美国残疾人正准备在其社区的主流中占据一席之地，但他们这一愿景往往受到过时的联邦政策和计划的阻挠。现在是总统和国会履行布什总统承诺的时候了，布什总统承诺让残疾人"有机会完全、平等地融入美国主流的嵌合体"。

拓展阅读

[1] 网址为 http://www.infouse.com/disabilitydata. 其中包含的信息摘自 Stoddard, S., Jans, L., Ripple, J. 和 Kraus, L. (《美国工作和残疾图表册》, 1998。一份信息使用报告。华盛顿特区：美国国家残疾和康复研究所）。

[2] 美国人口普查局去年根据 1994 年的收入和项目参与调查结果报告的数据表明，在各年龄段中，累计 5400 万人有残疾，其中 2600 万人患有严重残疾。

[3] 一些研究人员指出，亚太岛民和西班牙裔社区的残疾率相对较低，可能因为这些群体中的新移民残疾人不愿意在调查中自我确认，要么是因为与残疾有着不同寻常的负面文化联系，要么是因为担心他们的残疾身份被用来削弱他们居留美国的权利。参见保罗·梁，1992."亚太裔美国人和 1992 年《康复法》修正案第 21 条",《美国改造》, 22（1）: 2-6。

[4] 请注意，儿童活动受限的测量并不能涵盖儿童的全部损伤和残疾。如根据《残疾人教育法》，许多儿童，尤其是精神残疾儿

童，可能不会出现在只询问活动受限的调查中。
[5] 关于这一主题的更深入讨论，请参见国家残疾人委员会 1998 年的出版物《重新定位残疾研究》，网址：http://www.ncd.gov.
[6] 关于从残疾角度对协助自杀进行的深入讨论，请参见国家残疾人委员会 1997 年的出版物《协助自杀：从残疾人的角度》，可访问我们的网站 http://www.ncd.gov.
[7] 该报告题为《政府项目和残疾政策的基层经验》，可从全国残疾人委员会的网站 http://www.ncd.gov. 获取。
[8] 全国残疾人委员会，《消除工作障碍：第 105 届大会及以后的行动建议》，1997 年 9 月 24 日。

医学推动者译丛　第 1 辑

《医学人生：医学人文之父威廉·奥斯勒》
郎景和　主译

《困惑中升华：肝移植之父斯塔尔兹的外科风云》
董家鸿　主译

《跨越巅峰：显微神经外科之父亚萨吉尔》
毛颖　陈亮　主审　　岳琪　陈峻叡　陈嘉伟　主译

《善意的悲剧：乔纳斯·索尔克与疫苗史至暗时刻》
谢文　管仲军　主审　　陈健　主译

《赋予生命：残疾人运动领袖的燃情岁月》
赵明珠　王勇　主审　　胡燕　主译

《拯救或破坏：英国医疗体系缔造者约翰·马克斯》
王岳　马金平　主译

《遗传的变革：70 年医学遗传学史》
李乃适　邬玲仟　桂宝恒　主译

《最初的梦想：麦凯利斯特与医学研究生学生会的诞生》
甄橙　主审　　程陶朱　黄羽舒　主译

《治愈的希望：人类医学简史》
刘健　主译